高等教育
电子商务类课程规划教材

电子商务及物流实验教程

DIANZI SHANGWU JI WULIU SHIYAN JIAOCHENG

主编　杨红霞

大连理工大学出版社

图书在版编目(CIP)数据

电子商务及物流实验教程 / 杨红霞主编. 一 大连 ：
大连理工大学出版社，2012.12
高等教育电子商务类课程规划教材
ISBN 978-7-5611-7472-2

Ⅰ. ①电… Ⅱ. ①杨… Ⅲ. ①电子商务－物流－物资
管理－高等学校－教材 Ⅳ. ①F713.36②F252

中国版本图书馆 CIP 数据核字(2012)第 293893 号

大连理工大学出版社出版
地址：大连市软件园路 80 号 邮政编码：116023
发行：0411-84708842 邮购：0411-84703636 传真：0411-84701466
E-mail：dutp@dutp.cn URL：http://www.dutp.cn
大连力佳印务有限公司印刷 大连理工大学出版社发行

幅面尺寸：185mm×260mm 印张：13.5 字数：312 千字
印数：1～2500
2012 年 12 月第 1 版 2012 年 12 月第 1 次印刷

责任编辑：张剑宇 责任校对：陈 良
封面设计：张 莹

ISBN 978-7-5611-7472-2 定 价：28.80 元

前　言

电子商务及物流的快速发展受到各国政府、企业和各界的高度重视，它是融合了多种学科的基础理论、应用技术和管理思想的新型商务模式，深刻改变了传统商务的形态特征。随着电子商务及物流人才需求量的迅猛增长，开办相关专业的学校期望培养出高素质、实用型的人才，既要掌握电子商务理论知识，又要掌握相关信息技术。电子商务及物流的实践就是对理论知识和信息技术的应用，在实践教学环节中，利用电子商务及第三方物流模拟实验系统，培养学生必要的实际操作能力，提高应用所学理论知识分析、解决实际问题的能力。

目前，我国电子商务专业和物流专业的教材很多，但大多只是侧重于某一方面，在实际使用中很难实现系统的整合。同时，这些教材一般偏重基于网络的局部简单操作演练，或是偏重技术实现的介绍，无法系统化地将理论知识体系和实践体系融合，难以满足日后工作的需要。因此，编写一部将电子商务和物流管理整合化、系统化的实践教材，才能满足本专业的实验教学要求。

《电子商务及物流实验教程》通过对电子商务模拟实验及第三方物流模拟实验操作步骤的介绍，帮助学生系统化地掌握并体验电子商务及物流的过程。每个模拟实验均由基本原理和实验操作两部分组成，基本原理部分介绍相关的基本概念和基础知识，实验操作部分对系统和功能做了相关介绍，并提出实验的相关要求。通过模拟实验，学生能够更加熟练地掌握电子商务和第三方物流的功能和业务流程，提高对系统的认识能力及解决问题的能力。

本教材具有如下三个特点：

1. 本教材将电子商务和物流进行整合，使二者融为一体。

新世纪

电子商务和物流作为两个交叉的学科，二者有着密不可分的关系，电子商务促进了物流的发展，物流也是电子商务得以实现的保障。

2. 本教材通过体验式教学的方式，以操作模拟软件的形式指导学生掌握电子商务和物流相关的业务流程。

3. 本教材将电子商务和物流系统向供应链系统靠拢，在实验中体验供应链中的信息流、物流、资金流、商流的一体化管理方式。

本教材涉及德意电子商务实验室和诺思第三方物流教学软件两套模拟系统。从2000 年以来，这两套模拟系统分别应用于全国近六百所高等院校，并在电子商务和物流大赛中使用，得到了一致好评。深圳市中诺斯咨询科技有限公司和北京德意通信息技术有限责任公司分别授权编者在本教材中使用德意电子商务实验室和诺思第三方物流教学软件的介绍。

本教材由辽宁师范大学杨红霞任主编，负责全书结构的策划，并独立承担全书的编写工作和最后的统稿。实验具体步骤的验证由辽宁师范大学孙飞等同学协助完成。

在编写本教材的过程中，编者参考了大量国内外著作以及相关文献和资料，谨在此向各位作者表示衷心的感谢。由于编者的水平有限，教材中难免有疏漏之处，欢迎读者批评指正，并将意见和建议及时反馈给我们，以便下次修订时改进。

编　者

2012 年 12 月

所有意见和建议请发往：dutpbk@163.com

欢迎登录教材服务网站：http://www.dutpbook.com

联系电话：0411-84707424　84706676

目　录

第一篇　电子商务模拟实验系统

第1章　电子商务的基本原理 ·· 3

1.1　电子商务的定义 ·· 3

1.2　电子商务的分类与特点 ·· 4

1.3　电子商务的流程 ·· 7

第2章　电子商务模拟实验 ·· 11

2.1　实验计划及准备 ··· 11

2.2　B to B 模拟实验 ·· 46

2.3　B to C 模拟实验 ·· 65

2.4　C to C 模拟实验 ·· 73

2.5　网络营销模拟实验 ··· 78

2.6　综合实验 ··· 86

第二篇　第三方物流模拟实验系统

第3章　第三方物流的基本原理 ····································· 89

3.1　第三方物流的基本概念 ··· 89

3.2　第三方物流的业务流程 ··· 90

3.3　第三方物流服务的提供者 ··· 92

3.4　供应链环境下的物流管理 ··· 92

第4章　第三方物流实验系统 ······································· 94

4.1　总流程图 ··· 94

4.2　实验流程汇总 ··· 95

第5章　连锁行业模拟实验 ··· 96

5.1　实验目的及说明 ··· 96

5.2　实验流程 ··· 96

5.3　实验内容 ··· 96

第6章 汽车行业模拟实验·····································150

　　6.1　实验目的及说明·····································150

　　6.2　实验流程···150

　　6.3　实验内容···150

第7章 单元练习及综合实验·································202

附录1 软件及公司说明·······································204

　　附录A　德意电子商务实验室·····························204

　　附录B　诺思第三方物流教学软件·······················204

附录2 电子商务模拟系统说明·································206

　　附录A　系统运行环境说明·······························206

　　附录B　模块登录说明···································206

　　附录C　注册和模块初始化说明·························207

　　附录D　软件的功能结构图·····························208

参考文献···209

第一篇

电子商务模拟实验系统

第 1 章

电子商务的基本原理

1.1 电子商务的定义

随着全球信息化以及基于 Internet 技术的网络服务蓬勃发展,出现了一种新的商务活动模式——电子商务。它越来越多地被中国企业所应用,并显示出巨大活力和潜力。它打破时空界限,改变了物流、资金流、信息流的环境,在交易中使三者有机融合,加速了整个社会的商品流通,降低了企业的生产成本,提高了企业的竞争力,推动了社会流通方式的创新。

2004 年经济合作与发展组织正式将电子商务定义为"以计算机网络为载体的自动商业流程,它不仅包括企业内部的流程,也包括企业与企业之间的业务流程"。它涵盖了企业业务流程中的各个价值链环节,不仅有企业内部流程,也包括了企业之间的整合程度以及由此带来的对经济运行的深刻影响。

狭义的电子商务仅仅是指基于互联网之上的,企业与企业之间(表示为 B to B 或 B2B),企业与消费者之间(表示为 B to C 或 B2C),企业与政府之间(表示为 B to G 或 B2G)产品与服务的外部交易行为。

同时,中外学者、专家从不同的角度对于电子商务提出过不同的定义,较具代表性的主要有:

(1)美国的 Emmelhainz 博士在其专著《EDI 全面管理指南》中,从功能角度把 EC(Electronic Commerce)定义为"通过电子方式,并在网络基础上实现物资、人员、过程的协调,以便商业交换活动"。

(2)加拿大专家 Jenkins 和 Lancashire 在《电子商务手册》中,从应用角度把 EC 定义为"数据(资料)电子装配线(Electronic Assembly Line of Data)的横向集成"。

(3)中国学者李琪在其专著《中国电子商务》一书中,认为客观上存在着两类或三类依据内在要素不同而对电子商务的定义。从广义上讲,电子商务可定义为:电子工具在商务活动中的应用。电子工具包括从初级的电报、电话到 NII、GII 和 Internet 等现代系统,商务活动是从泛商品(实物与非实物,商品与商品化的生产要素等)的需求活动到泛商品的合理、合法消费除去典型的生产过程后的所有活动。从狭义上讲,电子商务可定义为:在技术、经济高度发达的现代社会里,掌握信息技术和商务规则的人,系统化运用电子工具,高效率、低成本地从事以商品交换为中心的各种活动的总称。

综合中外学者的观点,电子商务就是指基于互联网的各种商业行为。随着电子商务的发展,人们对电子商务的定义和认识也将不断深化。

1.2　电子商务的分类与特点

1.2.1　电子商务的分类

电子商务的应用形式多种多样,不同的分类标准会产生不同的电子商务类型。下面从电子商务的应用程度、参与交易的主体、所使用的通信技术三个角度对电子商务进行分类。

1. 根据电子商务的应用程度分类

商品交易涉及三个方面的要素,即商品、交易过程和交易场所(或中介),每个要素可以是实物的,也可以是数字化的。根据三个要素所占维度不同,可以将电子商务分为以下三种类型:

(1)传统商务或完全非电子商务

商品、交易过程和交易场所都是实体的,是一种"水泥＋砖块"组织,如去超市购买服装就是典型的传统商务,服装是有形产品,交易过程是面对面的现金交易,超市是交易的实体场所。

(2)不完全电子商务或部分电子商务

商品、交易过程或交易场所至少有一个是数字化的,同时至少也有一个是实体的,是一种"鼠标＋水泥"组织,如在淘宝上购买服装、玩具。戴尔(dell. com)和沃尔玛(walmart. com)等的经营模式都是不完全电子商务。

(3)完全电子商务

商品、交易过程和交易场所都是数字化的。如在优酷(youku. com)上观看有偿电影就是完全电子商务。

2. 根据电子商务参与交易的主体分类

根据参与交易的主体可以将电子商务分为 B2B、B2C、C2C 等类型。这里的 B(Business)是广义概念,可以看做是各类组织,包括企业、政府或其他非营利机构(如教育、科研机构等)。

(1)B2B(Business to Business)

B2B 电子商务中的所有参与者都是企业或其他各类组织,超过 85% 的电子商务交易来自 B2B。如国产汽车大亨奇瑞公司(chery. cn)向其供应商采购汽车零部件就是 B2B 交易,一些行业的垂直门户网站也都是提供 B2B 服务,如果是企业与政府之间的交易即称为 B2G 或 G2B。还有专门提供 B2B 服务的平台,比如,阿里巴巴。

(2)B2C(Business to Consumer)

B2C 电子商务的产品或服务提供方是各类组织,而个人是产品服务的接受方,如奇瑞的经销商向个人消费者出售 QQ、瑞虎等品牌的汽车就是 B2C 交易,如果该业务通过网络实现也称为电子零售(E-tailing)。如果政府为个人提供信息、咨询或公共事务处理等即称为 G2C。

(3)C2B(Consumer to Business)

C2B 电子商务的产品或服务提供方是个人,而各类组织是产品的接受方,如旧货收购市场。

(4)C2C(Consumer to Consumer)

C2C 电子商务的所有参与者都是个人,个人消费者直接将产品或服务卖给其他消费者。例如,许多拍卖网站允许个人将商品放在上面拍卖就属于 C2C 业务。

(5)B2E(Business to Employee)

B2E 是企业内部电子商务,参与双方为企业与企业内部的员工,包括:企业为其员工提供产品、服务、信息;企业或机构还可以为其员工提供在线培训或继续教育,即 E-learning。

3. 根据电子商务所使用的通信技术分类

企业或个人开展电子商务可以使用不同的网络环境和通信技术,因而也可以根据电子商务所使用的通信技术对其分类。

(1)互联网电子商务

通常人们所说的电子商务一般都是指基于互联网的电子商务,即电子商务是在互联网平台支持下完成的。

(2)非互联网电子商务

借助其他计算机网络实现的电子商务,如基于局域网、广域网、专用网的电子商务。

(3)P2P(Peer to Peer)电子商务

P2P 是一种对等网技术。它使得网络上各节点计算机之间能够共享数据和处理,在 P2P 对等网应用中人们可以共享音乐、视频、软件和其他数字化产品,如一些著名的下载软件(如迅雷、BitComet 等)均支持对等网下载。另外,一些在线服务商也提供对等资源共享,如腾讯公司的 QQ 直播(tv. qq. com)、PPLive 网络电视(pptv. com)、PPStream 在线电视(ppstream. com)等。P2P 技术可被用于 C2C、B2B 和 B2C。

(4)移动电子商务(Mobile Commerce,MC)

移动电子商务是指电子商务交易和活动的全部或部分在无线网环境下完成,许多移动电子商务应用包含能够接入互联网的移动设备,如便携式计算机、移动电话等。短信服务、铃声下载、移动支付、移动办公、移动导游等都是移动电子商务的类型。

1.2.2　电子商务的特点

电子商务通过营造一个虚拟市场环境,使贸易双方没有时空障碍,从而增加贸易机会,降低贸易成本,改善服务质量,提高商务活动效率。相对于传统商务,电子商务显示出以下特点:

1. 普遍存在性(Ubiquity)和全球可达性(Global Reach)

互联网是普遍存在的。它的用户决定了电子商务的跨国性;它的开放性决定了电子商务市场的全球性。电子商务是在无国界的、开放的、全球的范围内去寻找目标客户、供应商和合作伙伴。电子商务带来了更大范围成交的可能性,因而能使企业成交量更大。同时,电子商务也提供了更广域的价格和质量的可比性,使客户有了更多的选择,可以买到更便宜的商品,而这种可比性,使市场竞争更加激烈。

2. 即时性(Instantaneity)

即时性体现在以下三个方面:

(1)即时信息

企业资料能够得到及时更新,如产品价格;消费者可以在短时间内迅速获得所需信息,而且有多媒体支持。

(2)即时购买

电子商务允许消费者在任何时间进行购物或处理事务,提供全天候服务,即所谓24小时/7天/365日的服务。

(3)及时配送

在交易商品是数字化产品的情况下,电子商务可实现即时配送,而非数字化产品也可实现快捷配送。

3. 交互性(Interactivity)

互联网可以展示产品目录,连接资料库提供有关商品信息的查询;可以和顾客互动、双向沟通;更重要的是消费者是交易活动的主体之一,可以主动地向企业提出个性化需求。

4. 信息丰富性(Richness)

组织可以借助各种媒体形式(如文本、音频、视频、图片、动画等)充分展示商品、服务信息。

5. 标准化(Universal Standards)

要使信息能在全球范围内共享,必须遵循统一的标准,如传输控制协议(Transfer Control Protocol,TCP)、互联网协议(Internet Protocol,IP)、超文本标记语言(HyperText Markup Language,HTML)、可扩展标记语言(Extensible Markup Language,XML)等。

6. 个性化与定制(Personalization/Customization)

电子商务的交互性与即时性,使根据个人偏好来定制产品和服务成为可能。

7. 人性化

电子商务可以是一对一的、消费主导的、非强迫性的、循序渐进式的一种人性化的交易模式(即所谓的"拉"式),避免企业"填鸭式"营销沟通的干扰(即所谓的"推"式),并通过信息提供与交互式沟通,与消费者建立长期良好的关系。

8. 整合性

整合性可体现在资源整合和过程两个方面:一方面,在电子商务交易过程中,可对多种资源、多种营销手段和营销方法、有形资产和无形资产的交叉运作和交叉延伸进行整合;另一方面,互联网同时兼具渠道、促销、电子交易、互动顾客服务以及市场信息分析与提供等多种功能。企业借助互联网,可将电子商务活动的整个过程融为一个整体,提高经营效率。

9. 经济性

通过互联网络进行信息交换,代替以前的实物交换,一方面,可以减少印刷与邮递成本,可以无店面销售,免交租金,节约水电与人工成本;另一方面,可以减少由于多次往返交换带来的损耗。

10. 技术性

电子商务是建立在以高技术为支撑的互联网基础上的。企业实施电子商务必须有一定的技术投入和技术支持,改变传统的组织形态,提升信息管理部门的功能,引进懂管理、商务与计算机技术的复合型人才,才能使企业具备市场的竞争优势。

1.3　电子商务的流程

商务流程是指企业在具体从事一个商务交易过程中的实际操作步骤和处理过程。这一过程可以细分为:事物流,即商务交易过程中的所有单据和实务操作过程;物流,即商品的流动过程;资金流,即商务交易过程中资金在双方单位(包括银行)中的流动过程。未来的电子商务系统要处理的是一个取代事务流、资金流并反映物流过程的信息流。商务实务操作主要包括交易前的准备、贸易磋商、合同与执行、支付与清算等环节。

1. 电子商务的通用交易过程

(1) 交易前的准备

这一阶段主要是指买卖双方和参加交易各方在签约前的准备活动。

买方根据自己要买的商品,准备购货款,制订购货计划,进行货源市场调查和市场分析,反复进行市场查询,了解卖方所在国家的贸易政策,反复修改购货计划,确定和审批购货计划。按计划确定购买商品的种类、数量、规格、价格、购货地点和交易方式等,尤其要利用互联网和各种电子商务网站寻找自己满意的商品和商家。

卖方根据自己所销售的商品,召开商品新闻发布会,制作广告进行宣传,全面进行市场调查和市场分析,制定各种销售策略和销售方式;了解买方所在国家的贸易政策,利用互联网和各种电子商务网站发布商品广告,寻求贸易伙伴和贸易机会,扩大贸易范围和市场份额。

其他参加交易的有中介方、银行金融机构、信用卡公司、海关系统、商检系统、保险公司、税务系统、运输公司等。

在电子商务系统中,信息的交流通常是通过双方的电子邮箱和网址来完成的,这种信息的沟通方式在效率上是传统方法所无法比拟的。互联网环境下供需双方信息的沟通方式如图1.3.1所示。

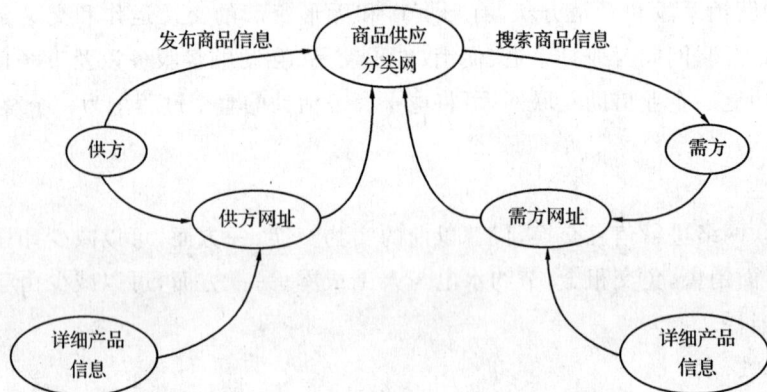

图1.3.1　互联网环境下供需双方信息的沟通方式

（2）交易磋商

在商品的供需双方都了解到了有关商品的供需信息后,具体商品交易磋商过程就开始了。在传统的技术条件下,邮寄是重要贸易文件传递的唯一途径。而在互联网环境下就不同了,整个商贸磋商的过程可以在网络和系统的支持下完成。原来商贸磋商中的单证交换过程,在电子商务中演变为记录、文件或报文在网络中的传递过程。各种各样的电子商务系统和专用数据交换协议自动地保证了网络信息传递的准确性和安全可靠性。

电子商务的特点是可以签订电子商务贸易合同,交易双方可以利用现代电子通信设备和通信方法,经过认真谈判和磋商后,将双方在交易中的权利,所承担的义务,对所购买商品的种类、数量、价格、交货地点、交货期、交易方式和运输方式、违约和索赔等合同条款,全部以电子交易合同的方式做出全面详细的规定,合同双方可以利用电子数据交换进行签约,可通过数字签名等方式签名。

（3）签订合同与办理手续

在传统的技术环境中,贸易磋商过程都是通过口头协议来完成的。磋商过程完成后,为了以法律文件的形式确定磋商结果,从而监督双方的执行,双方必须要以书面形式签订商贸合同。在互联网环境下的电子商务系统中,网络协议和应用系统自身已经保证了所有贸易磋商日志文件的准确性和安全可靠性,故双方都可以通过磋商日志文件来约束商贸行为和执行磋商结果。同时第三方在授权的情况下可以通过它们来仲裁执行过程中所产生的纠纷。

从买卖双方签订合同到合同开始履行之前还需办理各种手续,这也是双方贸易前的交易准备过程。买卖双方要利用 EDI 与有关各方(如中介方、银行金融机构、信用卡公司、海关系统、商检系统、保险公司、税务系统、运输公司等)进行各种电子票据和电子单证的交换。

(4)合同的履行和支付过程

这一阶段是从买卖双方办完上述所有各种手续之后开始。卖方要备货、组货,同时进行报关、办理保险与信用、取证等活动,卖方将所购商品交付给运输公司包装、起运、发货,买卖双方可以通过电子商务服务器跟踪发出的货物,银行和金融机构也按照合同进行结算,出具相应的银行单据等,直到买方收到自己所购商品,完成整个交易过程。传统商贸业务中的支付过程有两种形式:一种是支票方式,这种方式多用于企业之间的商贸过程;另一种是现金方式,这种方式常用于企业对个体消费者的商品零售过程。在实际操作过程中,现金支付方式虽不够安全,但非常简单,而支票方式则较为复杂,它涉及双方单位和开户银行等多家单位,支票支付过程如图 1.3.2 所示。

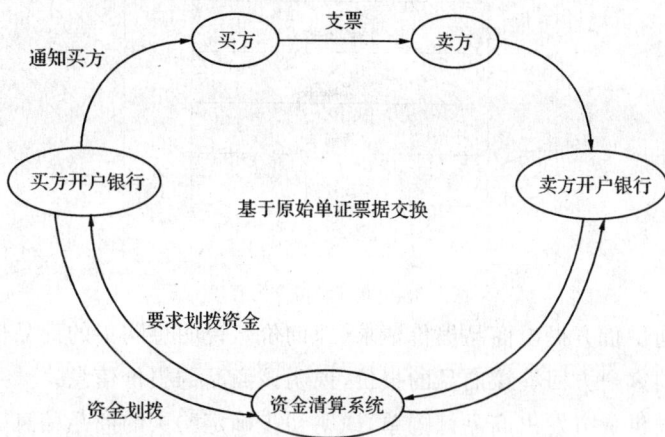

图 1.3.2　支票支付过程

资金支付过程在互联网环境下有了很大的改变。改变的结果是,原支票支付方式被电子支付方式所取代,原现金支付方式被信用卡方式所取代。

2. B to C 电子商务交易过程

消费者决定要购买一个商品后,可以通过银行完成付款过程,也可以通过信用卡来支付。一般来说,消费者的网上交易需要进行下面的几个交互过程:

(1)通过互联网了解商品的情况。

(2)询价。

(3)和卖方进行价格磋商。

(4)如果满意,以双方同意的价格签署付款协定,将信息加密。

(5)账务服务系统验证加密后的付款细节。

(6)账务服务系统解密付款细节,检查买方的余额及信用情况,扣除要转账的总金额。

(7)货物送出,账务服务系统发送标准化的信息来描述交互的细节。

(8)买方收到货物后,签署和发送收据。

在这个过程中,消费者必须是已经在网络银行开设账户,在 CA 认证中心进行过登记的用户,而货物的送递过程可以委托一家专门的物流公司来完成。

3.B to B 电子商务交易过程

参加交易的买卖双方在做好交易前的准备之后,通常根据电子商务标准开展电子商务交易活动。电子商务标准规定了电子商务交易应遵循的基本程序,通常是以 EDI 标准报文格式交换数据,电子商务交易程序如图 1.3.3 所示。

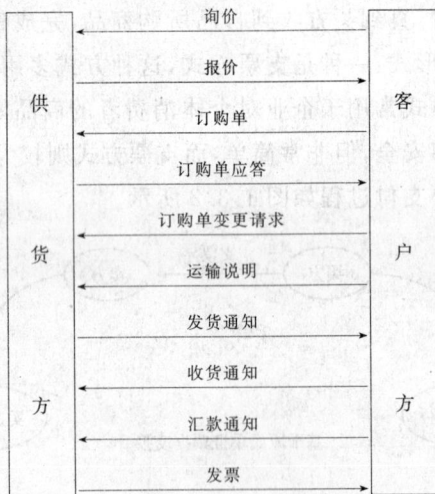

图 1.3.3 电子商务交易程序

(1)客户方向供货方提出商品报价请求(即询价),说明想购买的商品信息。

(2)供货方向客户方回答该商品的报价,说明该商品的报价信息。

(3)客户方向供货方发出商品订购单,说明初步确定购买的商品信息。

(4)供货方应答客户方发出的商品订购单,说明有无此商品及规格型号、品种、质量等信息。

(5)客户方根据应答确定是否对订购单有变更请求,说明最后确定购买的商品信息。

(6)客户方向供货方发出商品运输说明,说明运输工具、交货地点等信息。

(7)供货方向客户方发出发货通知,说明运输公司、交货地点、运输设备、包装等信息。

(8)客户方向供货方发出收货通知。

(9)客户方发出汇款通知。

(10)供货方向客户方发送电子发票,完成全部交易。

第2章

电子商务模拟实验

2.1 实验计划及准备

2.1.1 实验计划

1.实验目的

通过理论与实验的整合,使学生对电子商务的基本框架有更深刻的理解;通过学生亲自动手做实验,使同学们了解电子商务的各流程,并对电子商务的特点和应用领域有更加感性的认识。

2.实验要求

(1)通过学习使学生了解电子商务的基本概念;

(2)了解 Internet 中 B2B、B2C、C2C 等不同类型的电子商务;

(3)掌握商务信息的流通方式、企业电子商务;

(4)了解网络市场调查方法、网络营销和传统营销的区别;

(5)了解电子商务与物流之间的关系以及初步了解网站的建设;

(6)通过实验,使学生掌握 B2B、B2C、C2C 的交易模式和物流管理、网上银行、网络营销及企业网站的建立等基本操作流程和具体的操作方法;

(7) 不仅使学生能掌握电子商务的理论知识,更能在模拟电子商务实验室中完成电子商务的操作流程。

3.教材及教师参考书

(1)教材

《电子商务基础教程(第二版)》,兰宜生编著,高等教育出版社。

(2)主要教学参考书

①《电子商务案例教程》,邵兵家、邓石翼编著,机械工业出版社。

②《网络信息检索与利用》,杨坚争主编,百家出版社。

③《电子商务模拟实验教程》,邵兵家主编,重庆大学出版社。

④《德意电子商务实验室》专业版用户手册。

(3)实验环境

《德意电子商务实验室》专业版。

4. 实验目标检测方法

学生按照实验要求操作之后,每个操作结果都会与"＃＃＃＃"或"×××"(学生学号的后四位或后三位)相关,老师以此作为检测各个学生实验操作结果的依据。

5. 学生实验时间安排

实际实验周数为 13 周,每周 2 课时(可根据具体情况适当调整)。实验周次、课时及实验内容见表 2.1.1。

表 2.1.1　　　　　　　　　　　　实验时间安排表

周次		实验内容	课时数
一	走进电子商务	实验1 浏览知名电子商务网站	1
		实验2 系统初始化	1
二	系统初始化	实验1 电子邮箱注册和功能使用	1
		实验2 配置电子邮箱	
		实验3 企业网上银行注册	1
		实验4 登录企业网上银行	
三		实验1 个人网上银行注册	1
		实验2 申请 B2C 特约商户账户	
		实验3 CA 认证的申请下载与安装	1
四	B2B 与物流模拟实验	实验1 物流商户注册	1
		实验2 仓库、车辆管理	
		实验3 B2B 会员注册	1
五		实验1 供应商产品信息管理	1
		实验2 采购商申请成为供应商的签约商户	1
		实验3 供应商审批采购商申请	
六		实验1 供应商与物流商建立业务关系	1
		实验2 供应商向物流商发货	
		实验3 物流商进货处理	1
七		实验1 B2B 中调拨单的使用	1
		实验2 物流商调拨处理	
		实验3 B2B 采购流程	1
八		实验1 物流商出货处理	1
		实验2 B2B 中询价单与电子合同的使用	1
九	B2C 模拟实验	实验1 商户入驻电子商城	1
		实验2 消费者注册电子商城会员	
		实验1 商户采购商品	1
		实验2 消费者购买商品	

（续表）

周次		实验内容	课时数
十	B2C模拟实验	实验1 B2C商户销售管理	1
		实验2 C2C会员注册	1
		实验3 卖东西	
十一	C2C模拟实验	实验1 买东西	1
		实验2 我的得易	
		实验3 网络营销会员注册	
		实验4 申请域名（前台）	1
		实验5 域名管理（后台）	
十二		实验1 虚拟主机租用（前台、后台）	1
		实验2 购买搜索引擎	
		实验3 广告	1
		实验4 电子杂志（前台、后台）	
十三		实验1 邮件列表	1
		实验2 调查问卷（前台、后台）	
	综合实验	综合练习	1

附：走进电子商务

浏览实验：浏览知名电子商务网站

指导学生浏览几个国内外具有较高知名度的电子商务网站，例如：

(1)B2C类型网站。美国亚马逊网上书店，我国的卓越网、当当书店等。

(2)C2C类型网站。易趣网、雅宝网等。

(3)B2B类型网站。阿里巴巴（水平类型）、海尔企业间电子商务网站（垂直类型）等。

(4)G2B类型网站。北京军区物资采购网、上海杨浦区政府采购网等。

了解电子商务模式与传统商务模式的区别，电子商务网站与非电子商务网站的区别。

下面介绍几个具体的网站地址：

美国亚马逊网上书店：http://www.amazon.com/

卓越网：http://www.amazon.cn/

当当书店：http://www.dangdang.com/

易趣网：http://www.eachnet.com/

阿里巴巴：http://china.alibaba.com/

海尔企业间电子商务网站：http://www.ihaier.com/

中国化工网：http://china.chemnet.com/

2.1.2 系统初始化

实验 1 管理员分配教师账号

实验角色：系统管理员、教师。

实验目的：初次登录，系统管理员为使用本软件的教师分配账号（使用系统管理员身份登录系统，账号默认为"admin"，密码为"123456"）。分配教师账号流程如图 2.1.1 所示。

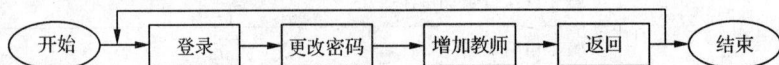

图 2.1.1　分配教师账号流程

实验步骤：

（1）登录

①打开 IE 浏览器。

②在地址栏中输入如下网址：http://IP:8081/eblab。其中，IP 为安装了"德意电子商务实验室"软件的服务器地址。

③在"账号"文本框中输入"admin"，密码为"123456"，选择"管理员"（如图 2.1.2 所示），点击"登录"按钮，进入实验室。

图 2.1.2

（2）修改管理员密码

双击用户名为"admin"的记录，修改密码。

（3）增加教师

点击"增加教师"，输入如下信息（如图 2.1.3 所示）：

①操作号：jiaoshi。

②姓名：教师。

③登录密码:123456。

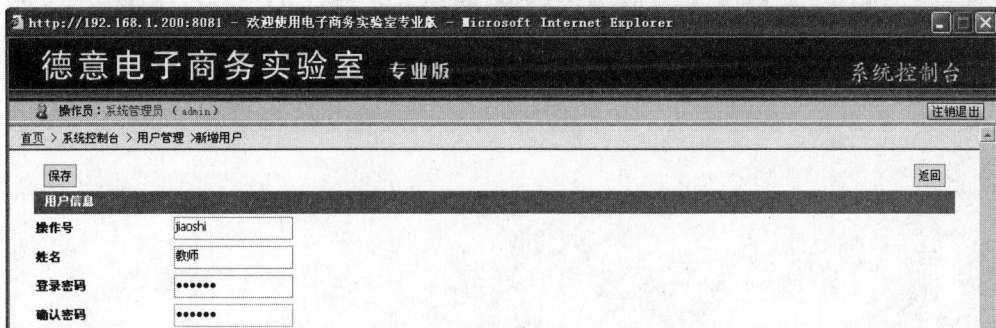

图 2.1.3

教师登录系统进入教学平台,进行学习资料管理,设置班级、学生登录账号与密码。

实验 2　学习园地管理

实验角色:教师。

实验目的:教师发布学习资料以及教学内容,进行资料分类、添加资料、修改资料等。

学习园地管理流程如图 2.1.4 所示。

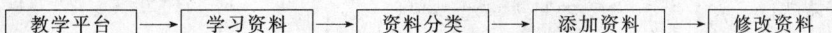

教学平台 → 学习资料 → 资料分类 → 添加资料 → 修改资料

图 2.1.4　学习园地管理流程

实验步骤:

(1)教师用自己的账号和密码登录系统,如图 2.1.5 所示。

图 2.1.5

(2)点击"教师工作台"中的"学习资料"按钮,如图 2.1.6 所示,进入"学习资料"页面。

(3)点击"资料管理"按钮,进入"学习资料管理"页面,如图 2.1.7 所示。

(4)点击"资料分类"按钮,在"新增分类"的空白框中输入资料类别名称,如"网络营销",如图 2.1.8 所示。

图 2.1.6

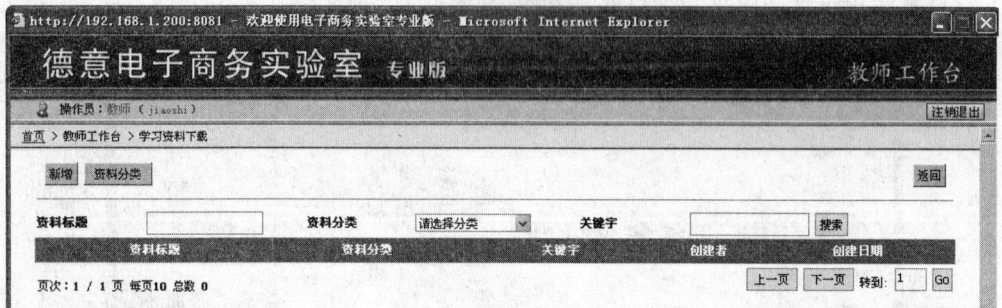

图 2.1.7

图 2.1.8

(5)返回"学习资料管理"页面,点击"新增"按钮,如图2.1.9所示。

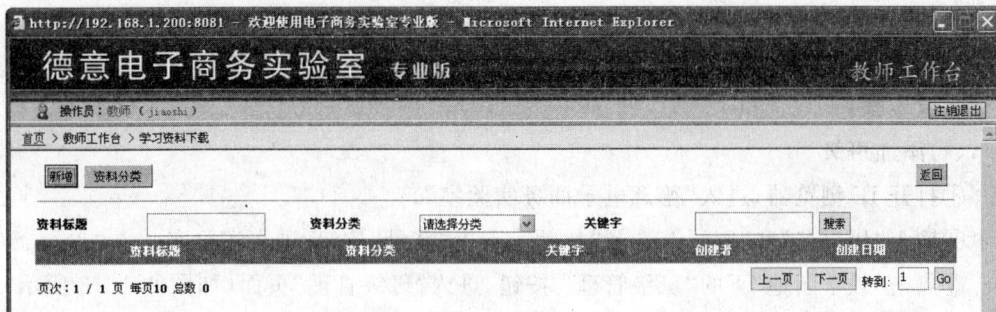

图 2.1.9

(6)在如图2.1.10所示的页面中输入新增的"资料标题",选择资料分类,输入关键字,浏览选择要上载的文档。

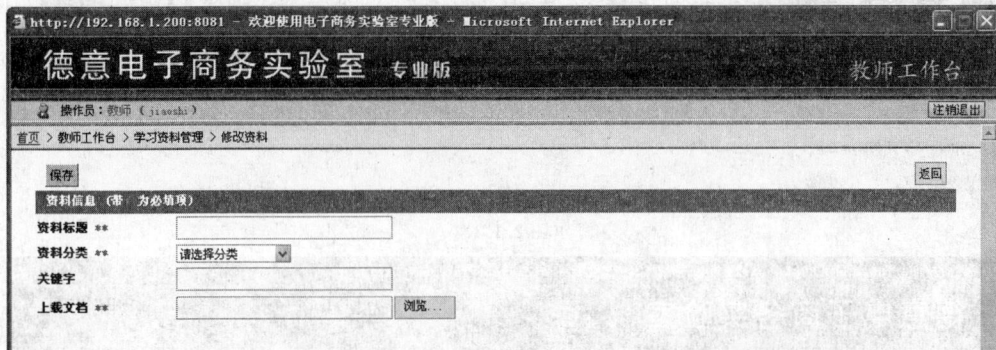

图 2.1.10

(7)点击"保存"按钮,添加完成,结果页面如图2.1.11所示。

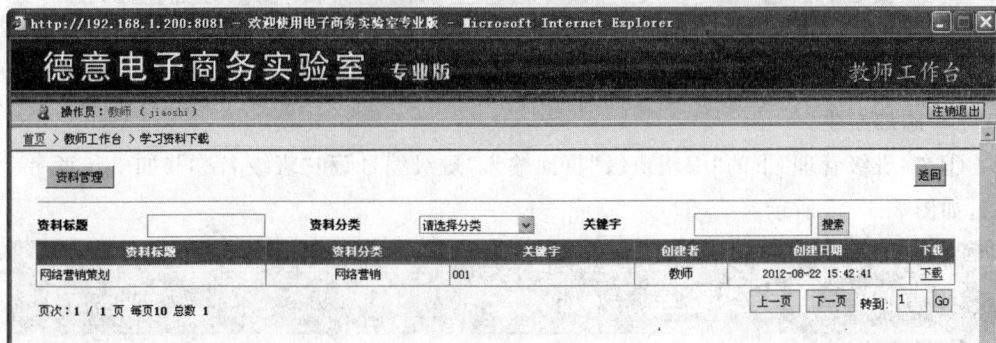

图 2.1.11

(8)在"学习资料管理"页面中可以选择某一资料进行修改或删除。

实验3 学生班级管理

实验角色:教师、学生。

实验目的:教师对学生班级进行管理,可以新增班级、更新班级名称、删除班级及管理学生等。

学生班级管理流程如图 2.1.12 所示。

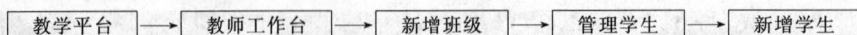

图 2.1.12 学生班级管理流程

实验步骤：

（1）添加班级

①打开 IE 浏览器，进入"德意电子商务实验室"。

②输入"用户名"和"密码"，选择"教师"，点击"登录"按钮，进入实验室。

③点击"教学园地"下的"班级管理"按钮，进入"班级管理"页面（如图 2.1.13 所示），点击"新增"按钮，定义班级名称（如图 2.1.14 所示），然后点击"保存"按钮。

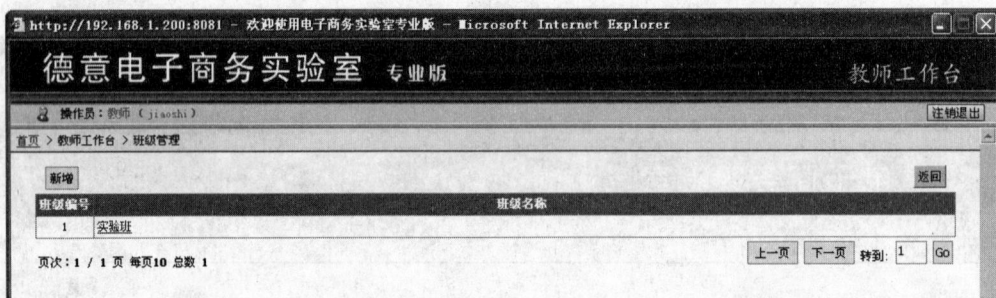

图 2.1.13

图 2.1.14

（2）添加学生

①在"班级管理"下的"编辑班级"页面输入"班级编号"和"班级名称"（如电子商务 10 级），如图 2.1.15 所示。

图 2.1.15

②点击"学生管理"按钮,进入"学生管理"页面,如图2.1.16所示。

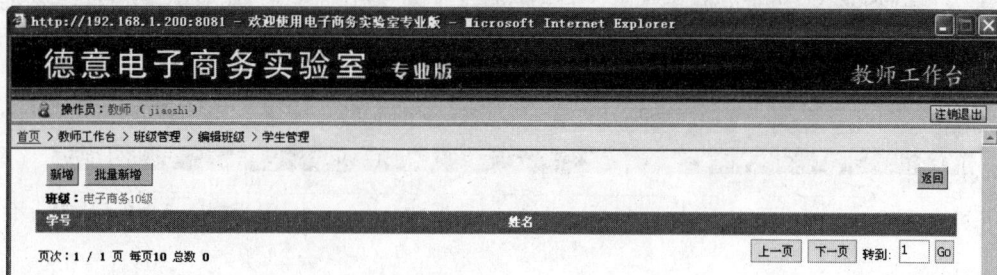

图2.1.16

③点击"批量新增"按钮,进入"批量新增学生"页面,输入"起始学号"和"学生数量",登录密码为"123456",如图2.1.17所示,再点击"保存"按钮。

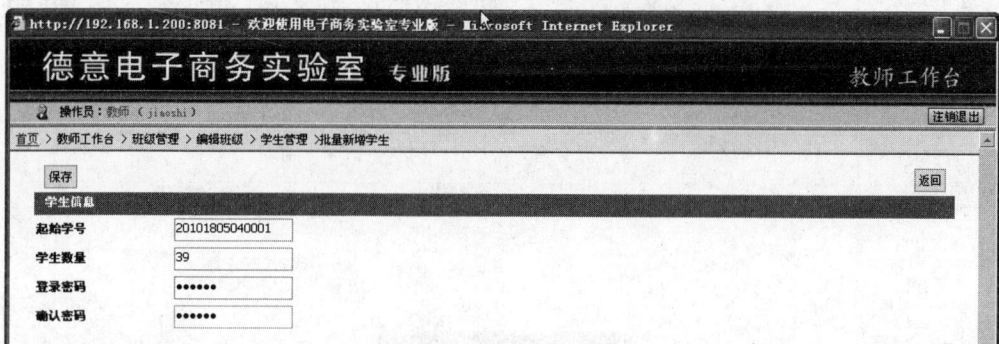

图2.1.17

实验4　学生实验管理

实验角色:教师、学生。

实验目的:分配实验任务,控制学生访问权限以及管理学生实验结果。

学生实验管理流程如图2.1.18所示。

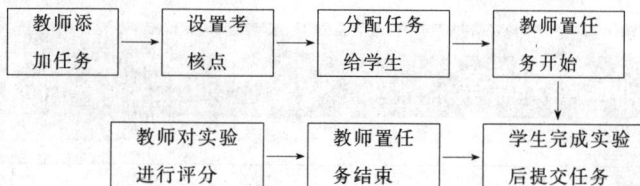

图2.1.18　学生实验管理流程

实验步骤:

(1)教师登录并进入"教师工作台"下的"任务管理"页面。

(2)在"任务管理"页面中点击"新增"按钮。

(3)选择实验任务,设置好任务的开始时间和完成时间,如图2.1.20所示。

(4)点击"保存"按钮,系统提示"新增任务成功!",如图2.1.21所示。

(5)查看新建立的实验任务。

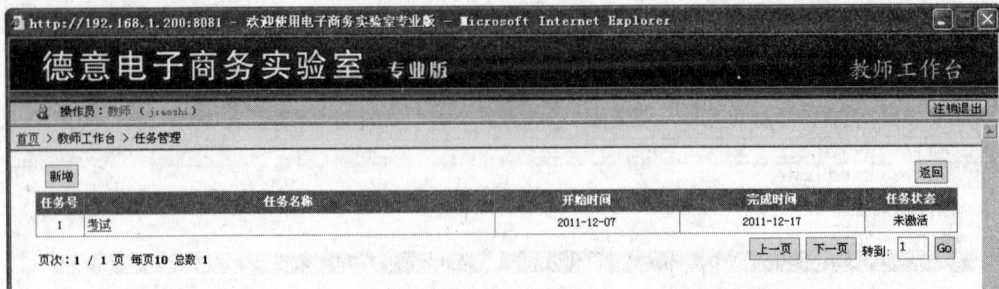

图 2.1.19

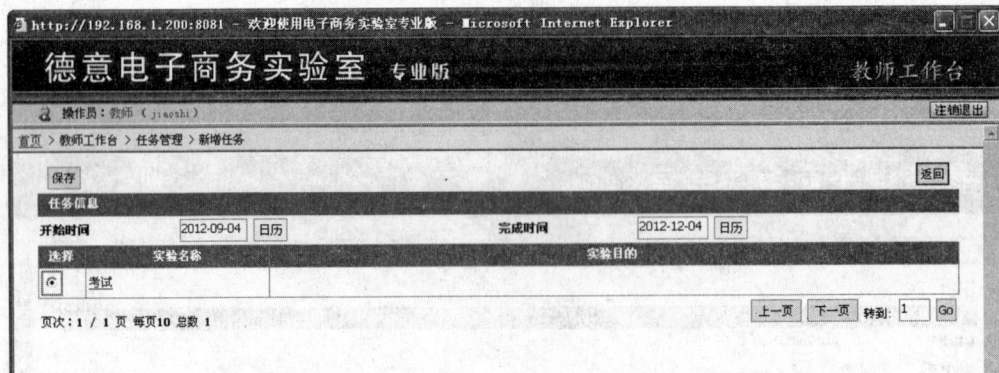

图 2.1.20

图 2.1.21

（6）在"任务明细"页面中设置考点、分配任务（分配学生与其实验角色，也可使用自动分配），如图 2.1.22 所示。

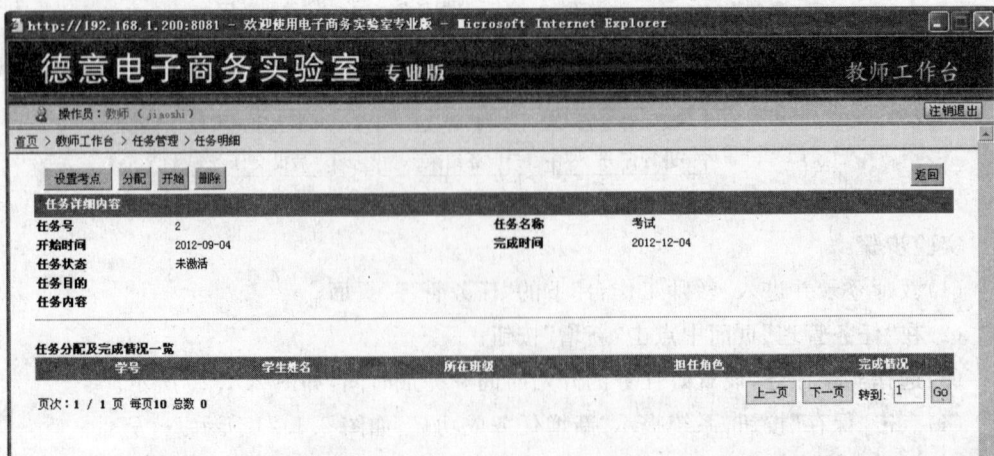

图 2.1.22

（7）任务分配成功后点击"开始"按钮，如图 2.1.23 所示。

图 2.1.23

（8）学生登录系统，进入"学生工作台"，查看其实验任务，如图 2.1.24 所示，然后按照实验任务要求开始进行实验操作。

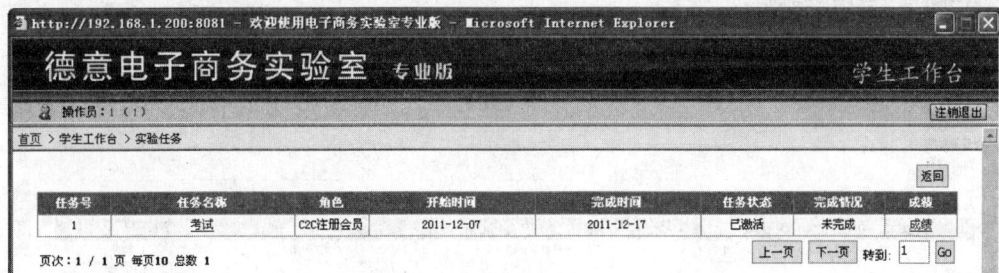

图 2.1.24

（9）实验操作结束后，学生再次进入"学生工作台"，查看任务内容，如图 2.1.25 所示，点击"结束任务"按钮，则本次实验操作结束。

（10）教师登录"教师工作台"，在"任务明细"中查看"已激活"状态的实验任务的完成情况，如图 2.1.26 所示，然后点击"结束"按钮来结束本次实验。

图 2.1.25

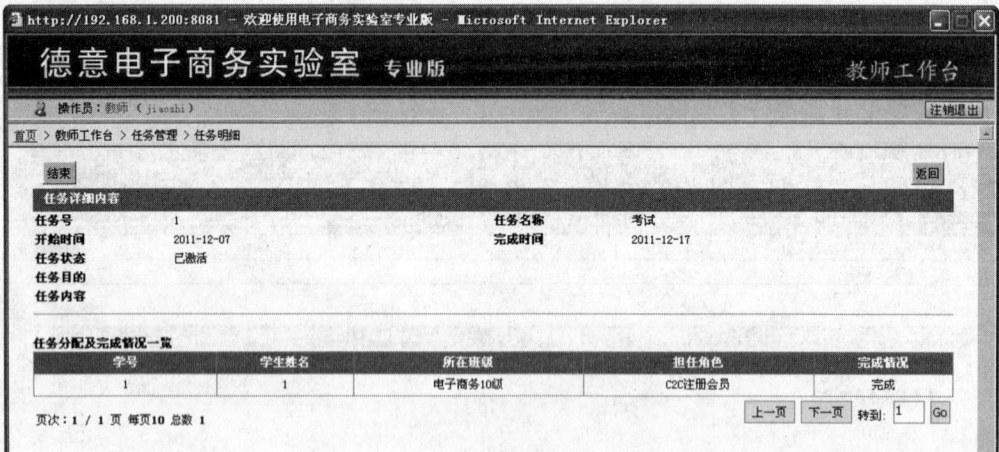

图 2.1.26

（11）此时实验任务的状态变为"已关闭"，如图 2.1.27 所示，选择该任务，点击"评分"按钮。

（12）在"任务分配及完成情况一览"中选择任务，如图 2.1.28 所示，点击"开始评分"按钮。

（13）评分结束后，教师如果想查看某个学生的实验完成情况，可以再次点击该任务的"实验评分"，可查看到学生的考核成绩。选择该学生，点击"查看实验记录"按钮，则可查看到该学生已完成实验步骤的情况。

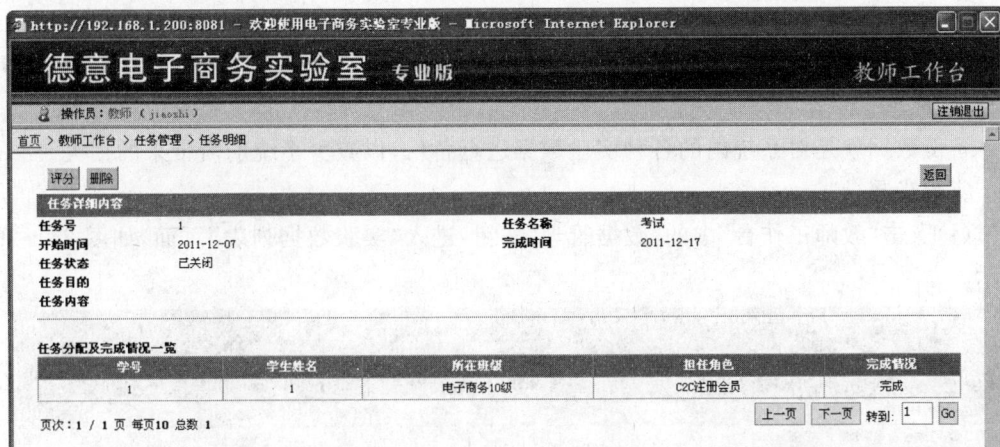

图 2.1.27

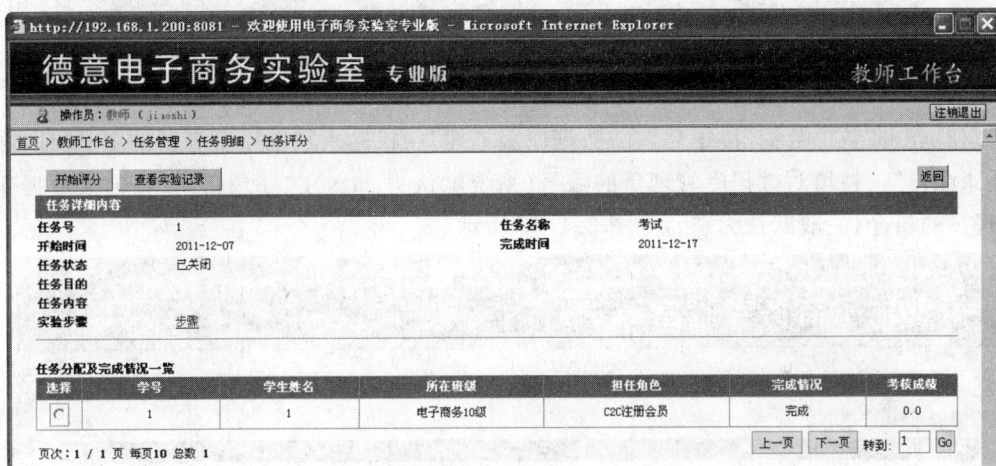

图 2.1.28

(14)学生进入"学生工作台"中的"实验任务"页面,可以查看自己实验任务的完成情况。

提示 》

(1)系统对学生的访问控制是通过实验任务来实现的。如果没有实验任务,那么学生可以访问全部功能模块;如果有实验任务,学生的访问权限就是实验任务所涉及的功能模块。

(2)由于系统中注册的实验角色的账号统一格式为"学号+*+字符",如 B2C 商户的用户账号为"××××××*E",一个学生账号只能申请某一实验角色一次,否则系统会提示"企业编号已经存在,不能重复注册"。

(3)由于上面第2条的原因,建议老师给学生分配两个账号,一个不分配实验任务供学生进行日常上机练习,另一个专门用于在考核时分配实验任务进行评分。

实验5 实验与教学数据管理

实验角色:教师。

实验目的:备份和恢复系统的数据。

数据管理包括实验数据管理和教学数据管理。

实验数据是维护学生实验的数据；教学数据是维护教学平台的数据，如学生信息、实验任务等。

备份数据就是对系统内的各种实验数据进行备份，以减少系统崩溃带来的损失。

实验步骤：

(1)点击"教师工作台"中的"数据管理"按钮，进入"实验数据列表"页面，如图2.1.29所示。

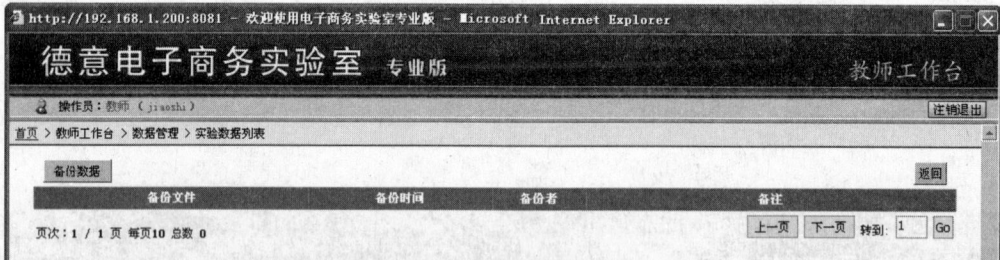

图2.1.29

(2)点击"备份数据"按钮后，在"数据库服务器"一栏输入数据库服务器的IP地址，在"登录账户"一栏填写数据库管理员的账号（系统默认为sa），在"登录密码"栏输入数据库管理员的口令（一般默认为空），如图2.1.30所示。

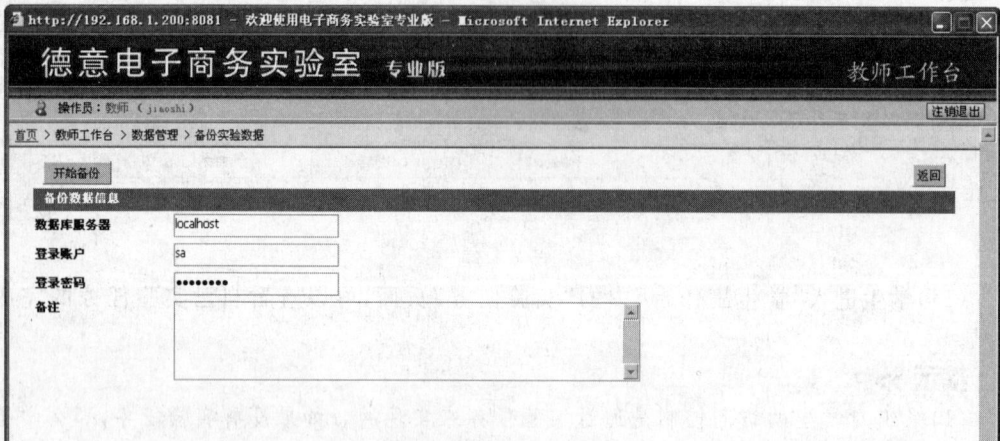

图2.1.30

(3)点击"开始备份"按钮，即可完成数据备份。整个系统的数据自动备份在程序安装目录（如C:\eblab\dbbackup）中。

提示 》

(1)在备份完毕后将dbbackup目录以及其中所有的内容一起拷贝到其他地方存放。

(2)如果要恢复数据，则选择需要恢复的数据，点击"恢复数据"按钮就可以完成。

(3)如果要删除数据，则选择需要删除的数据，点击"删除数据"按钮就可以完成。

实验6　学生工作台操作

实验角色：学生。

实验目的：学生登录系统(下同)，熟悉学生工作台的操作内容，如下载资料、查询实验任务内容和实验成绩、修改登录密码等。

实验步骤：

(1)学生输入"用户名"(即学号)和"初始密码"(123456)，如图2.1.31所示。

图 2.1.31

(2)选择"学生"角色登录系统，进入"学生工作台"页面(如图2.1.32所示)。

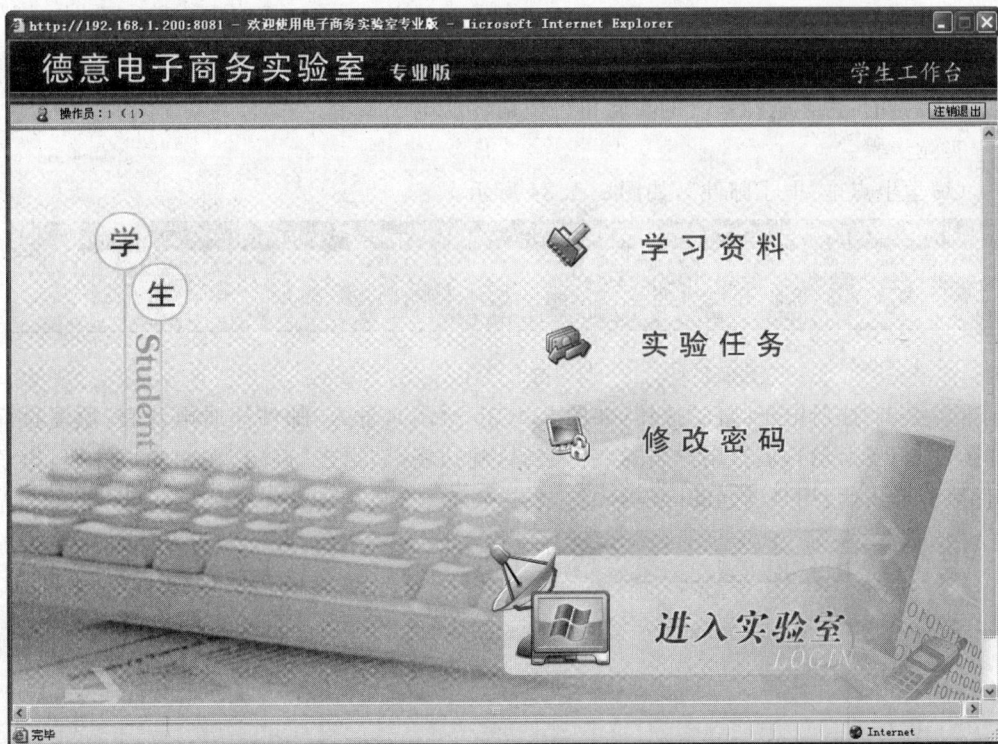

图 2.1.32

(3)在"学习资料"页面中可以选择教师提供的学习资料进行下载。

(4)在"实验任务"页面中可以查看实验任务内容、实验成绩。

选择一个实验任务,点击"任务内容"进入"任务内容一览"页面,在这里可以查看任务的名称、目的、内容和具体的实验步骤。学生在实验任务完成后需回到本界面来提交。教师才可以对该学生的实验情况进行评分。

选择一个"已完成"状态的实验任务,然后点击"实验成绩"按钮,即可查阅教师评分。

(5)在"修改密码"页面中可以进行密码的修改。

2.1.3 电子邮件

"电子邮件"模块主要是为学生提供认证邮件,并为学生提供一般的邮件往来等功能。"电子邮件"模块主要功能包括:收邮件、发邮件、邮件夹(收件箱、草稿箱、发件箱、垃圾箱)、地址簿、配置、帮助主题。

电子邮件使用流程(以发送邮件为例)如图2.1.33所示。

图2.1.33　电子邮件使用流程(以发送邮件为例)

实验1　电子邮箱注册和功能使用

实验角色:学生。

实验目的:为本软件系统的实验角色申请注册电子邮箱。

实验步骤:

(1)学生点击"电子邮件",如图2.1.34所示。

图2.1.34

(2)点击"注册电子邮件"按钮(如图2.1.35所示),进入"邮件注册申请表"填写页面(如图2.1.36所示),填写用户名、姓名、密码,确认密码,点击"确定"按钮完成注册,电子邮件账号形式为:用户名@eblab.com。

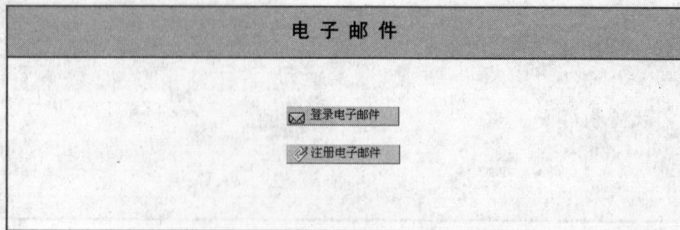

图2.1.35

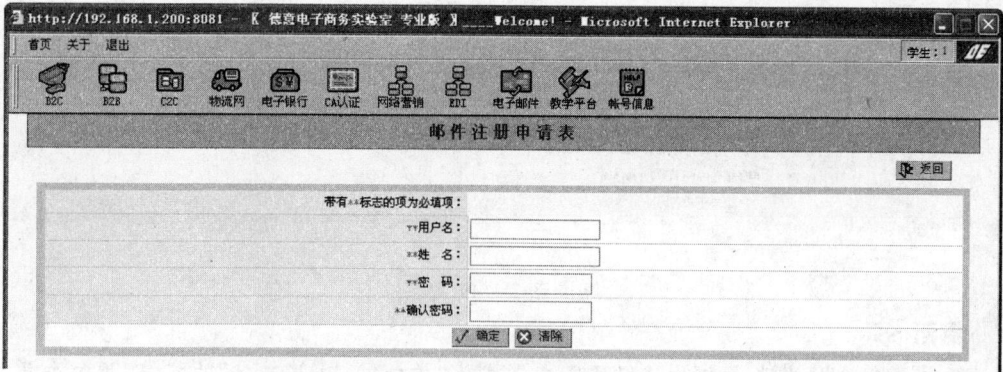

图 2.1.36

（3）申请邮件地址

①为配送商申请一个邮件地址"pss@eblab.com"，如图 2.1.37 所示。

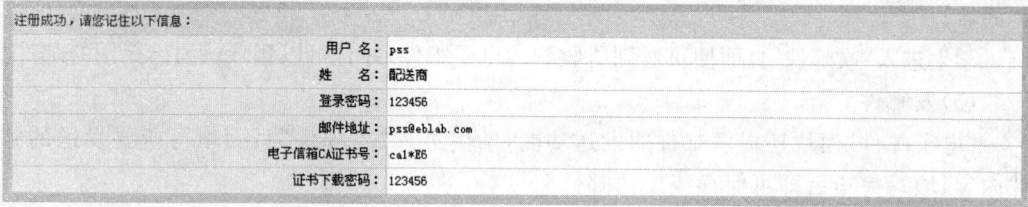

图 2.1.37

②为供应商申请一个邮件地址"gys@eblab.com"，如图 2.1.38 所示。

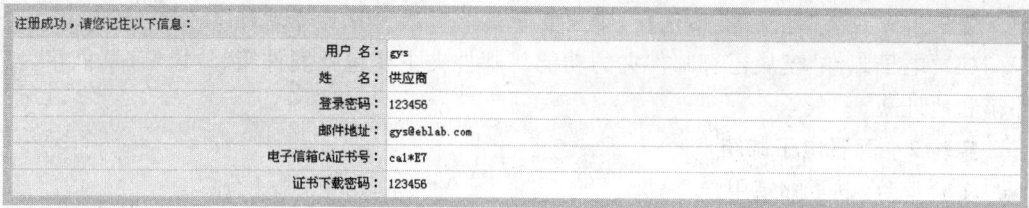

图 2.1.38

③为经销商申请一个邮件地址"jxs@eblab.com"，如图 2.1.39 所示。

图 2.1.39

④为 B2C 经销商申请一个邮件地址"b2cjxs@eblab.com"，如图 2.1.40 所示。

注册成功，请您记住以下信息：		
	用 户 名：	b2cjxs
	姓　　名：	经销商
	登录密码：	123456
	邮件地址：	b2cjxs@eblab.com
	电子信箱CA证书号：	ca1*E5
	证书下载密码：	123456

图 2.1.40

提示 >>

系统为每个学生账号自动分配了一个形式为"学号@eblab.com"的邮箱，且每个学生只能进入自己的邮箱。

(4)收邮件

在"电子邮件"模块的首页，填写用户名和密码，点击"确定"按钮，即可进入"收邮件"页面。

学生进入"收邮件"页面便可看到所收到的电子邮件，并且可以删除认为已无用的邮件。

(5)发邮件

"电子邮件"模块还提供邮件的发送功能，学生进入"发邮件"页面填写所要发送的邮件内容，填写完毕后即可保存或发送邮件。

①点击"发邮件"模块，进入"发邮件"页面。

②填写收信人、主题、邮件内容，点击"发送"按钮。

提示 >>

收信人旁边有"地址簿"的选择，方便在群发的时候大量选择地址。

(6)"电子邮件"模块还有邮件夹的功能。邮件夹主要包括发件箱、垃圾箱、草稿箱、发件箱和地址簿。

实验 2　配置电子邮箱

实验角色：电子邮箱用户。

实验目的：电子邮箱用户进入此模块后根据自己的设定来配置电子邮箱。

配置电子邮箱流程如图 2.1.41 所示。

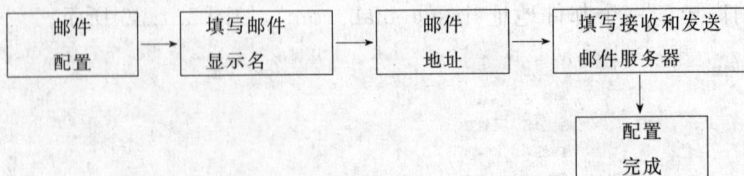

邮件配置 → 填写邮件显示名 → 邮件地址 → 填写接收和发送邮件服务器 → 配置完成

图 2.1.41　配置电子邮箱流程

实验步骤：

(1)在"电子邮件"页面登录邮箱，在"我的邮箱"下点击"配置"，在"署名设定"页面填写"显示名"，如图 2.1.42 所示。

(2)点击"下一步"按钮，进入"邮件地址"页面，确认电子邮件地址正确后，点击"下一步"按钮，如图 2.1.43 所示。

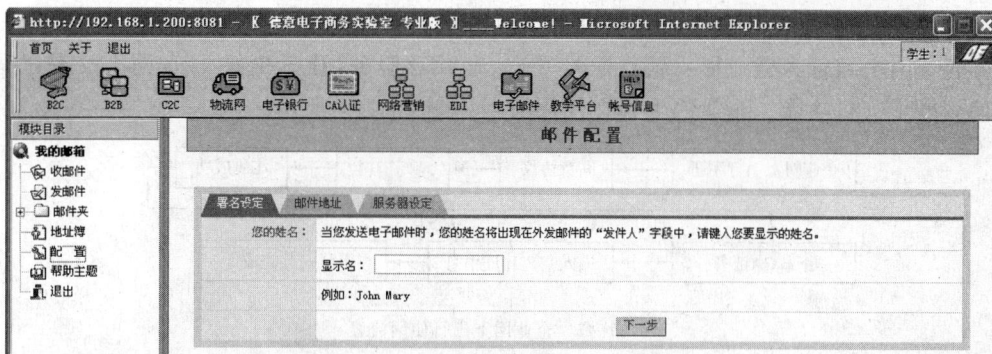

图 2.1.42

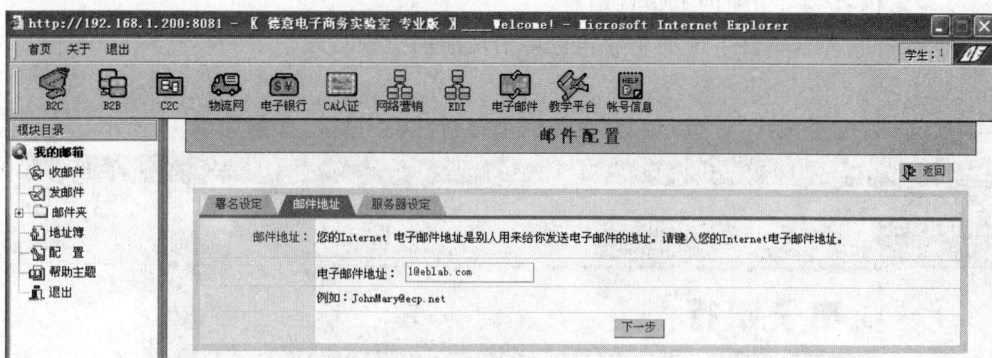

图 2.1.43

(3)在"服务器设定"页面填写"用户名"和"口令",点击"保存"按钮,如图 2.1.44 所示,完成邮件的配置。

图 2.1.44

2.1.4 网上银行

"网上银行"模块的主要功能是模拟网上银行系统,通过实验了解电子支付账号的申请及网上支付过程,个人网上银行和企业网上银行的账户管理、存款业务、转账业务、账务查询等服务,使整个电子商务教学系统得以模拟网上支付流程及账户的管理过程。

企业网上银行为企业提供银行账号开户、存款等服务,让学生在 B2B 网上交易过程中使用电子支付功能。企业网上银行使用流程如图 2.1.45 所示。

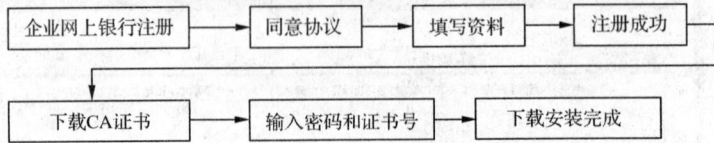

图 2.1.45　企业网上银行使用流程

实验 1　企业网上银行注册

实验角色:学生、企业网上银行用户。

实验目的:为本软件系统的企业角色申请注册网上银行账户。

实验步骤:

(1)进入"电子银行"首页,点击"企业网上银行注册"链接,如图 2.1.46 所示。

图 2.1.46

(2)阅读并同意协议。

(3)填写"企业客户注册申请表"。其中,企业名称:pss;电子信箱:pss@eblab.com;初始资金:1000000 元;支付密码:123456。如图 2.1.47 所示。

(4)点击"确定"按钮。

(5)系统自动完成 CA 证书的申请,返回"用户号"、"登录密码"、"银行 CA 证书号"和"证书下载密码",如图 2.1.48 所示,同时把"证书编号"和"下载密码"通过电子邮件发送到自己注册时填写的信箱。

(6)进入"电子银行"首页,点击"企业银行证书下载"链接。

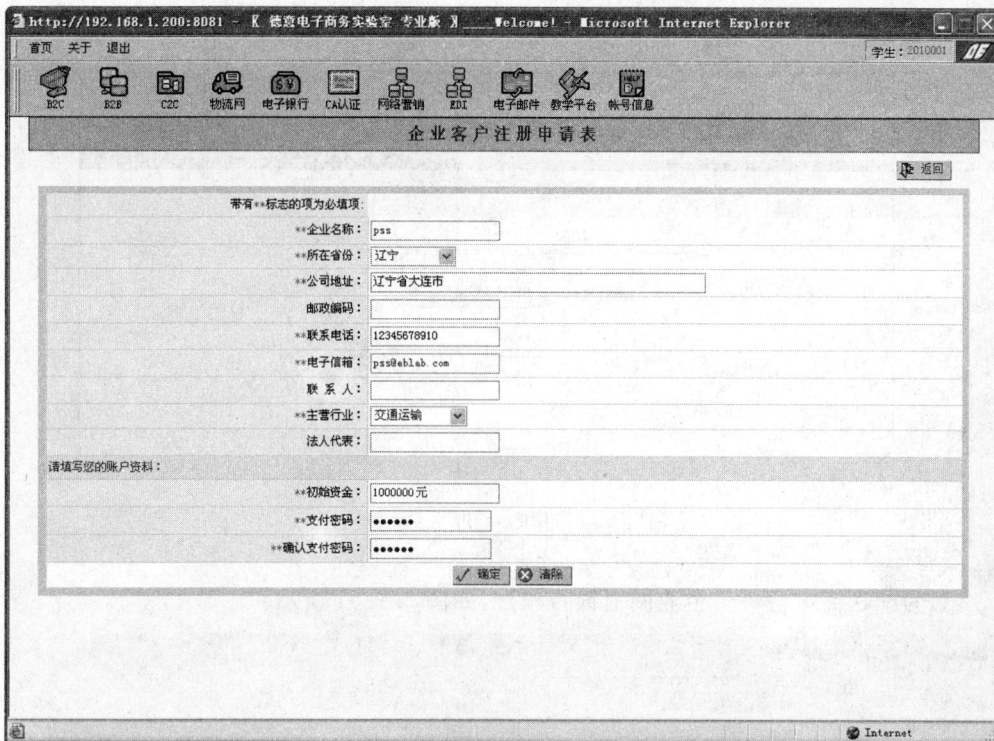

图 2.1.47

图 2.1.48

(7)输入"证书编号"和"下载密码"(如图 2.1.49 所示),把证书下载到本地,如图 2.1.50 所示,完成注册过程。

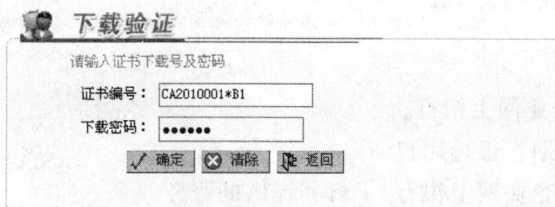

图 2.1.49

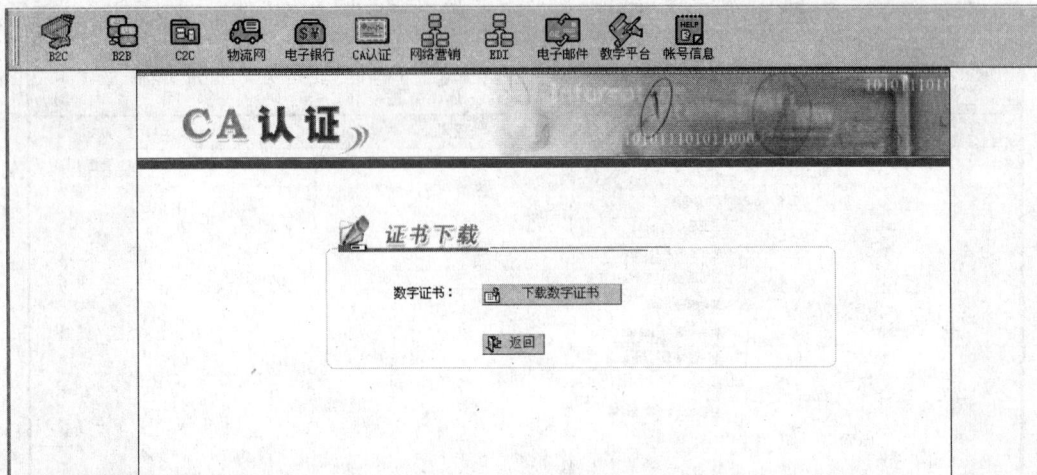

图 2.1.50

实验任务:

(1)为配送商申请一个企业网上银行账号,如图 2.1.51 所示。

注册成功,以下信息已通过电子邮件发给您:	
用户号:	21021025
登录密码:	123456
银行CA证书号:	CA2010001*B1
证书下载密码:	123456

图 2.1.51

(2)为供应商申请一个企业网上银行账号,如图 2.1.52 所示。

注册成功,以下信息已通过电子邮件发给您:	
用户号:	21021026
登录密码:	123456
银行CA证书号:	CA2010001*B2
证书下载密码:	123456

图 2.1.52

(3)为经销商申请一个企业网上银行账号,如图 2.1.53 所示。

注册成功,以下信息已通过电子邮件发给您:	
用户号:	21021027
登录密码:	123456
银行CA证书号:	CA2010001*B3
证书下载密码:	123456

图 2.1.53

实验 2 登录企业网上银行

实验角色:企业网上银行用户。

实验目的:登录企业网上银行,了解其提供的服务。

实验步骤:

(1)进入"电子银行"首页,点击"登录企业网上银行"链接。

（2）系统显示"电子身份认证"的网页对话框（如图 2.1.54 所示），企业选择合适的证书，点击"确定"按钮。

图 2.1.54

（3）银行通过验证后，提示"客户编号"和"密码"（如图 2.1.55 所示），用户点击"确定"按钮，可以登录到网上银行。

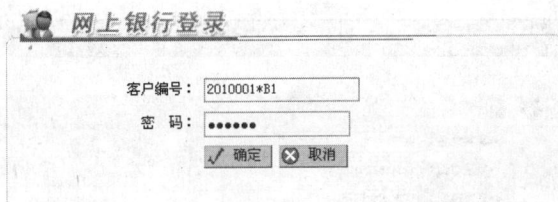

图 2.1.55

（4）点击"我的账户"，可查看和修改本账户。选择账户号码记录，点击"修改资料"按钮，可以选择查看和修改"我的账户"中的资料，如图 2.1.56 所示。

图 2.1.56

（5）点击"存款业务"，为账户添加存款。

①点击"电子银行"下的"存款业务"。

②填写"存入金额"和"支付密码",再点击"确定"按钮。

(6)点击"转账业务",为储户提供转账功能。

①点击"电子银行"下的"转账业务"。

②填入"转出账号"和"金额",点击"确定"按钮,即可完成转账业务。

(7)点击"账务查询",可查看用户账户中的信息,包括余额查询、交易明细查询、转账业务查询、电子支付查询等功能。

实验3　个人网上银行注册

个人网上银行为个人提供银行账号开户、存款等服务,让学生拥有自己的网上银行账号,并用于系统内的各种网上支付活动,基本功能同企业网上银行。

实验角色:学生、个人网上银行用户。

实验目的:为本软件系统的个人角色申请注册网上银行账户。

实验步骤:

(1)进入"电子银行"首页,点击"个人网上银行注册"链接。

(2)在"网上银行个人服务申请表"中填写个人信息(如图 2.1.57 所示)。

①真实姓名:学生姓名。

②联系电话:学生联系电话。

③地址:学校地址。

④电子信箱:学生已有的系统邮箱"××××××××@eblab.com"(×为学号数字)。

⑤支付密码:123456。

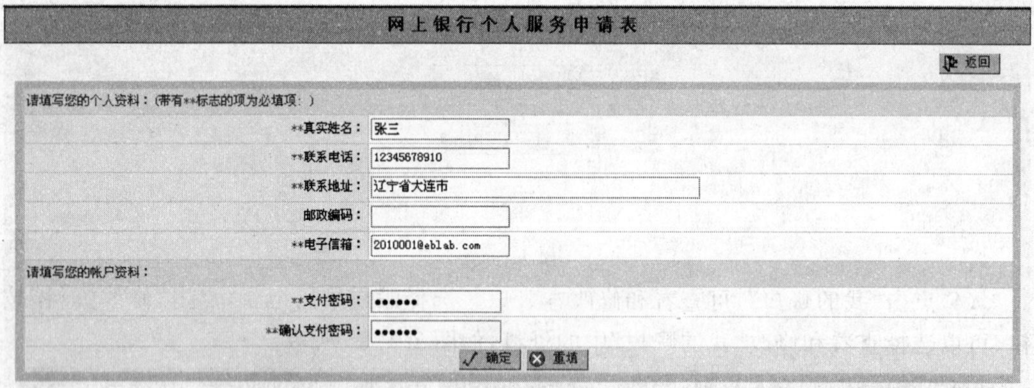

图 2.1.57

(3)点击"确定"按钮,申请成功。"网上银行个人服务申请结果"如图 2.1.58 所示。

(4)返回到"电子银行"首页,点击"登录个人网上银行"链接。

(5)系统会记录本学号的"银行客户号"和"登录密码",如图 2.1.59 所示,点击"确定"按钮。

(6)进入"个人银行管理"页面(如图 2.1.60 所示),提供以下功能:

"我的账户"——查看账户信息,修改个人资料。

"存款业务"——为账户存款。

"转账业务"——向其他账户转账,需填写转出金额,填写并确认转入账号。

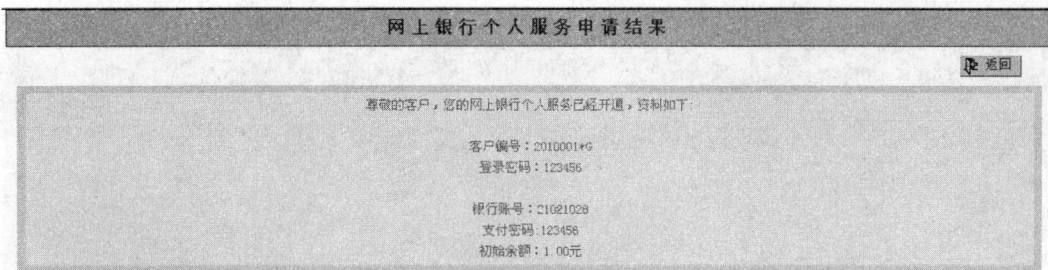

图 2.1.58

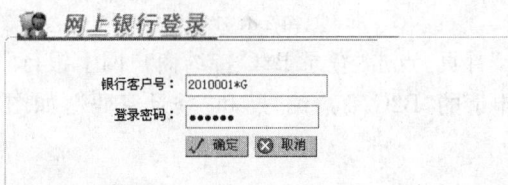

图 2.1.59

"财务查询"——记录账户余额、历史交易和 B2C 的购物明细。

图 2.1.60

实验 4 申请 B2C 特约商户账户

网上商城为网上商店提供银行账号开户、存款等服务,让学生在 B2C 的网上交易中使用电子支付功能,基本功能同企业网上银行。

实验角色:学生、B2C 商户。

实验目的:申请注册 B2C 特约商户,并拥有 B2C 特约商户的网上银行账户。

实验步骤:

(1)进入"电子银行"首页,点击"申请 B2C 特约商户"链接。

(2)在"B2C 特约商户申请表"中填写商户资料:

①商户名称:网上商店名称。

②联系电话:学生联系电话。

③联系地址:学校地址。

④电子信箱:已申请的电子邮箱"b2cjxs@eblab.com"。

⑤支付密码:123456。

（3）点击"确定"按钮，申请成功，"B2C特约商户申请结果"页面如图2.1.61所示。

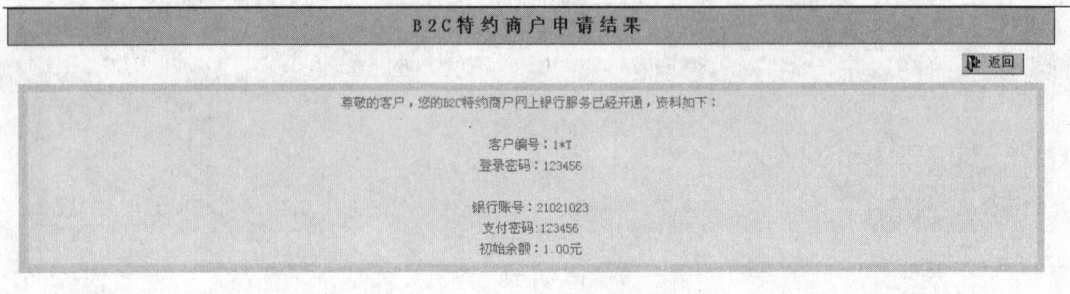

B 2 C 特约商户申请结果

尊敬的客户，您的B2C特约商户网上银行服务已经开通，资料如下：

客户编号：1*T
登录密码：123456

银行账号：21021023
支付密码：123456
初始余额：1.00元

图 2.1.61

（4）返回"电子银行"首页，点击"登录 B2C 特约商户网上银行"链接。

（5）系统记录了已申请的"B2C 商户编号"和"登录密码"，如图 2.1.62 所示，点击"确定"按钮。

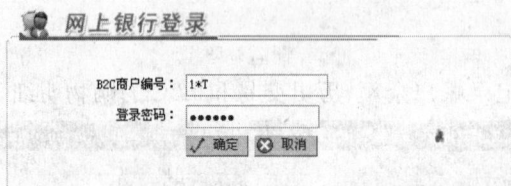

网上银行登录

B2C商户编号：1*T
登录密码：●●●●●

√ 确定   ❌ 取消

图 2.1.62

（6）进入"账户管理"页面，如图 2.1.63 所示，提供以下功能：

"我的账户"——查看账户信息，修改个人资料。

"财务查询"——记录账户余额、历史交易和当日交易的明细。

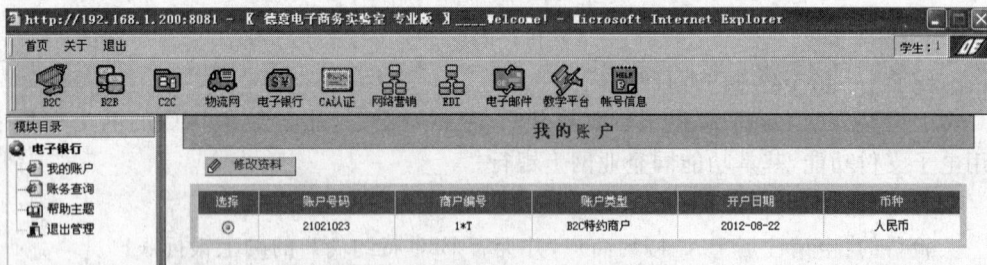

选择	账户号码	商户编号	账户类型	开户日期	币种
⊙	21021023	1*T	B2C特约商户	2012-08-22	人民币

图 2.1.63

2.1.5 CA 认证

安全问题是电子商务推进中的最大障碍。本模块让学生了解 CA 认证的概念，并提供安全证书的申请、安装和使用方法，使学生对电子商务的安全问题和相关技术有深刻的了解。

实验 1 CA 证书的申请下载与安装

实验角色：学生。

实验目的：了解 CA 证书的申请下载与安装过程。

实验步骤：

（1）进入"CA 认证"页面，点击"CA 证书申请"链接，如图 2.1.64 所示。

图 2.1.64

（2）阅读许可协议后，点击"同意"按钮，进入"CA 证书下载"页面。

（3）先下载根证书，安装到本地硬盘，如图 2.1.65 所示。

（4）点击"下一步"按钮，填写证书信息后点击"确定"按钮，注册信息会发送到电子信箱。

（5）在"CA 认证"页面，点击"CA 证书下载"链接，将证书下载安装到本地硬盘。

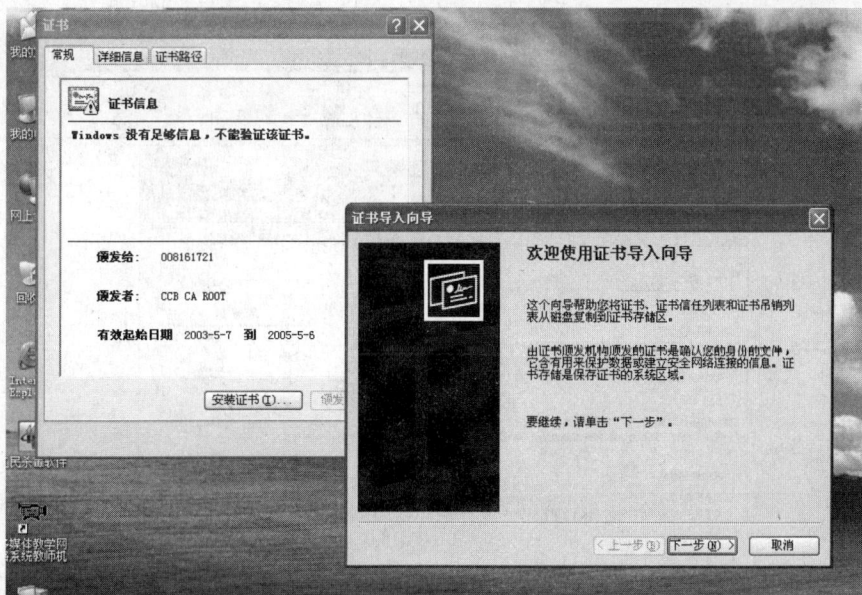

图 2.1.65

（6）完成 CA 认证过程。

2.1.6　物流

电子商务下的物流配送,是信息化、现代化、社会化的物流配送,物流配送企业采用网络化的计算机技术和现代化的软件系统及先进的管理手段,针对社会需求,严格地、守信用地按照用户要求完成商品的采购、存储、配送等一系列环节。物流配送流程如图 2.1.66 所示。

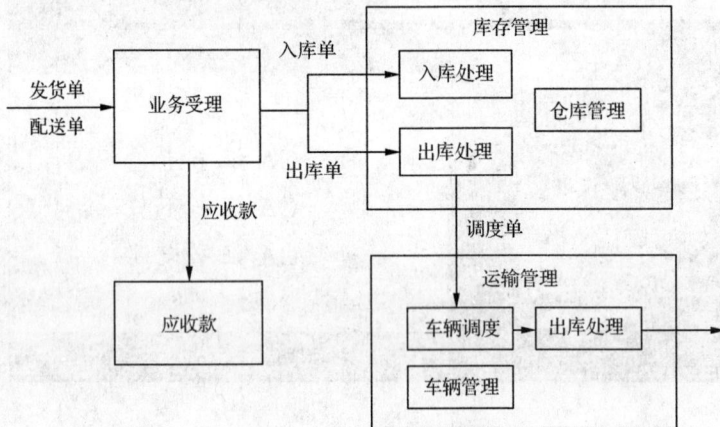

图 2.1.66　物流配送流程

实验 1　物流商户注册

实验角色:学生、物流商。

实验目的:申请注册一个物流商户。

实验步骤:

(1)进入"物流网"模块,如图 2.1.67 所示。

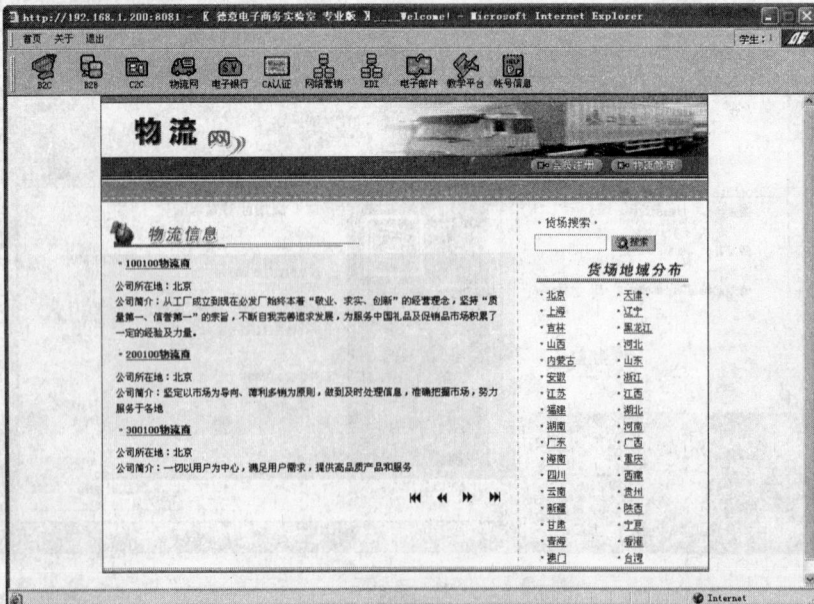

图 2.1.67

（2）点击"会员注册"按钮。

（3）在"电子身份验证"页面点击"注册会员"按钮，如图 2.1.68 所示。

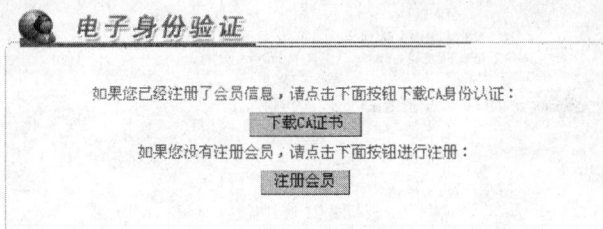

图 2.1.68

（4）填写数字证书信息，如图 2.1.69 所示。

①企业名称：pss。

②主营行业：交通运输。

③所属地区：学校所在地区。

④开户银行账号：已为配送商申请的一个企业网上银行账号。

⑤联系电话：学生联系电话。

⑥E-mail：已为配送商申请的电子邮箱"pss@eblab.com"。

⑦公司地址：学校所在地址。

图 2.1.69

（5）点击"确认"按钮，系统提示会员注册成功，要求下载 CA 证书，如图 2.1.70 所示。

（6）根据返回的"企业 CA 证书号"和"证书下载密码"，到 CA 认证中心下载证书，如图 2.1.71 所示。

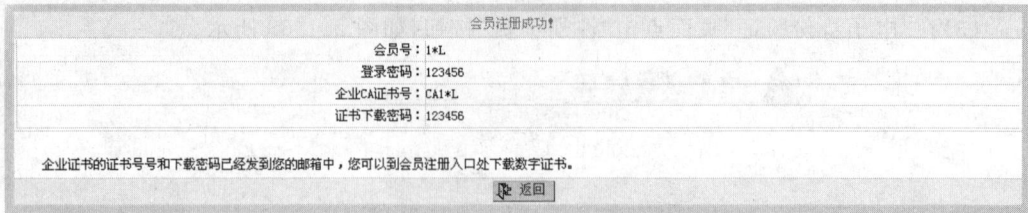

会员注册成功!
会员号:1*L
登录密码:123456
企业CA证书号:CA1*L
证书下载密码:123456

企业证书的证书号号和下载密码已经发送到您的邮箱中,您可以到会员注册入口处下载数字证书。

图 2.1.70

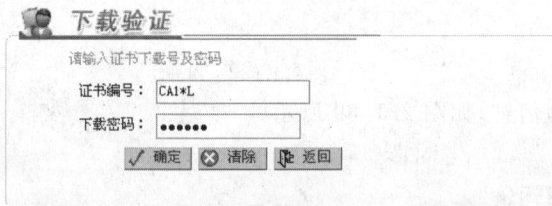

图 2.1.71

(7)下载成功后,即可登录物流网。

实验 2　仓库、车辆管理

实验角色:物流商。

实验目的:对物流仓库中的车辆等基础设施进行管理。

实验步骤:

(1)进入"物流网"模块,点击"物流管理"按钮,在"电子身份证认证"的网页对话框中选择使用的证书,如图 2.1.72 所示。

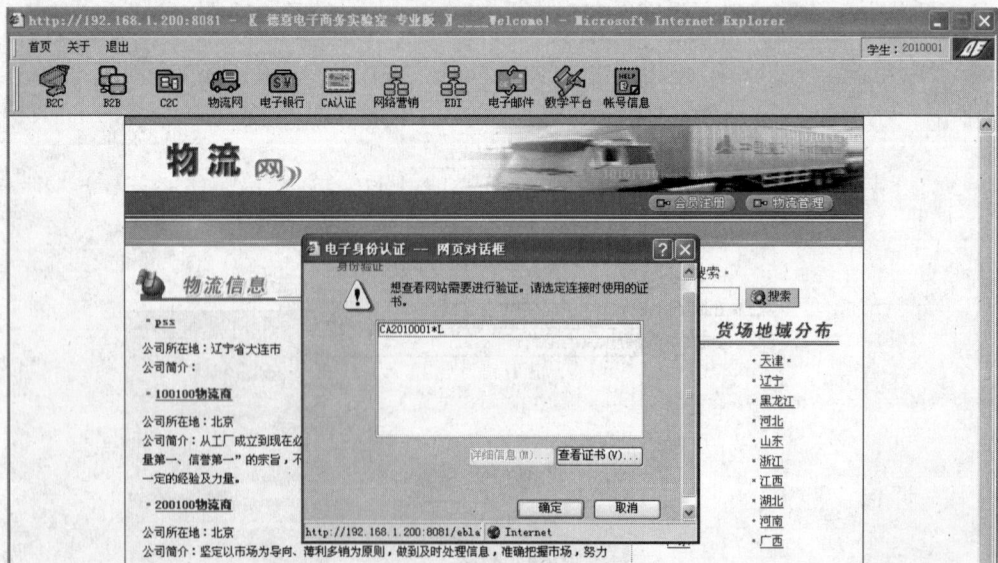

图 2.1.72

(2)填写正确的认证信息(如图 2.1.73 所示),点击"确定"按钮,进入物流配送中心。

(3)点击"仓库管理",再点击"新增仓库"按钮,如图 2.1.74 所示。

图 2.1.73

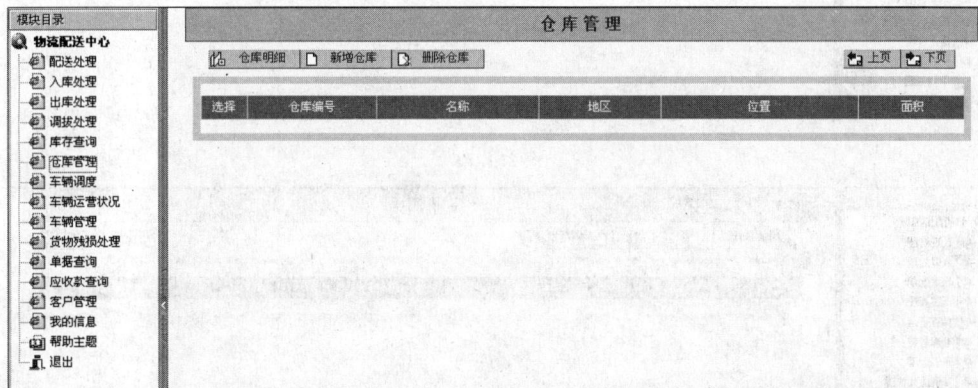

图 2.1.74

（4）在"新增仓库信息"页面中填写相应的信息，如图 2.1.75 所示。

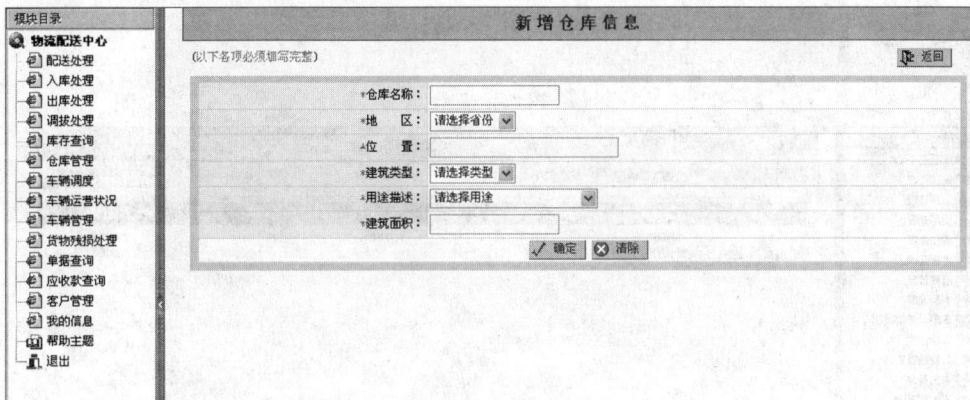

图 2.1.75

（5）填写完毕后点击"确定"按钮，新增仓库操作完成。

（6）点击"仓库管理"，可以看到新增的仓库，可以对其进行修改和删除，如图 2.1.76 所示。

（7）点击"车辆管理"，再点击"新增车辆"按钮，如图 2.1.77 所示。

（8）在"新增车辆信息"页面中填写相应的信息。

（9）填写完毕后点击"确定"按钮，新增车辆操作完成。

（10）点击"车辆管理"，可以看到新增的车辆，可以对其进行修改和报废，如图 2.1.78 所示。

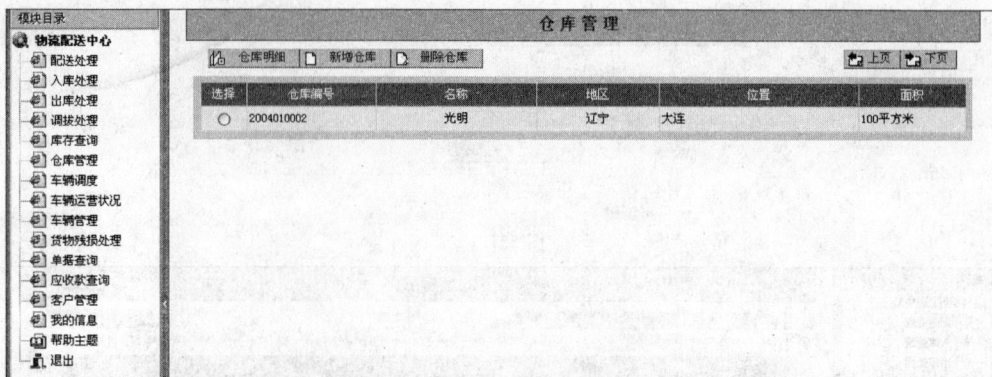

图 2.1.76

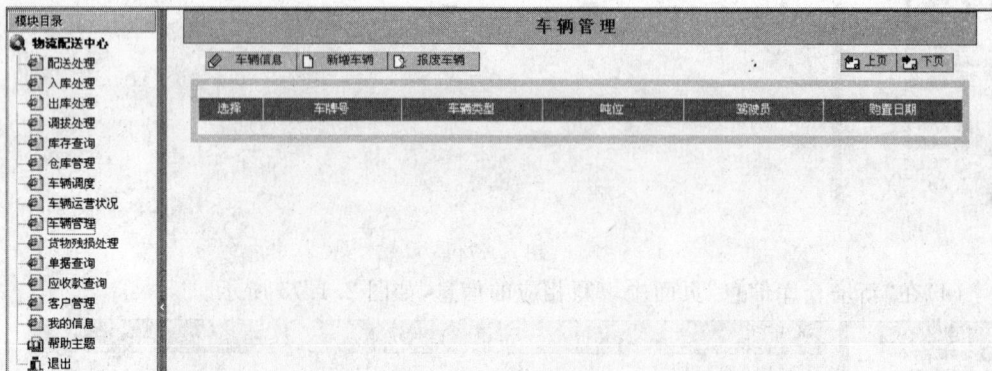

图 2.1.77

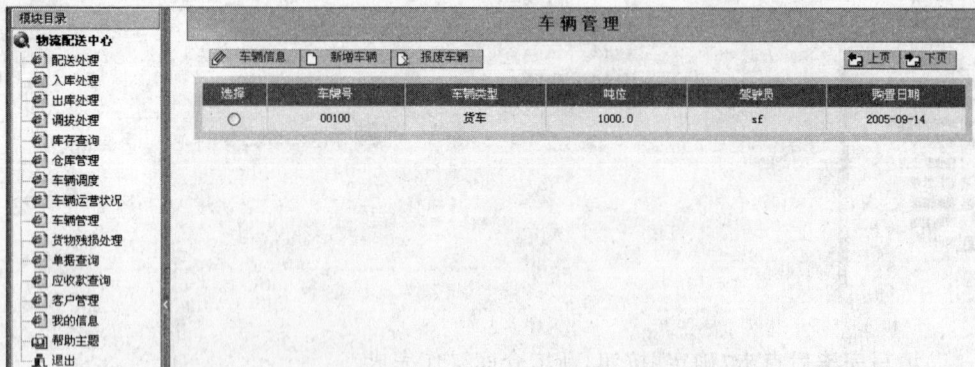

图 2.1.78

实验 3 供应商与物流商建立业务关系

详细步骤见 B2B 模拟实验中的实验 5。

实验 4 调拨处理

实验角色:物流商。

实验目的:处理供应商的商品调拨单。

实验步骤:

(1)进入"物流配送中心",点击"调拨处理",如图 2.1.79 所示。

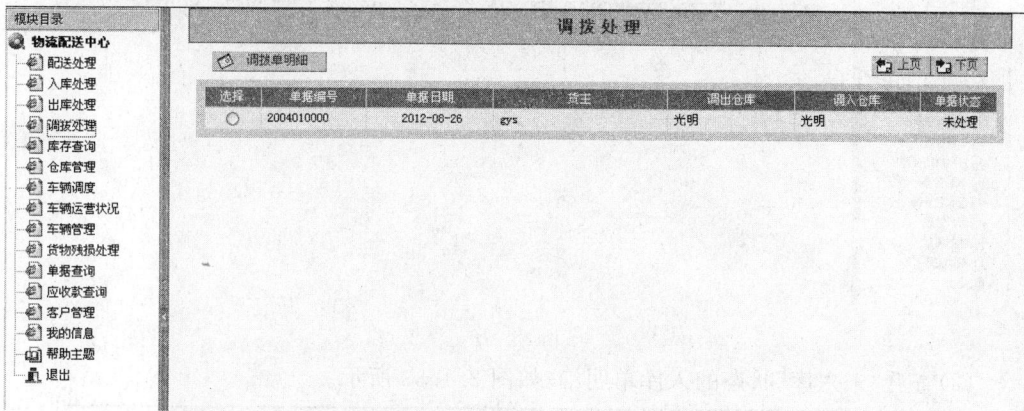

图 2.1.79

(2)选择"未处理"状态的调拨单。

(3)查看"调拨单明细"(如图 2.1.80 所示),点击"调拨确认"按钮,调拨处理完成。

图 2.1.80

(4)在"库存查询"中可以查询仓库的库存变化,如图 2.1.81 所示。

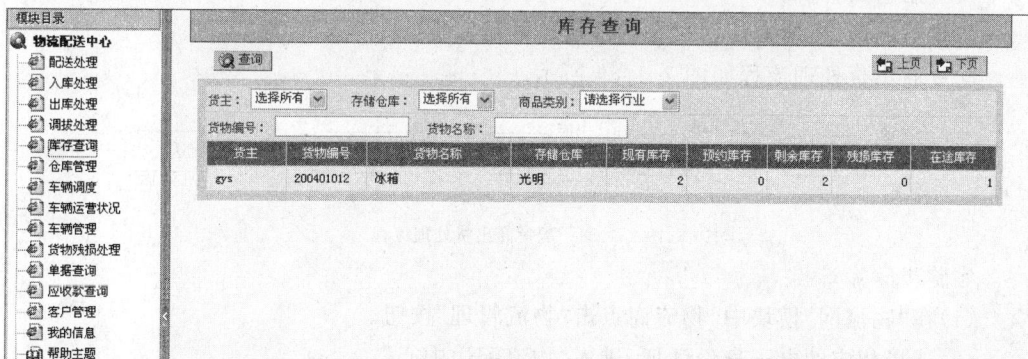

图 2.1.81

实验 5　配送商进货处理

实验角色:物流商。

实验目的:对供应商发送来的货物进行入库。

实验步骤:

(1)进入"物流配送中心",点击"入库处理"进入,如图 2.1.82 所示。

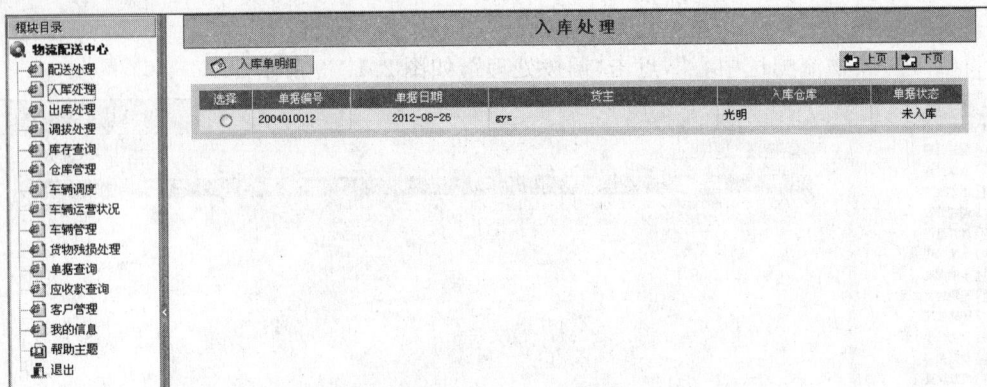

图 2.1.82

(2)查看"未入库"状态的入库单明细,如图 2.1.83 所示。

图 2.1.83

(3)点击"确认入库"按钮,商品入库完成。

(4)在"库存查询"中可以查询仓库的库存变化。

实验 6　配送商出货处理

实验角色:物流商。

实验目的:对供应商传送过来的配送单进行发货。

配货商出货处理流程如图 2.1.84 所示。

图 2.1.84　配货商出货处理流程

实验步骤:

(1)在"物流网"模块中,物流商点击"物流管理"按钮。

(2)选择相应的电子身份认证,进入"物流配送中心"。

(3)在"配送处理"页面(如图 2.1.85 所示)中查看"待受理"状态的配送单明细(如图 2.1.86所示)。

(4)查看配送单明细后,点击"生成出库单"按钮。

(5)在"出库处理"页面(如图 2.1.87 所示)中查看"未出库"状态的出库单明细(如图 2.1.88所示)。

(6)查看出库单明细后,点击"确认出库"按钮。

配 送 处 理

配送单明细　　　　　　　　　　　　　　　　　　　　上页　下页

单据状态 [待受理 ▾] 查询

选择	配送单号	单据日期	供货方	最迟发货时间	单据状态
⊙	2004010021	2012-08-26	gys	2012-08-26	待受理

图 2.1.85

配 送 单 明 细

生成出库单　　　　　　　　　　　　　　　　　　　　返回

单据编号：2004010021　　　　　　　单据日期：2012-08-26
供货方：gys　　　　　　　　　　　　发货仓库：光明
收货方：jxs　　　　　　　　　　　　单据状态：待受理
收货详细地址：北京　　　　　　　　　结算状态：未结算
运到期限：2012-08-26　　　　　　　货物总重量：0.5
订单总金额：1000.0 元　　　　　　　运费：50.0 元

货物编号	货物名称	型号	品牌	规格	单价	出库数量
200401012	冰箱				1000.0	1

图 2.1.86

出 库 处 理

出库单明细　　　　　　　　　　　　　　　　　　　　上页　下页

选择	单据编号	单据日期	货主	入库仓库	单据状态
⊙	2004010013	2012-08-26	gys	光明	未出库

图 2.1.87

出 库 单 明 细

确认出库　　　　　　　　　　　　　　　　　　　　　返回

单据编号：2004010013　　　　　单据日期：2012-08-26　　　　单据状态：未出库
所属企业：gys　　　　　　　　出库仓库：光明

货物编号	货物名称	型号	品牌	规格	单价	出库数量
200401012	冰箱				1000.0	1

图 2.1.88

(7)在"车辆调度单列表"页面(如图 2.1.89 所示)中可对"出货完成"状态的车辆进行分配,如图 2.1.90 所示。

车 辆 调 度 单 列 表

调度单明细　　　　　　　　　　　　　　　　　　　　上页　下页

选择	配送单号	订单日期	供货方	最迟发货时间	单据状态
○	2004010021	2012-08-26	gys	2012-08-26	出货完成

图 2.1.89

车 辆 分 配

分配　　　　　　　　　　　　　　　　　　　　　　返回

车辆分配：

车牌号	车辆类型	吨位	营运状况	驾驶员	选择
00100	货车	1000.0	空闲	sf	☑

图 2.1.90

(8) 在"配送处理"页面中选择状态为"送货途中"的配送单,如图 2.1.91 所示。

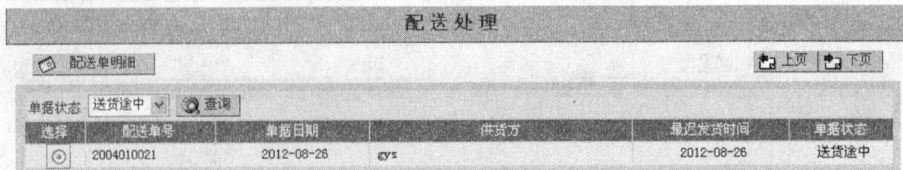

图 2.1.91

(9) 查看"配送单明细"(如图 2.1.92 所示),点击"送货完成"按钮。

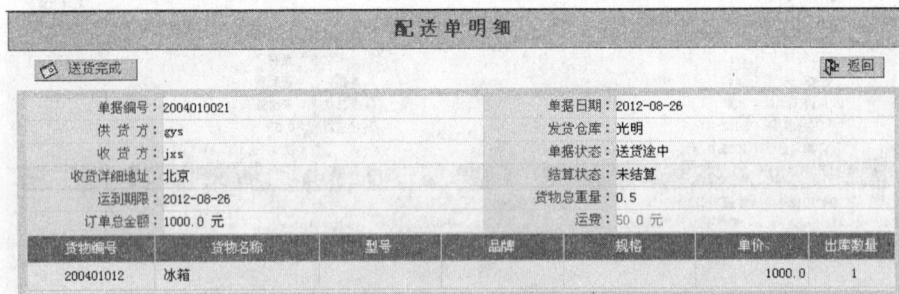

图 2.1.92

2.2 B to B 模拟实验

B2B 模式即集团与企业(由多个分公司组成的)之间,通过 Internet 或专用网方式进行的电子商务活动模式。内容涉及会员信息、会员注册、分公司登录、经销商登录、特价专区、电子合同、交易向导等相关栏目。通过后台熟练进行订单处理、商品维护、库存管理、订单查询、价格管理、货单管理、销售额统计、经销商管理、应收款查询等操作。

实验 1 B2B 会员注册

实验角色:学生。

实验目的:注册 B2B 角色(供应商与采购商)。

为了电子商务交易的安全性,每个角色(供应商或采购商)在进行操作前都要先申请 CA 数字证书。本软件为方便操作,在企业用户注册时,自动完成证书申请。学生只需要在注册完成后,根据系统发送到电子信箱中的"证书编号"和"下载密码"将 CA 证书下载到本地,便可以在登录时成功地通过身份验证。

会员注册流程如图 2.2.1 所示。

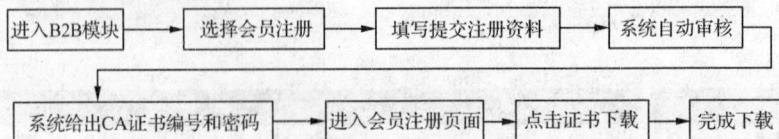

图 2.2.1 会员注册流程

实验步骤：

（1）进入"B2B交易中心"首页，如图 2.2.2 所示，点击"会员注册"按钮，登录到"电子交易平台会员注册"页面。

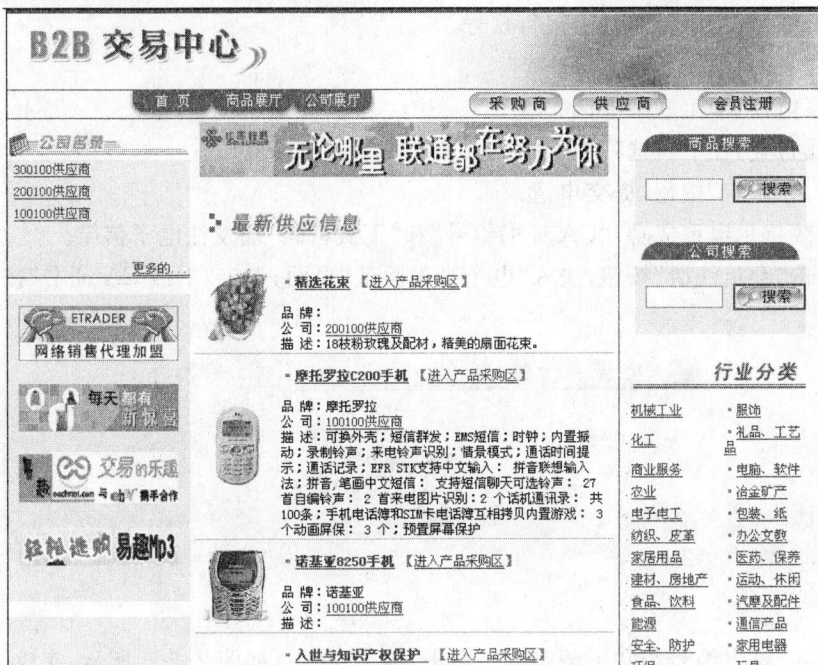

图 2.2.2

（2）客户填写注册信息，如图 2.2.3 所示。

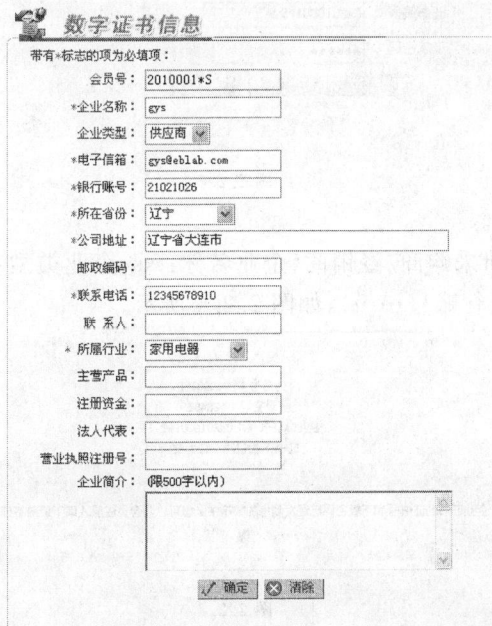

图 2.2.3

①企业名称:gys。

②企业类型:供应商。

③电子信箱:gys@eblab.com。

④银行账号:已申请的网上银行账号。

⑤所在省份:学校所在省份。

⑥联系电话:学生联系电话。

⑦所属行业:在下拉选项中选择。

(3)点击"确定"按钮,提交申请。

(4)系统提示申请成功,"CA 证书编号"和"下载密码"被发往电子信箱。

(5)点击"会员注册"按钮,进入"电子身份验证"页面,点击"下载 CA 证书"按钮,如图 2.2.4 所示。

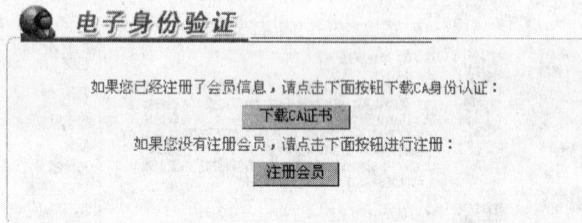

图 2.2.4

(6)输入"证书编号"和"下载密码",点击"确定"按钮,如图 2.2.5 所示,完成下载。

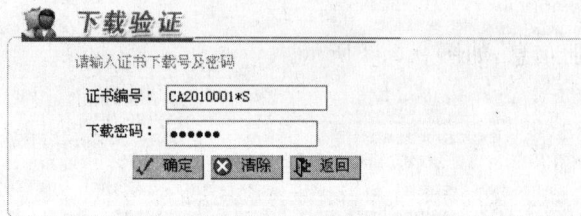

图 2.2.5

(7)会员注册成功。

以同样的步骤注册采购商/经销商(企业名称:jxs;企业类型:采购商/经销商;电子信箱:jxs@eblab.com;银行账号……),如图 2.2.6 所示。

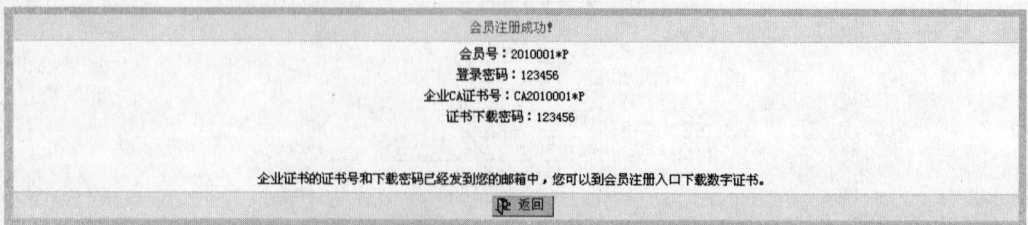

图 2.2.6

实验 2 供应商产品信息管理

实验角色：供应商。

实验目的：对自己提供售出的商品进行管理。

实验步骤：

(1)在"B2B交易中心"的首页中点击"供应商"按钮，选择正确的认证进入供应商管理平台，如图 2.2.7 所示。

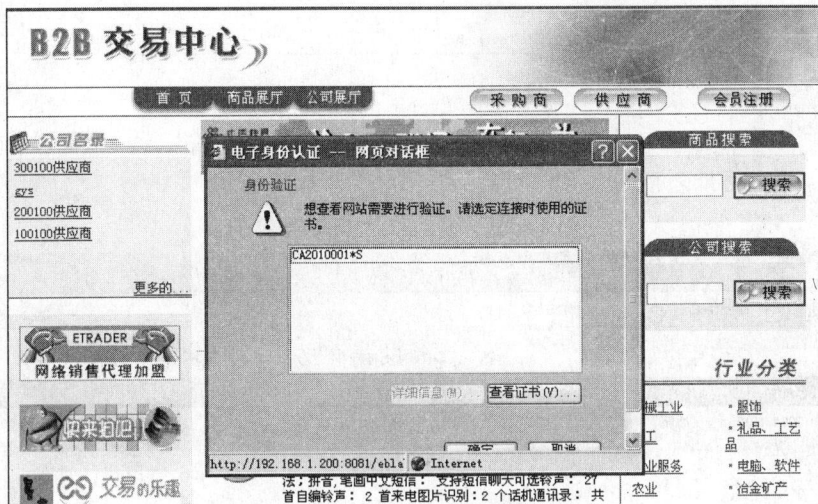

图 2.2.7

(2)点击"产品目录"，进入"商品列表"页面，如图 2.2.8 所示。

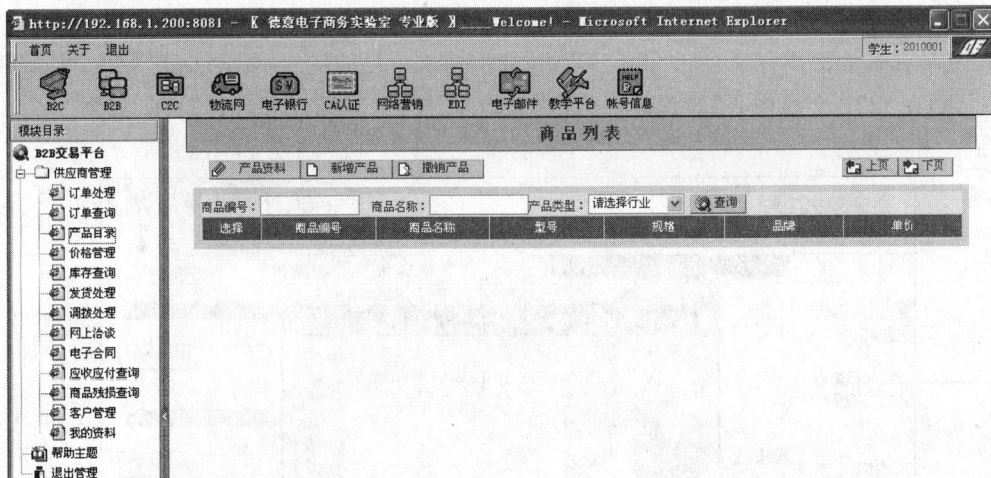

图 2.2.8

(3)点击"新增产品"按钮，进入"添加商品信息"页面。

(4)填写要添加的商品信息，如图 2.2.9 所示，点击"保存"按钮。

(5)在"商品列表"页面中可以看到新添加的产品资料，如图 2.2.10 所示。

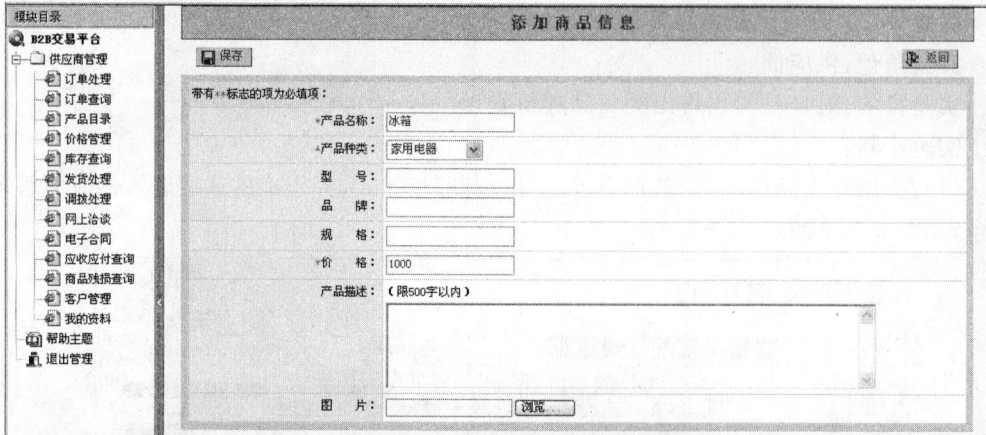

图 2.2.9

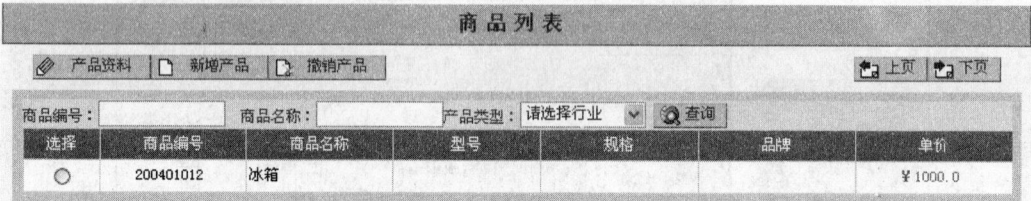

图 2.2.10

实验 3 采购商申请成为供应商的签约商户

实验角色：采购商、供应商。

实验目的：采购商申请成为供应商的签约商户，建立业务联系。

实验步骤：

（1）在"B2B 交易中心"的首页中点击"采购商"按钮，选择证书进行验证，如图 2.2.11 所示。

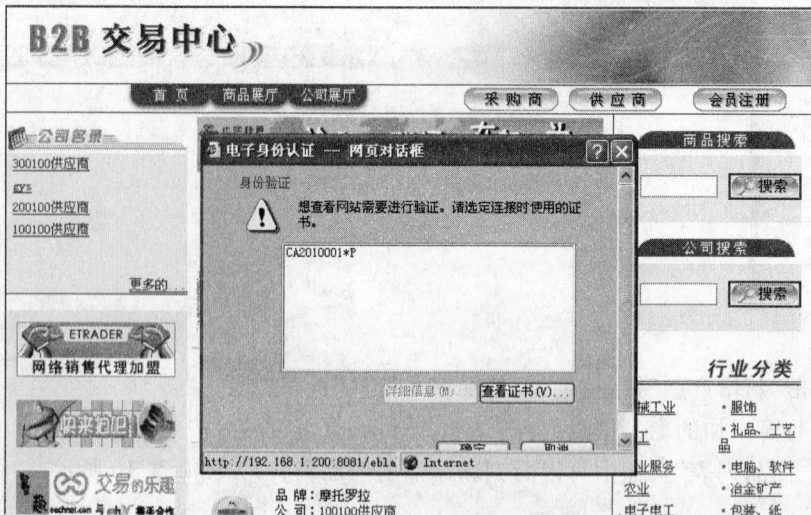

图 2.2.11

（2）在左边的"公司名录"（如图 2.2.12 所示）中点击要申请的供应商。

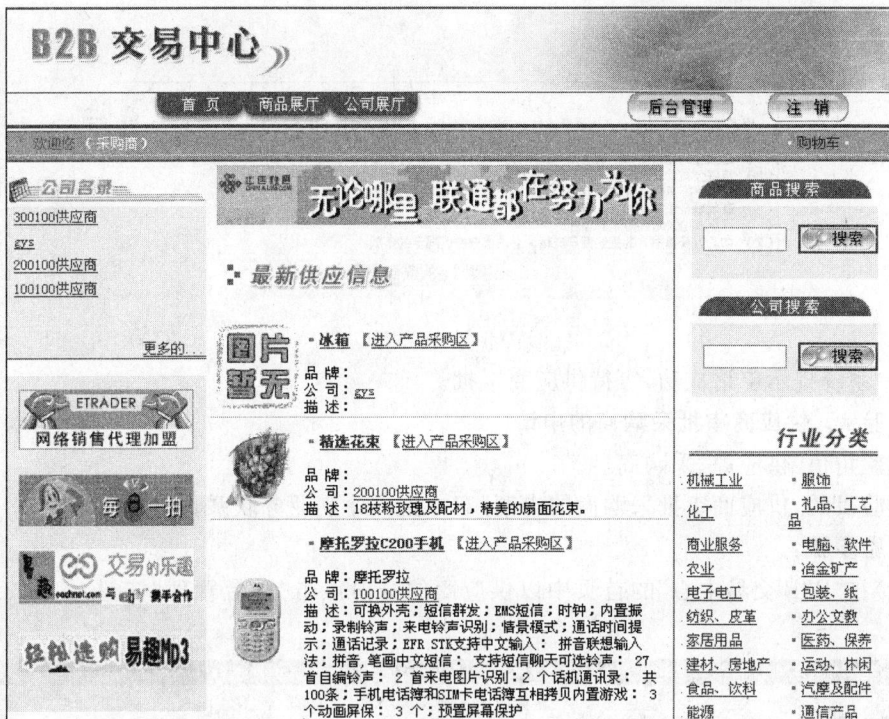

图 2.2.12

（3）查看该公司的详细信息，如图 2.2.13 所示，点击"申请成为签约商户"按钮。

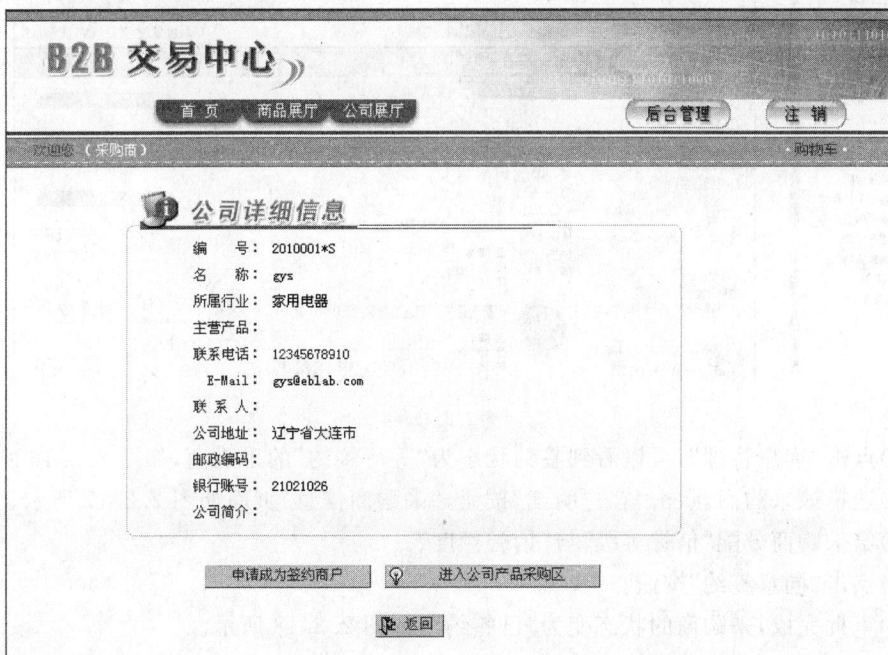

图 2.2.13

（4）查阅双方协议后，点击"同意"按钮，如图2.2.14所示。

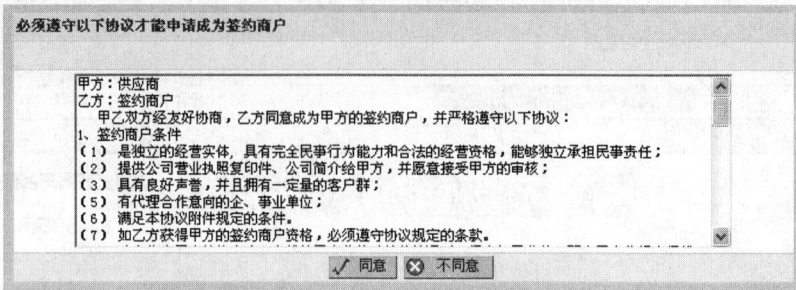

必须遵守以下协议才能申请成为签约商户

甲方：供应商
乙方：签约商户
　甲乙双方经友好协商，乙方同意成为甲方的签约商户，并严格遵守以下协议：
1、签约商户条件
（1）是独立的经营实体，具有完全民事行为能力和合法的经营资格，能够独立承担民事责任；
（2）提供公司营业执照复印件、公司简介给甲方，并愿意接受甲方的审核；
（3）具有良好声誉，并且拥有一定量的客户群；
（5）有代理合作意向的企、事业单位；
（6）满足本协议附件规定的条件；
（7）如乙方获得甲方的签约商户资格，必须遵守协议规定的条款。

√ 同意　　✗ 不同意

图 2.2.14

（5）系统提示申请成功，等待供应商审批。

实验4　供应商审批采购商的申请

实验角色：供应商、采购商。

实验目的：供应商审批采购商的申请，双方正式建立业务联系。

实验步骤：

（1）在"B2B交易中心"的首页中以供应商的身份点击"后台管理"按钮，如图2.2.15所示。

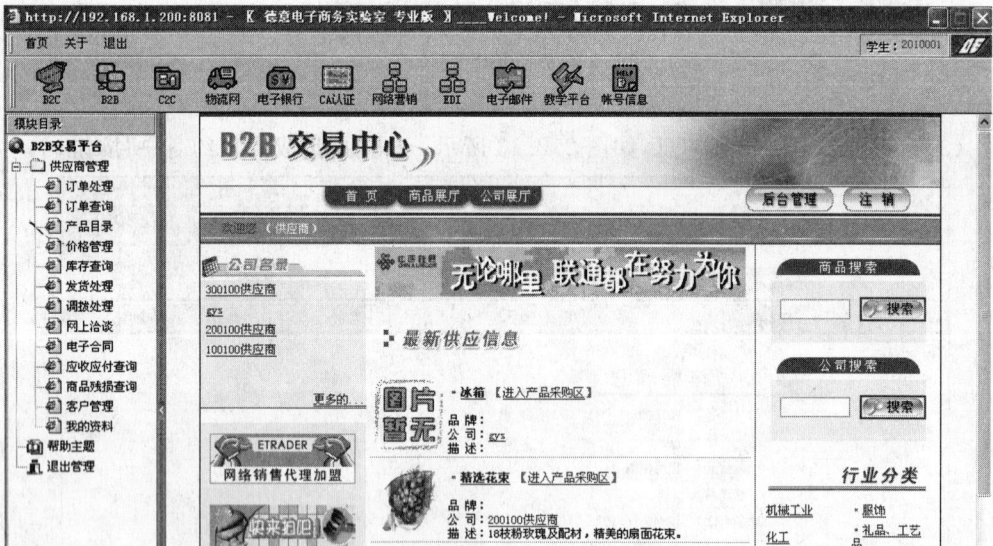

图 2.2.15

（2）点击"客户管理"，可以看到签约状态为"等待签约"的采购商，如图2.2.16所示。

（3）选择该采购商，点击"客户明细"按钮，"采购商信息"页面如图2.2.17所示。

（4）给采购商分配"信誉等级"与"信誉额度"。

（5）点击"同意签约"按钮。

（6）审批完成，采购商的状态变为"已签约"，如图2.2.18所示。

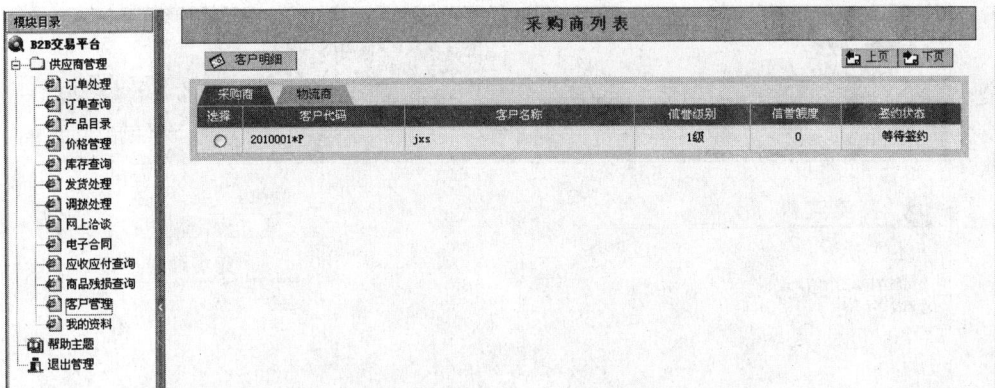

图 2.2.16

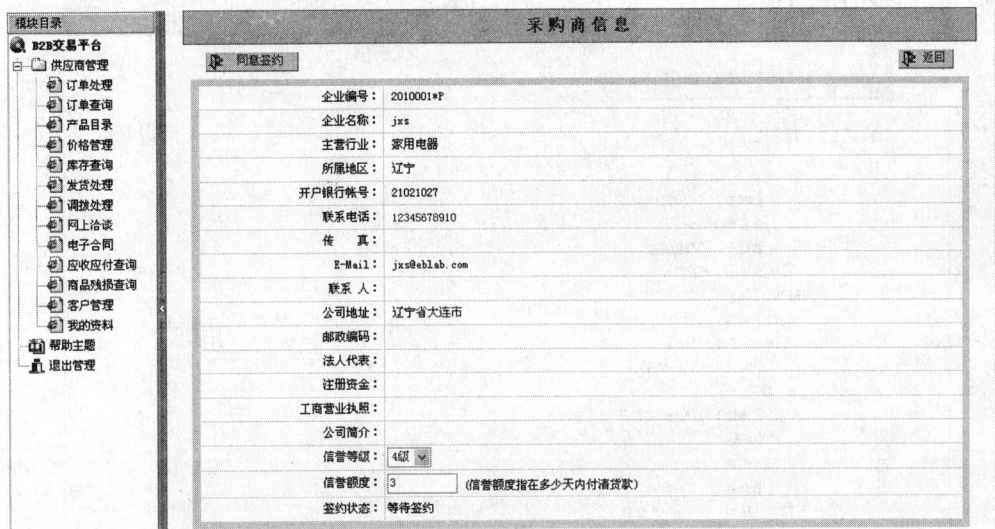

图 2.2.17

选择	客户代码	客户名称	信誉级别	信誉额度	签约状态
○	2010001*P	jxs	4级	3	已签约

图 2.2.18

实验 5　供应商与物流商建立业务关系

实验角色：供应商、物流商。

实验目的：供应商申请，物流商审核，双方正式建立业务联系。

实验步骤：

(1)在"物流网"首页中我们可以看到有已建立联系的配送商 pss，如图 2.2.19 所示。

(2)点击"pss"链接，可以查看该配送商的相关信息，如图 2.2.20 所示。

(3)点击"申请物流服务"按钮，出现 CA 认证框（里面是已申请的供应商 gys 的 CA 认证编号）。

(4)点击"确定"按钮，申请物流服务结束，等待物流商审批。

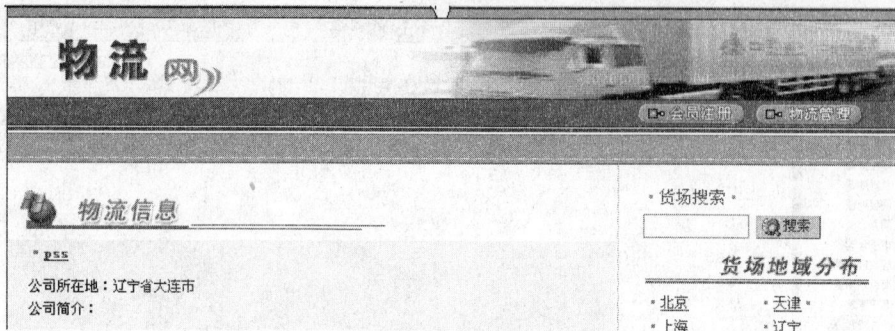

图 2.2.19

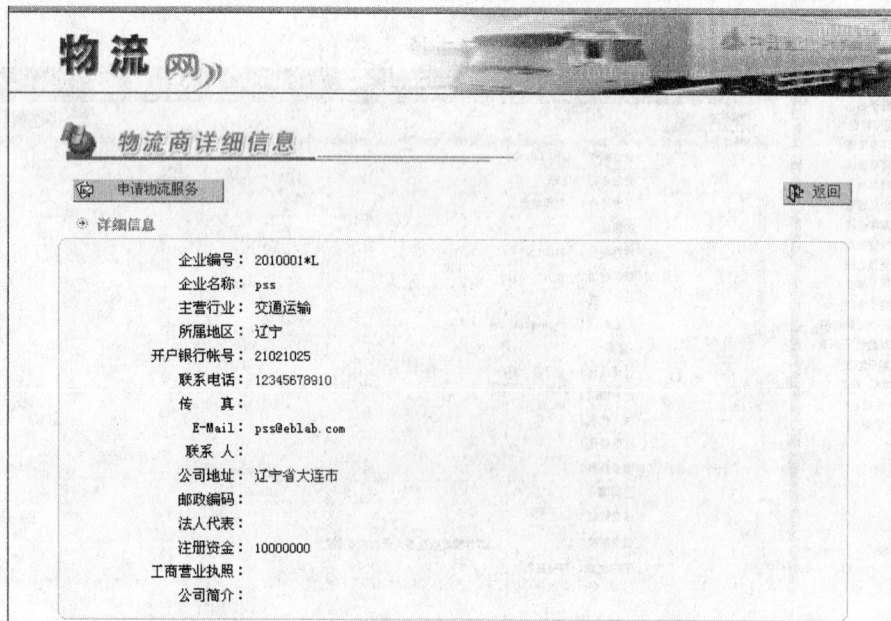

图 2.2.20

（5）物流商登录后在其"客户管理"页面中可以看到等待签约的客户，如图 2.2.21 所示。

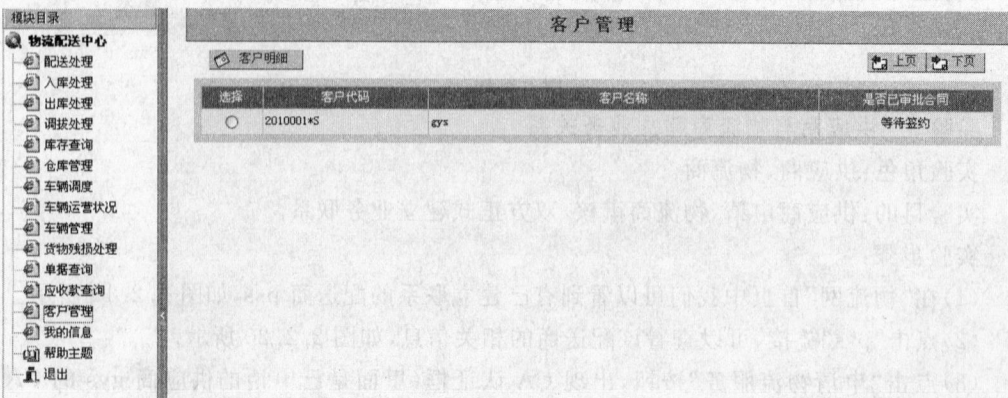

图 2.2.21

(6)查看客户明细,"客户信息"页面如图2.2.22所示,点击"审批"按钮。

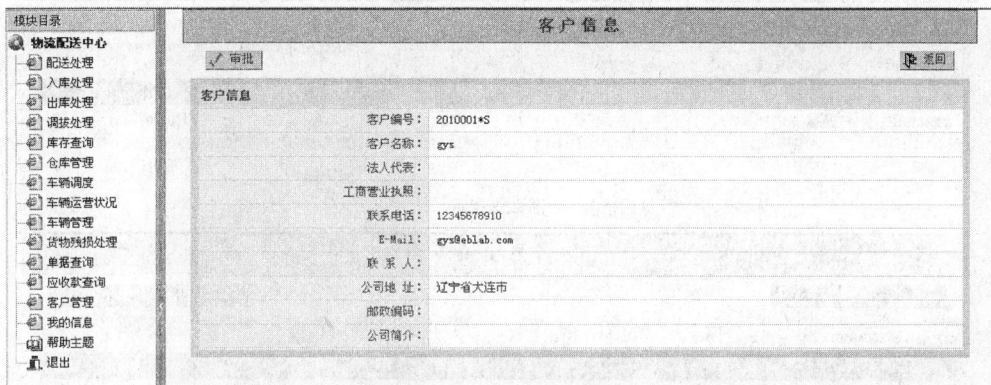

图2.2.22

(7)审批结束后,该配送商成为供应商gys的默认配送商。

实验6 供应商向物流商发货

实验角色:供应商、物流商。

实验目的:供应商向物流商发货,为销售做准备。

实验步骤:

1.供应商登录"B2B交易平台"。

2.点击供应商管理中的"发货处理","发货单"页面如图2.2.23所示。

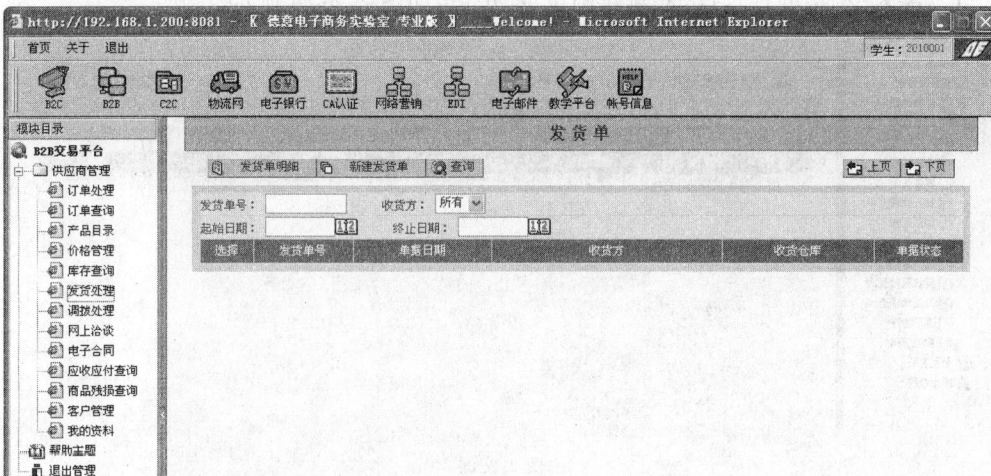

图2.2.23

(3)在发货处理中点击"新建发货单"按钮。

(4)在"新建发货单"页面(如图2.2.24所示)中填写"收货方"、"收货仓库",点击"选择发货商品"按钮,"选择发货商品"页面如图2.2.25所示。

(5)选择商品,点击"确认选择"按钮,回到"新建发货单"页面,填入发货商品数量。

(6)点击"确认发货"按钮。

图 2.2.24

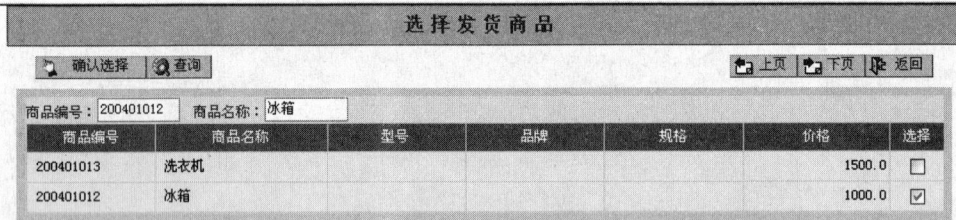

图 2.2.25

实验 7　B2B 中调拨单的使用

实验角色:供应商、物流商。

实验目的:供应商对贮存在物流商那里的货物进行转场。

实验步骤:

(1)供应商登录"B2B 交易平台"。

(2)进入"调拨处理",点击"新建调拨单"按钮,如图 2.2.26 所示。

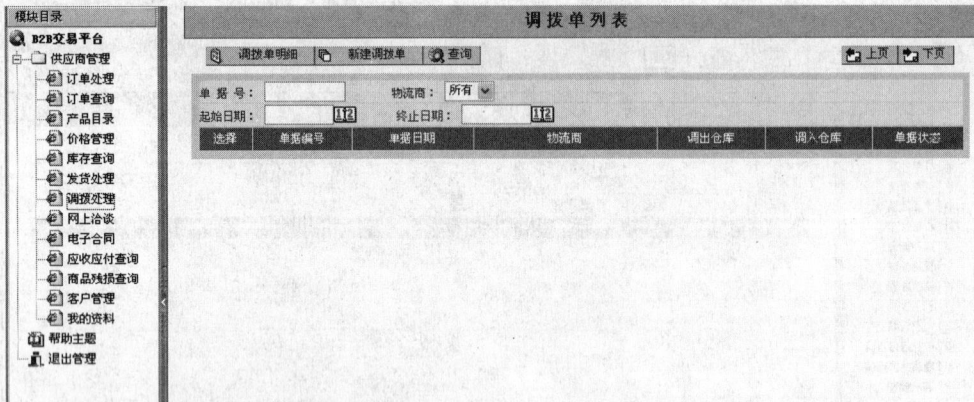

图 2.2.26

(3)选择"配送商"和"调出仓库",如图 2.2.27 所示。

(4)选择调出的商品,点击"生成调拨单"。

(5)选择调入仓库,输入"调出数量",如图 2.2.28 所示。

(6)点击"确定"按钮,调货操作完成。

实验 8　B2B 采购流程

实验角色:

(1)采购商:供应商的客户,负责从 B2B 网站中采购商品,对自己下的订单进行确认。

(2)供应商:负责处理采购商发出的订单,负责向物流商发出配送单。

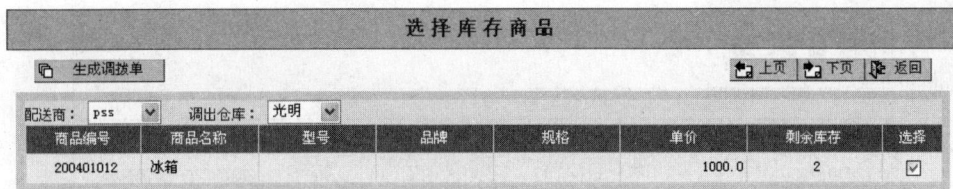

图 2.2.27

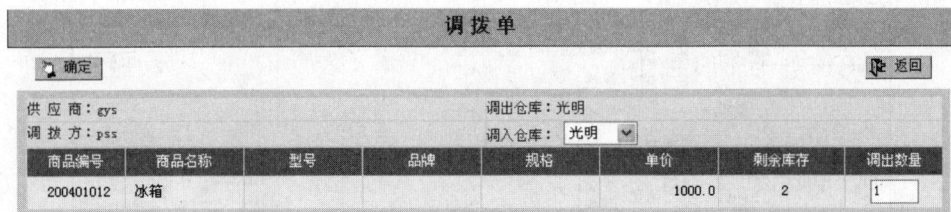

图 2.2.28

实验目的:熟悉 B2B 商品进销全过程。

B2B 采购流程如图 2.2.29 所示。

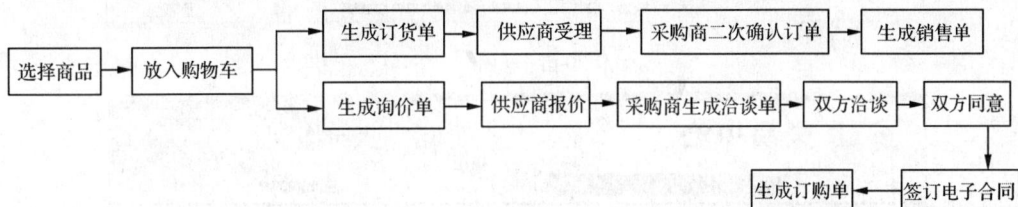

图 2.2.29　B2B 采购流程

订货单据流转见表 2.2.1。

表 2.2.1　　　　　　　　　　订货单据流转

采购商选购商品,生成订购单	待受理
供应商受理订单	待二次确认
采购商二次确认	销售处理
供应商查阅销售单,生成配送单	待受理
物流商查看配送单,受理生成出库单	备货中
出库处理中	未出库,确认出库
车辆调度中	出货完成
配送处理中	送货途中,进行送货完成处理
配送处理中	送货完成

实验步骤:

(1)采购商选购

①采购商进入"商品展厅",浏览商品,查看价格,如图 2.2.30 所示。

②采购商进入"产品采购区",选购产品,点击"购买"链接,如图 2.2.31 所示。

③采购商点击进入"购物车"页面,查看已经购买的商品,如图 2.2.32 所示。

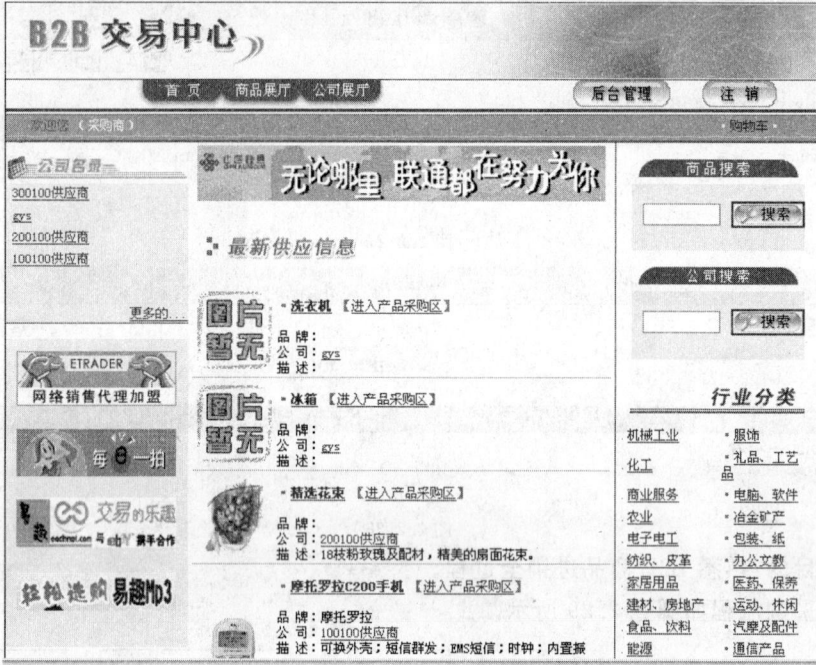

图 2.2.30

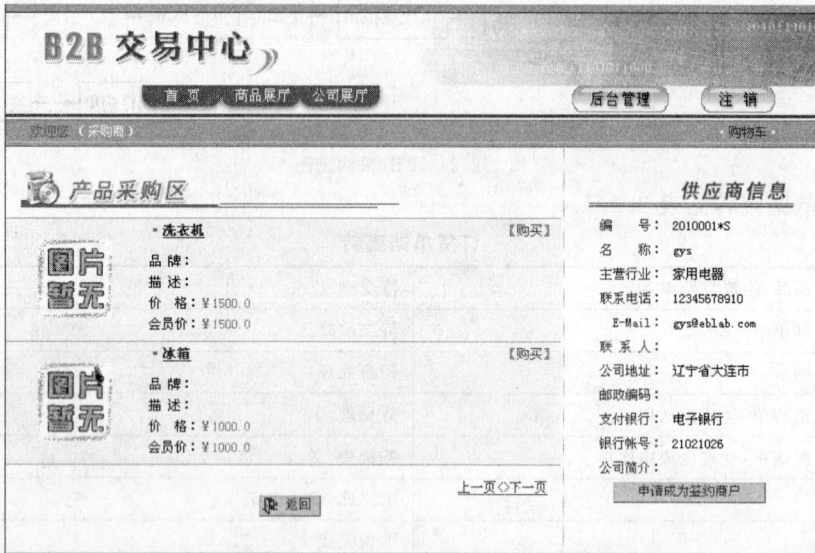

图 2.2.31

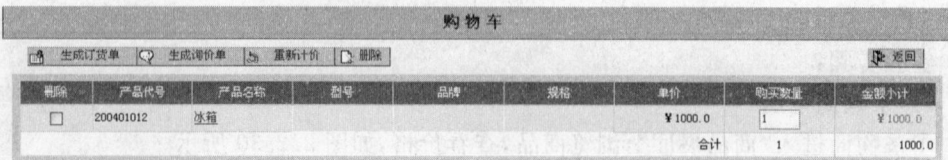

图 2.2.32

④采购商点击"生成订购单"按钮,进入"订货单"页面,选择"订单支付方式"、"最迟交货日期"(如图 2.2.33 所示),点击"确定"按钮,生成"订货单"(如图 2.2.34 所示)。

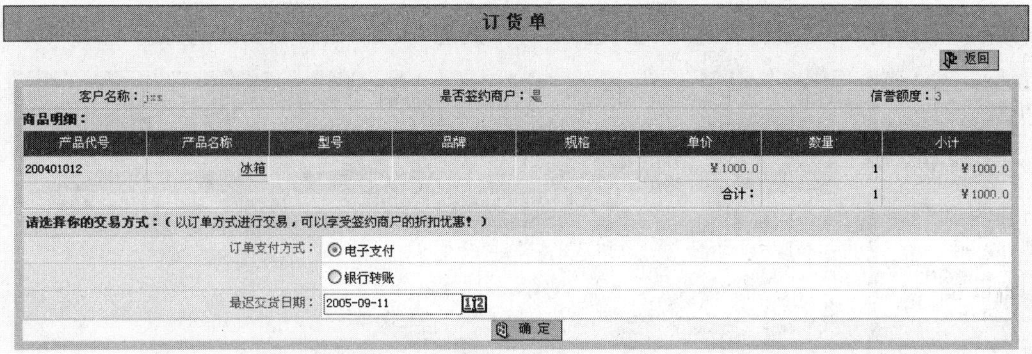

图 2.2.33

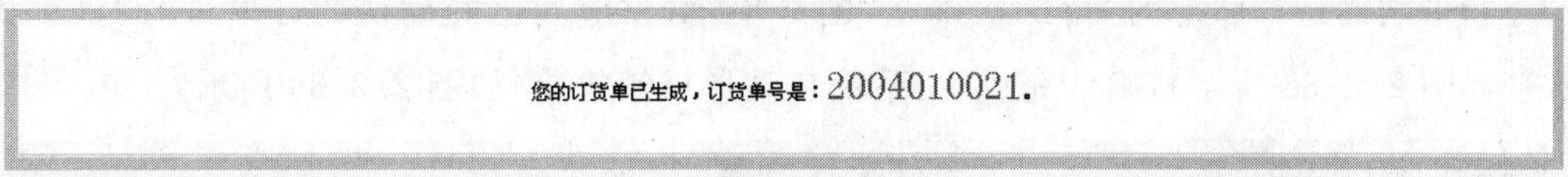

图 2.2.34

⑤点击"注销"按钮,采购商选购商品完成。

(2)供应商受理

①供应商进入"后台管理"的"订单处理(订购单)"页面,如图 2.2.35 所示。

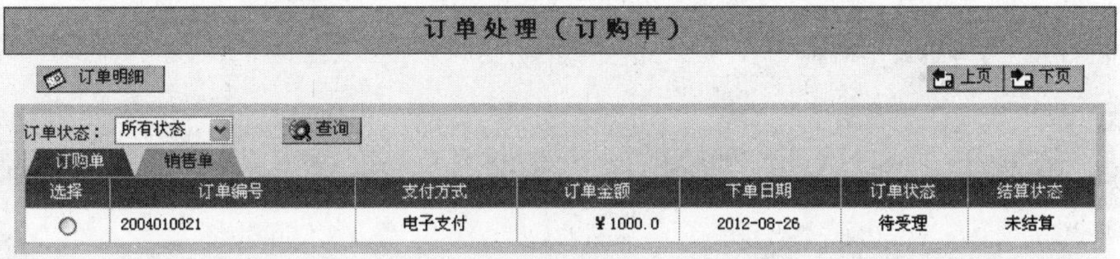

图 2.2.35

②供应商选择状态为"待受理"的订单,对订单进行处理,如图 2.2.36 所示。

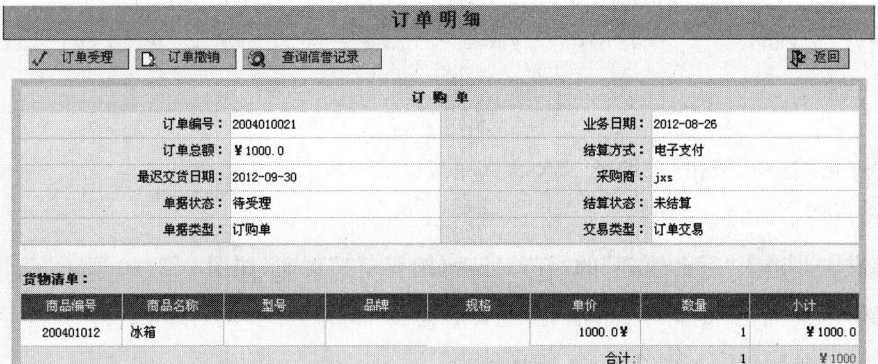

图 2.2.36

③返回主页面,点击"注销"按钮,供应商受理完成。

(3)采购商二次确认

①采购商点击"后台管理"按钮,进入"订单处理"页面,如图 2.2.37 页面。

图 2.2.37

②采购商选择状态为"待二次确认"的订单,对供应商已经确认的订单进行"订单确认"(如图 2.2.38 所示),确认完成后,系统自动形成销售单(如图 2.2.39 所示)。

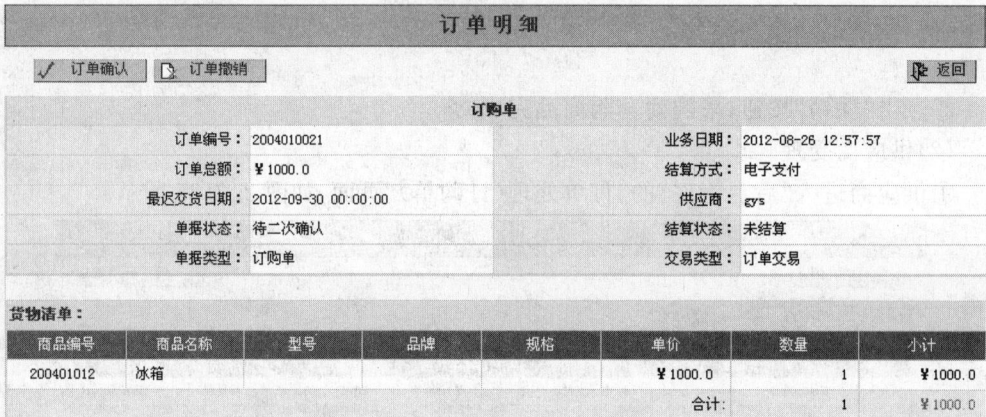

图 2.2.38

图 2.2.39

③点击"注销"按钮,采购商二次确认完成。

(4)供应商审核销售单

①供应商进入"后台管理"的"订单处理(销售单)"页面,如图 2.2.40 所示。

②供应商点击"销售单"选项卡,选择状态为"销售处理"的订单,点击"订单明细"按钮,查阅"订单明细"(如图 2.2.41 所示)。

图 2.2.40

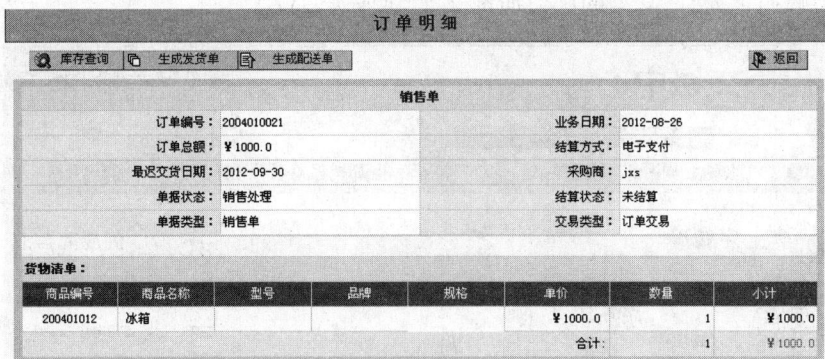

图 2.2.41

③供应商审核"销售单",检查所销售的货物是否有足够的库存,供应商对库存满足的销售单进行确认,点击"生成配送单"按钮,选择"物流商"、"仓库"和"运到期限"(如图 2.2.42 所示),点击"确认"按钮,生成配送单(如图 2.2.43 所示),通知物流商开始进行配送处理。

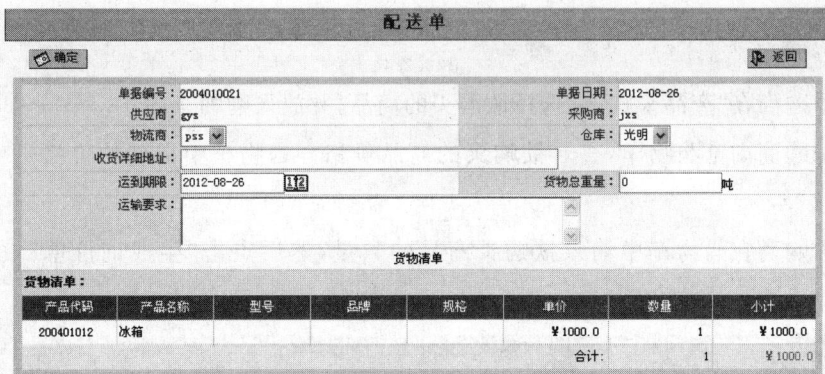

图 2.2.42

图 2.2.43

实验 9 B2B 中询价单与电子合同的使用

B2B 中通过网上洽谈来商定交易价格,签订电子合同。

实验角色:采购商、供应商。

实验目的:通过网上洽谈来商定交易价格,签订电子合同。

实验步骤:

(1)采购商进入"产品采购区",如图 2.2.44 所示。

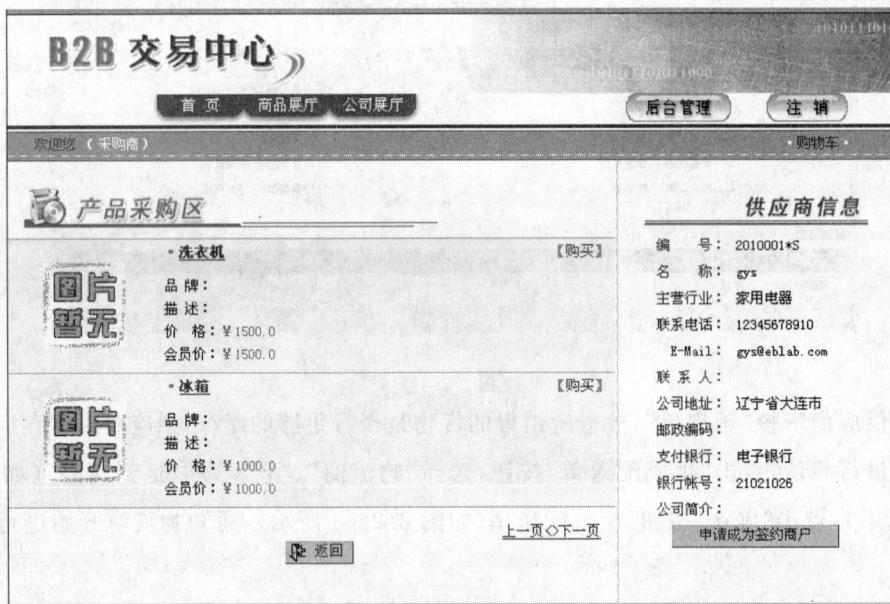

图 2.2.44

(2)采购商在"产品采购区"选择欲购买的商品,并放入购物车内。

(3)采购商浏览购物车,查看欲购买的商品价格。购物车中出现的价格是市场价格(即原价)。

(4)采购商在购物车中输入欲购买商品的数量,然后点击"生成询价单"按钮,如图 2.2.45 所示。

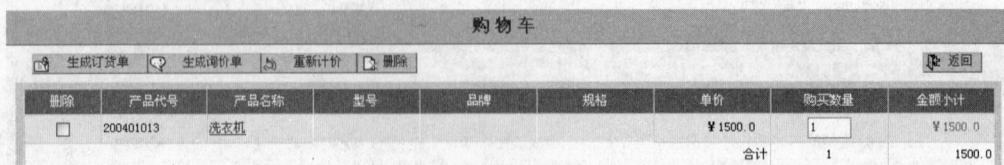

图 2.2.45

(5)系统显示采购商本次询价的详细信息(如图 2.2.46 所示),等待采购商确认。

(6)采购商确认询价单内容,点击"生成询价单"按钮,提交发送给供应商,生成询价单(如图 2.2.47 所示),返回主页,点击"注销"按钮。

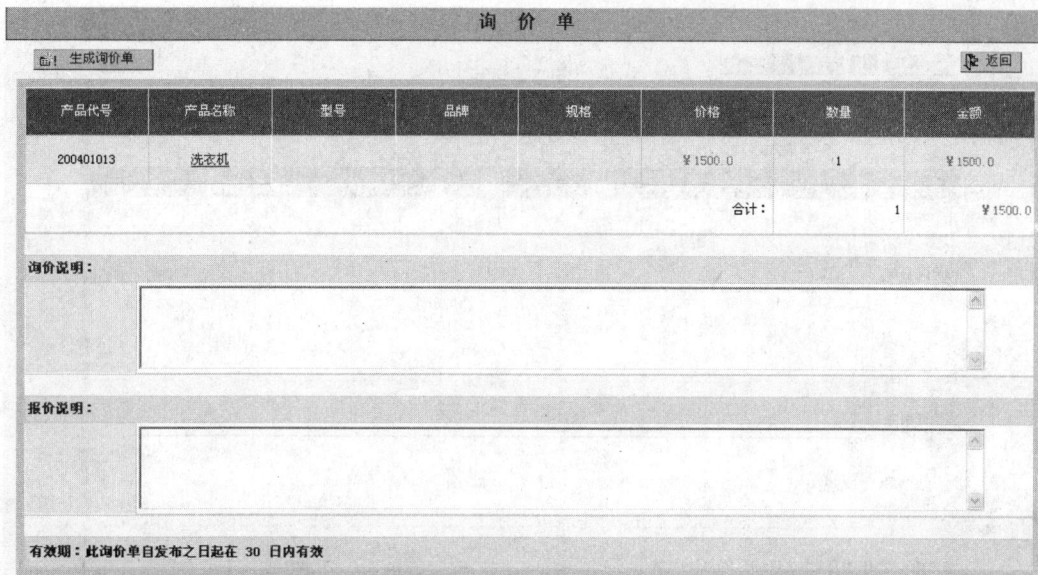

图 2.2.46

您的询价单已生成,询价单号是:2004010009.

图 2.2.47

(7)供应商在"网上洽谈"中接收到采购商的询价单后,选择询价单并点击"询价单明细"按钮进行查看,然后发还给采购商,如图 2.2.48 所示。

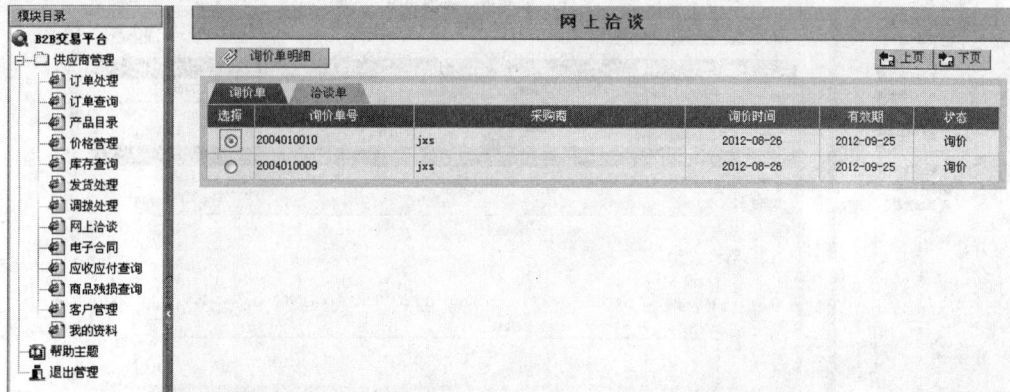

图 2.2.48

(8)采购商对已答复的询价单与供应商预约洽谈时间,如图 2.2.49 所示。

(9)供应商收到采购商的洽谈预约,同意预约或者另行约定洽谈时间,如图 2.2.50 所示。

(10)采购商和供应商按照预约时间进入"电子合同洽谈室"开始洽谈,如图 2.2.51 所示。

(11)双方根据系统设定的合同条款逐一进行洽谈。

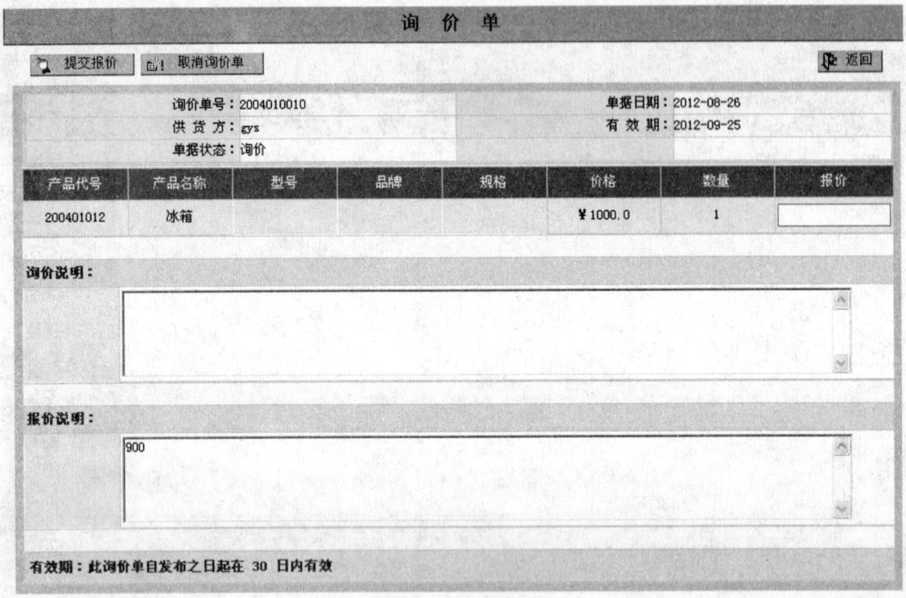

询 价 单

| 🔍 提交报价 | 🔍 取消询价单 | | 🔍 返回 |

询价单号：2004010010	单据日期：2012-08-26
供 货 方：gys	有 效 期：2012-09-25
单据状态：询价	

产品代号	产品名称	型号	品牌	规格	价格	数量	报价
200401012	冰箱				￥1000.0	1	

询价说明：

报价说明：

900

有效期： 此询价单自发布之日起在 30 日内有效

图 2.2.49

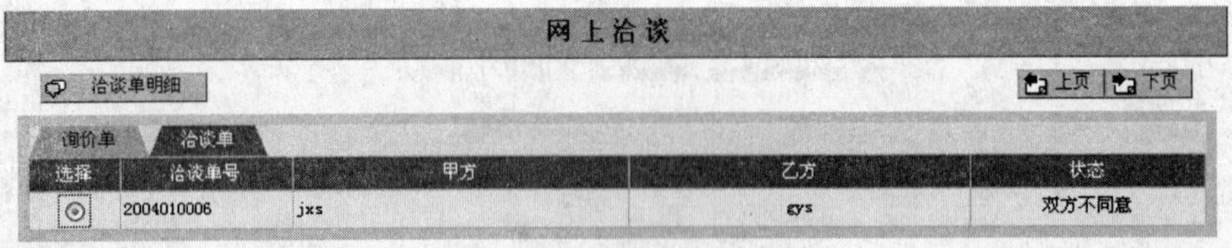

网 上 洽 谈

| 💬 洽谈单明细 | | 📄 上页 | 📄 下页 |

	询价单	洽谈单		
选择	**洽谈单号**	**甲方**	**乙方**	**状态**
⊙	2004010006	jxs	gys	双方不同意

图 2.2.50

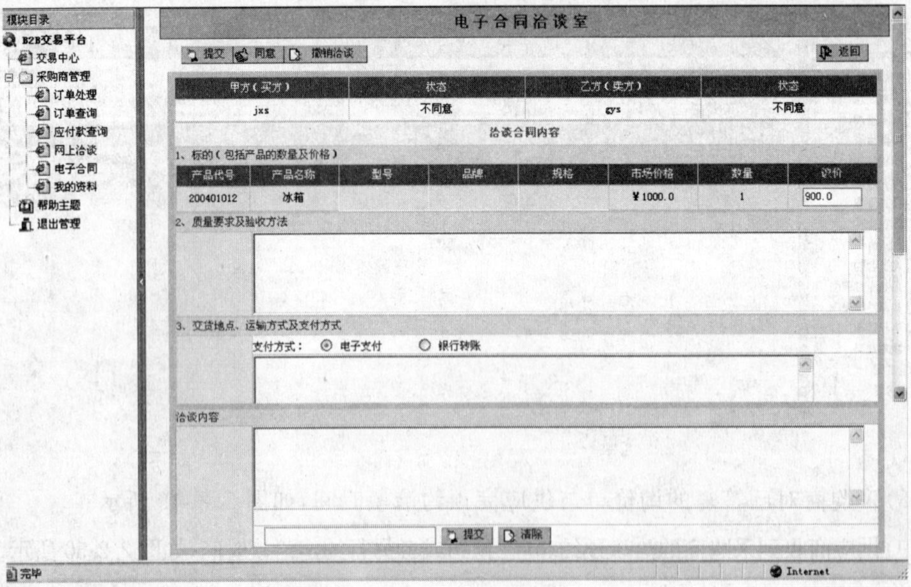

模块目录

- 🔒 B2B交易平台
- 🔒 交易中心
- 🔒 采购商管理
  - 📄 订单处理
  - 📄 订单查询
  - 📄 应付款查询
  - 📄 网上洽谈
  - 📄 电子合同
  - 📄 我的资料
- 📖 帮助主题
- 🔒 退出管理

电子合同洽谈室

| 🔍 提交 | 🔍 同意 | 🔍 撤销洽谈 | | 🔍 返回 |

甲方（买方）	状态	乙方（卖方）	状态
jxs	不同意	gys	不同意

洽谈合同内容

1、标的（包括产品的数量及价格）

产品代号	产品名称	型号	品牌	规格	市场价格	数量	议价
200401012	冰箱				￥1000.0	1	900.0

2、质量要求及验收方法

3、交货地点、运输方式及支付方式

支付方式：⊙ 电子支付　　○ 银行转账

洽谈内容

| | 🔍 提交 | 🔍 清除 |

| 🔒 完毕 | | 🌐 Internet |

图 2.2.51

(12)当双方对最后一条合同条款洽谈结束后,系统将结束本次洽谈,并显示双方所有已商议完毕的合同条款,等待双方确认。

(13)采购商和供应商都确认合同后,系统将该合同生成销售单,进入销售订单处理环节。

(14)网上洽谈流程结束。

2.3 B to C 模拟实验

B2C包含消费者和商户两种角色,学生可以以这两种身份模拟 B2C 电子商务活动。该模块功能包括商户入驻、用户注册、用户信息修改、商品搜索、商品信息浏览、在线购物、建立和维护商店、订单管理、商品管理、用户管理等。

实验1 商户入驻电子商城

实验角色:B2C 商户。

实验目的:商户入驻电子商城,开设网上商店,初始化网上商店。

商户入驻电子商城流程如图 2.3.1 所示。

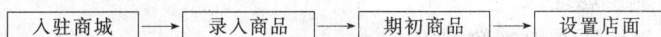

入驻商城 → 录入商品 → 期初商品 → 设置店面

图 2.3.1 商户入驻电子商城流程

实验步骤:

(1)进入"B2C 商城"首页(如图 2.3.2 所示),点击"商户登录"链接,进入"商店管理入口"页面,如图 2.3.3 所示。

图 2.3.2

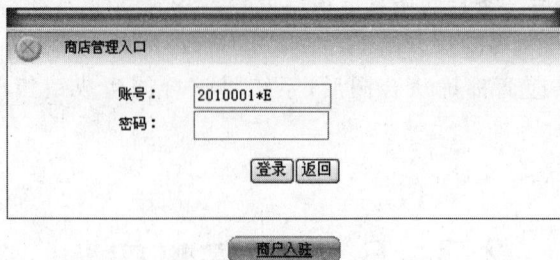

图 2.3.3

(2)点击"商户入驻"按钮,进入商户基本信息填写页面,其中:

①密码:123456。

②专卖店名称:fisherman。

③经营品牌:fish。

④省份:学校所在省份。

⑤联系电话:学生联系电话。

⑥详细地址:学校地址。

⑦邮政编码:学校所在地邮政编码。

⑧电子邮件:cgs@eblab.com(借用 B2B 中采购商的 E-mail)。

⑨银行账号:××××××××(电子银行中申请的 B2C 特约商户银行账号)。

(3)填写完基本信息后,点击"下一步"按钮,则商户入驻完成。

(4)在"商品管理"下的"商品列表"页面点击"登记新商品"按钮,如图 2.3.4 所示。

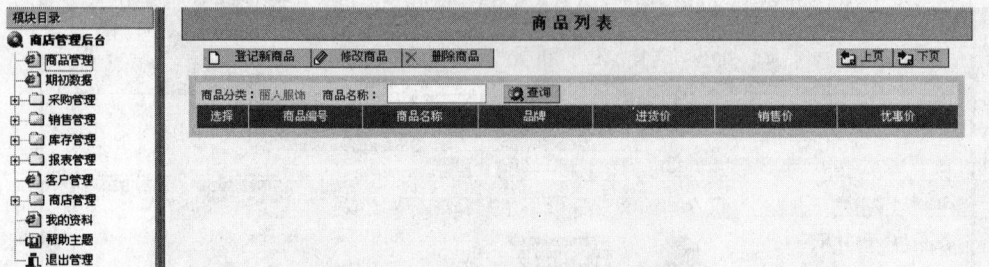

图 2.3.4

(5)在"期初数据"中进行商品期初库存的"记账",如图 2.3.5 所示。

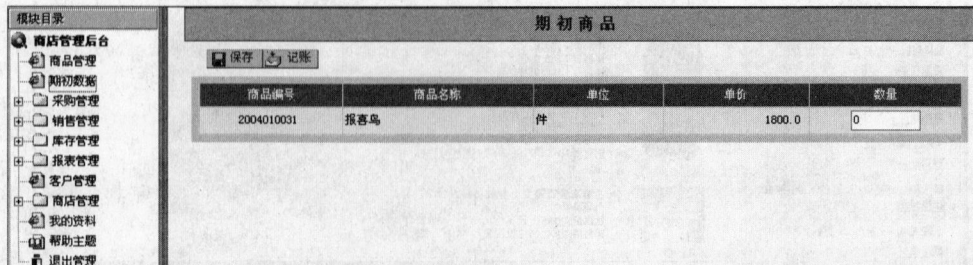

图 2.3.5

(6)在"商店管理"中对"公司简介"、"配送说明"、"支付说明"和"售后服务"添加内容。

（7）设置完以上的信息，网店就可以正式开张营业了。

实验2 消费者注册电子商城会员

实验角色：B2C商户、B2C消费者。

实验目的：消费者进入商城，注册会员。

实验步骤：

（1）进入"B2C商城"首页，点击"会员注册"按钮进入"会员注册"页面。

（2）填写用户名，如图2.3.6所示，然后点击"确定"按钮，进入"用户基本信息"页面。

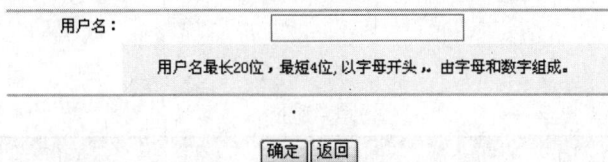

用户名：

用户名最长20位，最短4位，以字母开头，由字母和数字组成。

确定　返回

图2.3.6

（3）填写用户基本信息，带"＊"号的为必填项。

①密码：123456。

②真实姓名：学生姓名。

③省份：学校所在省份。

④电子邮件：学生账号邮箱"××××××××@eblab.com"。

⑤联系电话：学生联系电话。

⑥邮政编码：学校所在地邮政编码。

⑦详细地址：学校地址。

填写完毕后，点击"下一步"按钮。

（4）注册完成。

实验3 商户采购商品

实验角色：B2C商户。

实验目的：商户采购商品以增加库存。

在B2C中我们没有为商户提供专门的供应商，在新建采购单中填写的供应商借用前面B2B中的供应商之名来完成操作。整个采购过程仅在商户的采购管理中完成，B2B中的供应商不需做任何操作，也无任何信息显示。商户采购商品流程如图2.3.7所示。

实验步骤：

（1）点击"商户入驻→采购管理→采购订单"，进入"采购单列表"页面，如图2.3.8所示。

（2）点击"新单"按钮，在"新建采购订单"页面中点击"选择商品"按钮，如图2.3.9所示。

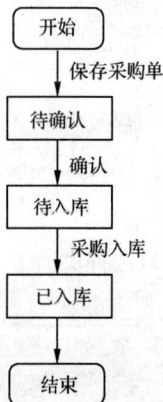

图2.3.7 商户采购商品流程

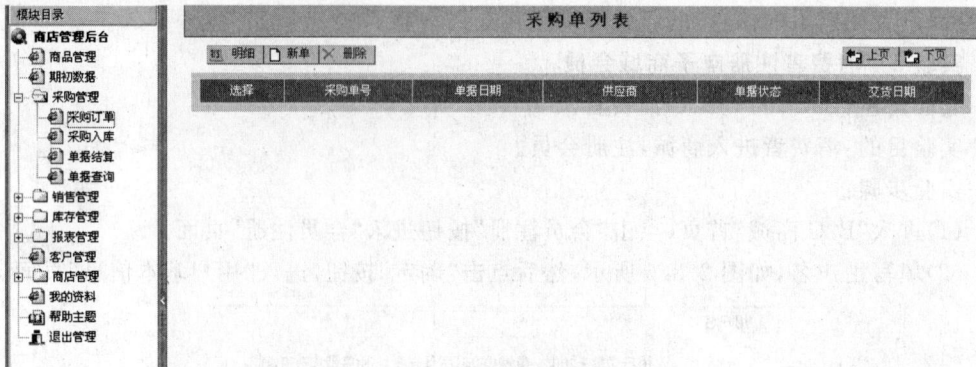

图 2.3.8

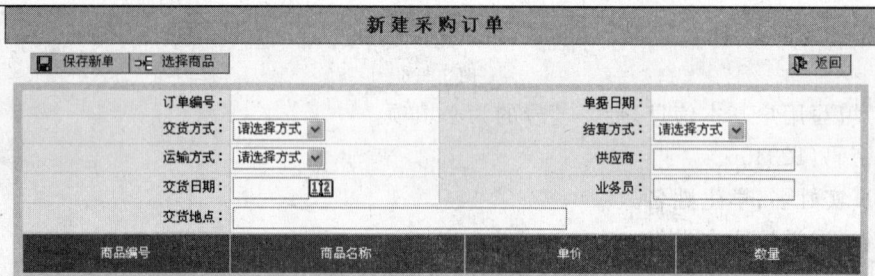

图 2.3.9

（3）添加完需采购的商品后，点击"确定"按钮。

（4）回到"新建采购订单"页面，填写"交货方式"、"结算方式"、"数量"等各项相关信息后，点击"保存新单"按钮便完成，如图 2.3.10 所示。采购单制作完成，状态为"待确认"。

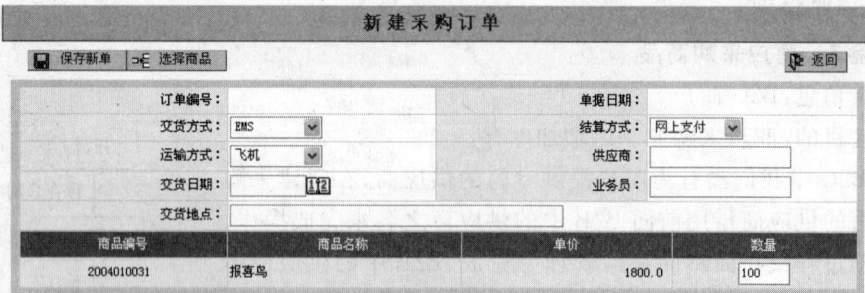

图 2.3.10

（5）选择并查看该单的明细，如图 2.3.11 所示，确认该单。

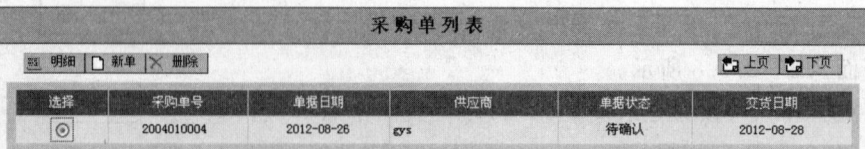

图 2.3.11

（6）在"采购入库"中查看采购单信息，点击"采购入库"按钮，如图 2.3.12 所示，则库存增加。

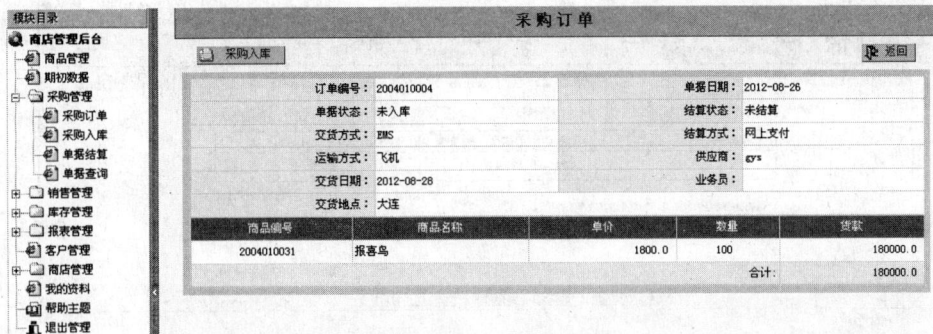

图 2.3.12

(7)在"单据结算"中可看到该单,此时单据状态为"已入库"、"未结算",查看该单明细,如图 2.3.13 所示,然后点击"结算"按钮完成结算操作。

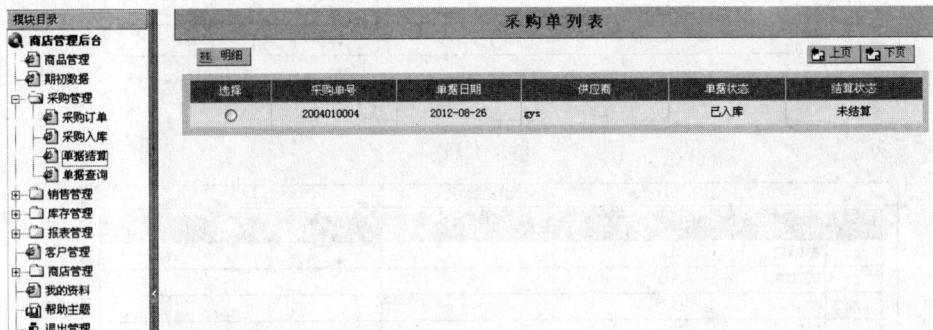

图 2.3.13

(8)采购过程全部结束。

实验 4 消费者购买商品

实验角色:B2C 消费者、B2C 商户。

实验目的:完成 B2C 消费者购物的全过程。

B2C 消费者购物流程如图 2.3.14 所示。

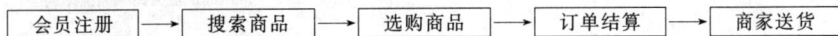

图 2.3.14 B2C 消费者购物流程

实验步骤:

(1)消费者从销售柜台中选购产品,并放入购物车。

(2)如果要继续购物,则点击购物车页面右上方的"在本站继续购物"链接,如图 2.3.15 所示。

(3)如果要修改商品数量,则填入数量,然后点击"修改数量"按钮。

(4)确定购物后,点击"结账"按钮,进入结算中心。

(5)消费者在购物车页面点击"结账"按钮后,进入"结算中心登录"页面。

(6)消费者填写"会员名"及"密码",点击进入"结算中心"页面。

(7)选择所要进行结算的订单,然后点击"进行结算"按钮,如图 2.3.16 所示。

(8)选择"送货方式"及"支付方式",选择完毕后,点击"下一步"按钮,如图 2.3.17 所示。

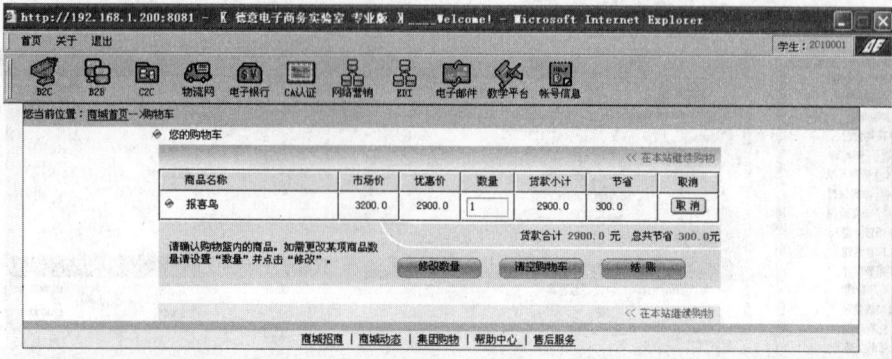

图 2.3.15

图 2.3.16

图 2.3.17

（9）在此填入"收货人信息"，点击"下一步"按钮，如图 2.3.18 所示，进行购买商品最后确定。

图 2.3.18

(10) 当确认各项订单信息后，点击"确认我的订单"按钮，如图 2.3.19 所示。

以下是你在 fisherman 所选购的商品订单信息。确认您要购买该商品之后，请点击下面的"确认我的订单"按钮，我们接到您的汇款后将立刻发货。

商品名称	单价	数量	货款小计
报喜鸟	2900.0	1	2900.0

付款合计 2900.0 元

送货方式：	EMS	支付方式：	网上支付

订货人姓名：	张三	收货人姓名：	张三
电子邮件：	2010001@eblab.com	电子邮件：	2010001@eblab.com
联系电话：	12345678910	联系电话：	12345678910
邮政编码：	654321	邮政编码：	654321
联系地址：	辽宁省大连市	联系地址：	辽宁省大连市

上一步　　确认我的订单

图 2.3.19

(11) 完成订购过程，显示本次购物的订单号。

(12) 点击"进行网上支付"按钮，进入网上支付流程。

(13) 填写"支付卡号"、"密码"，点击"提交"按钮。

(14) 支付信息确认。

(15) 网上支付过程结束。

实验 5　商户销售管理

实验角色：B2C 商户、B2C 消费者。

实验目的：B2C 商户处理消费者网上订单。

消费者网上订单处理流程如图 2.3.20 所示。

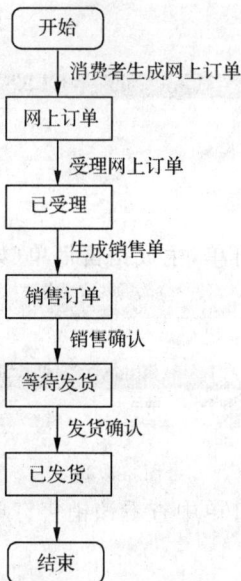

图 2.3.20　消费者网上订单处理流程

实验步骤：

(1)消费者完成购买商品操作(上一实验)。

(2)商户登录,进入"商店管理后台"下"销售管理"中的"网上订单"页面,如图 2.3.21 所示。

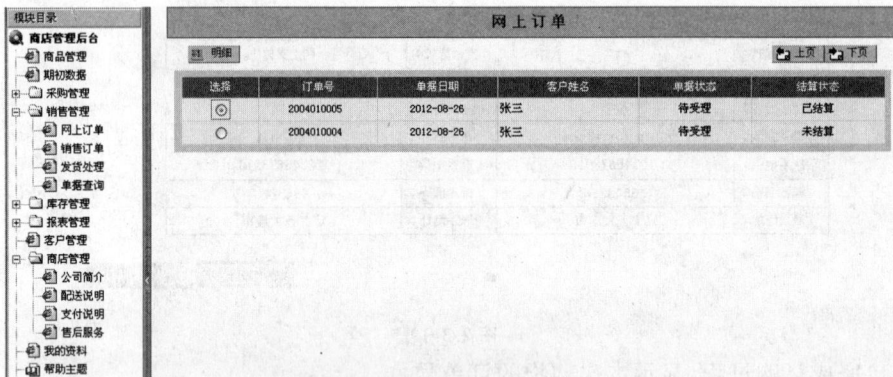

图 2.3.21

(3)查看网上订单明细,"网上订单"页面如图 2.3.22 所示。

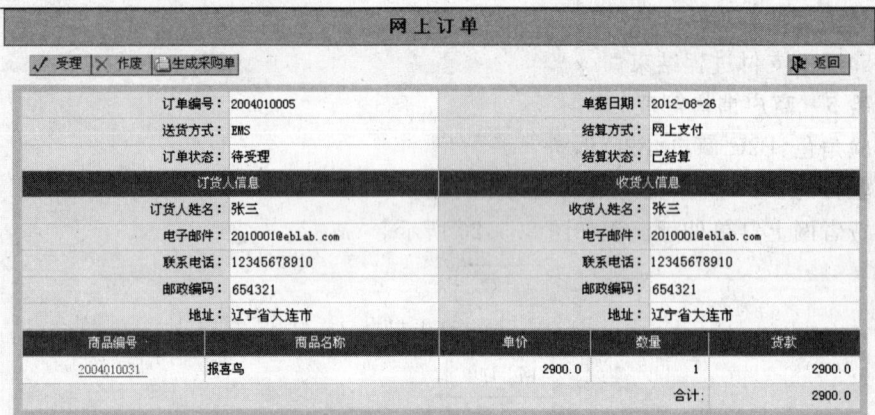

图 2.3.22

(4)点击"受理"按钮,受理该订单,生成销售订单(如图 2.3.23 所示)。

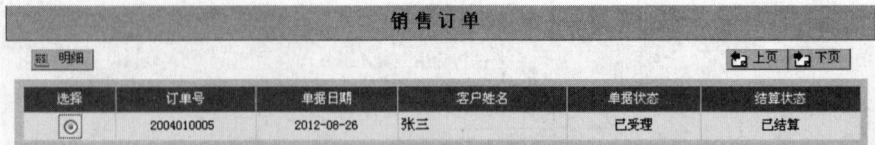

图 2.3.23

(5)点击"明细"按钮,在销售订单中查看该销售订单明细(如图 2.3.24 所示)。

(6)确认/结算该销售订单。

(7)在"销售订单"页面(如图 2.3.25 所示)中查看"待发货"状态的销售订单明细(如图2.3.26 所示)。

(8)点击"确认发货"按钮。

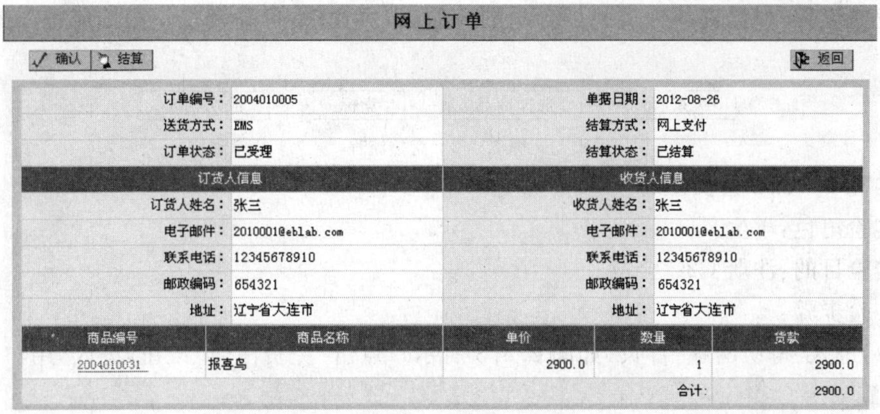

图 2.3.24

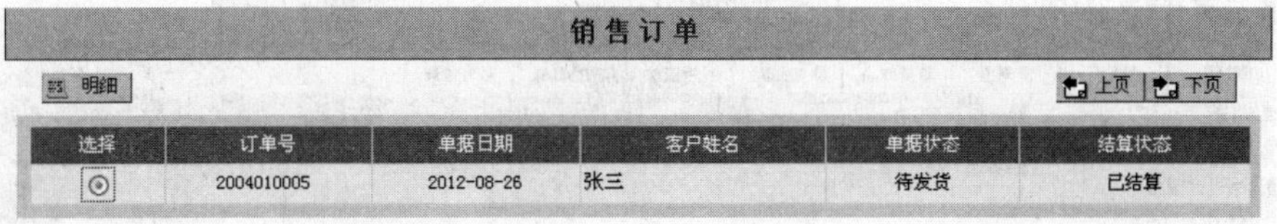

图 2.3.25

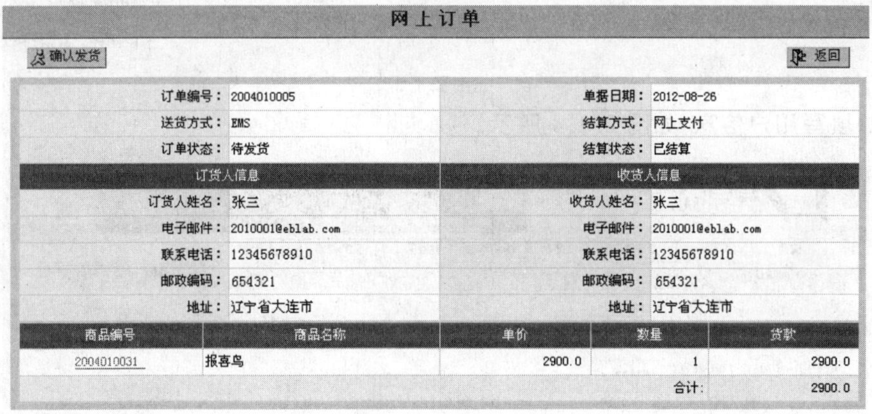

图 2.3.26

(9)销售处理结束。

2.4　C to C 模拟实验

C2C 电子商务是在消费者与消费者之间进行的商务模式,它通过 Internet 为消费者提供进行相互交易的环境——网上拍卖、在线竞价。学生可以在本模块模拟拍卖与竞拍。

拍卖流程:学生填写身份后,就可以根据分类,登记新商品进行拍卖。拍卖流程如图 2.4.1 所示。

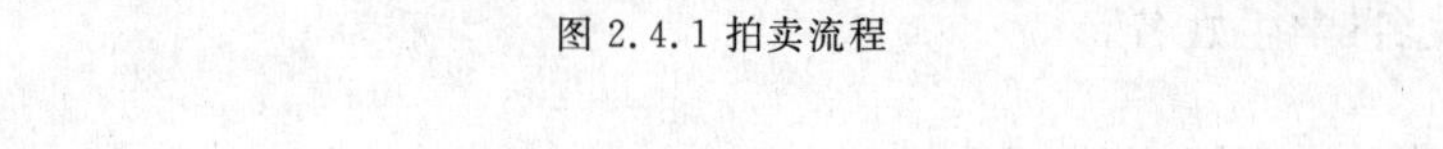

图 2.4.1 拍卖流程

竞拍流程:根据商品分类找到合适的商品,出价竞拍,价高者得。竞拍流程如图2.4.2所示。

买东西 → 选择商品 → 竞标 → 成功拍卖

图 2.4.2 竞拍流程

实验1 C2C会员注册

实验角色:学生。

实验目的:注册 C2C 会员。

实验步骤:

(1)进入"得易网趣"首页(如图 2.4.3 所示),点击"免费注册"按钮,进入"用户信息填写"页面。

图 2.4.3

(2)填写用户信息,如图 2.4.4 所示。

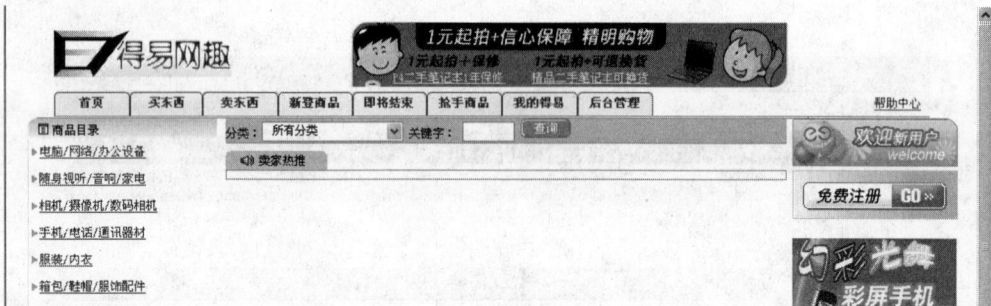

图 2.4.4

①密码:123456。

②常用 E-mail:×××××××@eblab.com。

③真实姓名:学生姓名。

④居住省份:学校所在省份。

⑤联系电话:学生联系电话。

⑥联系地址:学校地址。

⑦邮政编码:学校所在地邮政编码。

(3)登记商品进行拍卖。只要注册成为了 C2C 的会员,卖家就可以在此发布自己的商品信息,并且可以收到买家反馈来的信息,并给予回复。

提示 >>

(1)在 C2C 模块中,系统时间 10 分钟相当于在线时间一天。

(2)每个登录账号只提供一个 C2C 会员注册认证,并且不能购买自己拍卖的商品。

实验 2 卖东西

实验角色:C2C 拍卖者。

实验目的:练习如何在拍卖网站上登记拍卖商品。

实验步骤:

(1)进入"得易网趣"首页,点击"卖东西"选项卡。

(2)选择所卖商品分类,如图 2.4.5 所示。

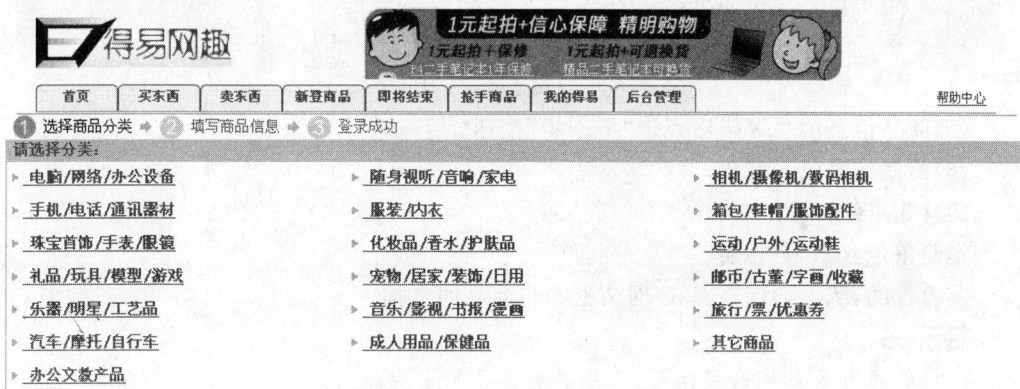

图 2.4.5

(3)已注册用户在登录页面中点击"确定"按钮进行登录,如图 2.4.6 所示。

您目前进行的操作,需要登录后才能继续....

· 如果您未注册, 请 注册

免费注册 GO »

· 如果您已注册, 请在下面空格中输入您的用户名和密码,然后按"确定"。

用户名: 2010001*C

密码: ●●●●●

确 定

图 2.4.6

(4)填写商品信息与价格,如图 2.4.7 所示。

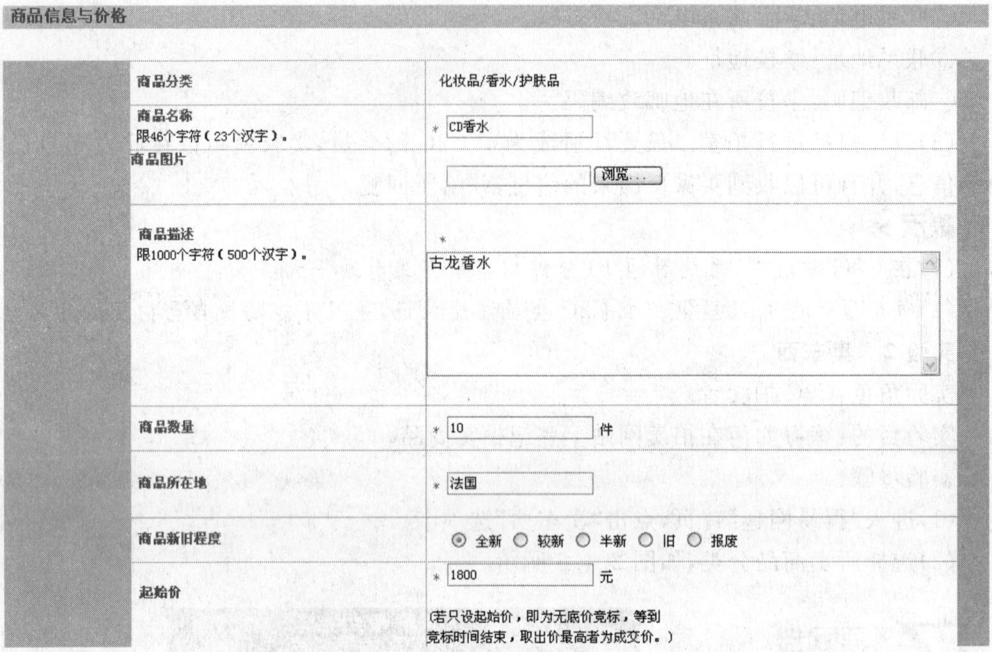

图 2.4.7

(5)商品信息填写完毕后点击"下一步"按钮。

(6)商品信息录入完成。

实验 3 买东西

实验角色:C2C 竞拍者。

实验目的:练习如何在 C2C 网站上参与商品的竞拍。

提示 >>

C2C 会员登录系统购买商品,不能购买自己拍卖的商品。

实验步骤:

(1)登录"得易网趣"首页,点击"买东西"选项卡。

(2)选择商品分类。

(3)选择自己要买的商品,查看该商品信息,如图 2.4.8 所示。

(4)出价。

(5)出价确认。

(6)操作反馈成功。

实验 4 我的得易

实验角色:C2C 注册用户。

实验目的:熟悉 C2C 网站为注册用户提供交易信息记录。

实验步骤:

(1)登录"得意网趣"首页,点击"我的得意"选项卡。

(2)已注册用户在登录界面点击"确定"按钮进入。

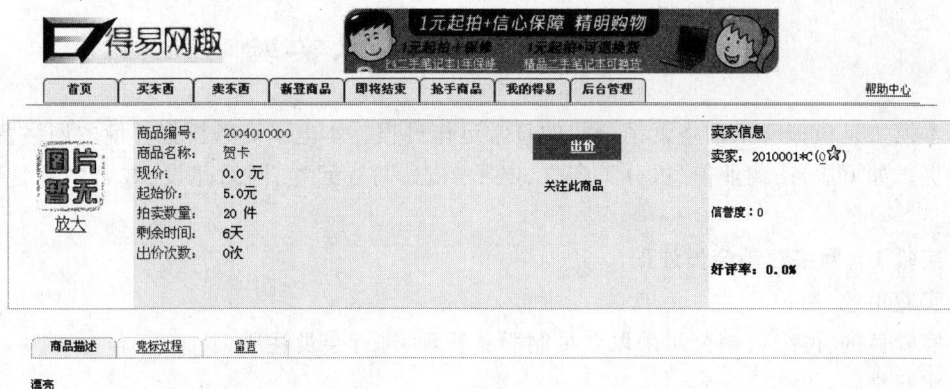

图 2.4.8

(3)在"我的得意"页面中可以看到以下内容(如图 2.4.9 所示):

①我是买家

竞标中的商品(查看他人参与竞拍的商品)。

已买入的商品(已经竞标购买成功的商品)。

②我是卖家

出售中的商品(用户参与拍卖的商品)。

已结束的商品(已过拍卖最后期限的商品)。

③用户设置

可以对注册时填写的注册信息进行修改或者注销用户。

图 2.4.9

实践及思考题

对其他 B to B、B to C、C to C 站点进行后台操作,熟悉后台业务管理流程,并画出后台管理流程图。

2.5　网络营销模拟实验

本模块是模拟一个网络营销公司的日常运作过程。本电子商务模拟环境的网络营销模块提供如下服务:商业信息、分类广告、电子杂志、调查问卷、网站建设、域名主机、搜索引擎。

实验1　网络营销会员注册

实验角色:用户。

实验目的:网络营销公司采取会员制服务管理,进行会员注册。

实验步骤:

(1)学生登录系统后进入"网络营销"模块,如图2.5.1所示。

图2.5.1

(2)在"网络营销"首页的会员登录中点击"注册"按钮,进入"注册信息填写"页面。

(3)填写会员注册信息。

(4)填写完毕后点击"确定"按钮。

(5)返回注册成功信息。

实验2　申请域名(前台)

实验角色:网络营销注册用户。

实验目的:了解如何为网站申请域名。

实验步骤:

(1)在"网络营销"模块中点击"域名主机"选项卡,进入"域名主机"页面,如图2.5.2所示。

图 2.5.2

2.在"域名申请"中填写要注册的国际或中国国家顶级域名,如 www.shop202. com.cn。

3.填写、选择好后点击"注册"按钮。

4.系统审核该域名是否有重复,域名审核通过后,点击"继续"按钮。

5.填写"用户名"和"密码",点击"继续"按钮。

6.选择"域名使用时间",点击"继续"按钮。

7.系统给出域名注册信息,域名注册完成。

实验 3　域名管理(后台)

实验角色:网络营销商。

实验目的:熟悉对前台注册申请域名进行 URL 指向管理。

实验步骤:

(1)在"网络营销"模块进行会员登录。

(2)进入网络营销后台,在"域名管理"页面中可以看到所有前台申请的域名信息。

(3)选择需管理的域名,然后点击"域名信息"按钮,如图 2.5.3 所示。

(4)在"域名管理"页面中可以对前台申请的域名的 URL 指向进行修改。

(5)修改完后点击"修改"按钮,域名管理结束。

实验 4　虚拟主机租用(前台、后台)

实验角色:网络营销商、注册用户。

实验目的:了解如何为网站申请虚拟主机空间。

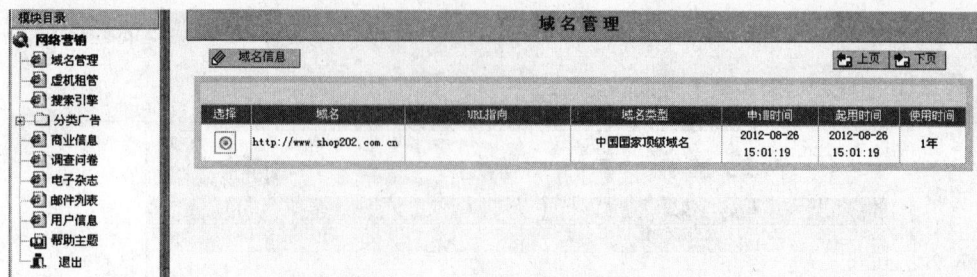

图 2.5.3

实验步骤:

(1)在"网络营销"模块点击"域名主机"选项卡,进入"域名主机"页面,如图 2.5.4 所示。

(2)在"域名主机租用"中选择符合使用要求的虚拟主机,点击"订购"按钮。

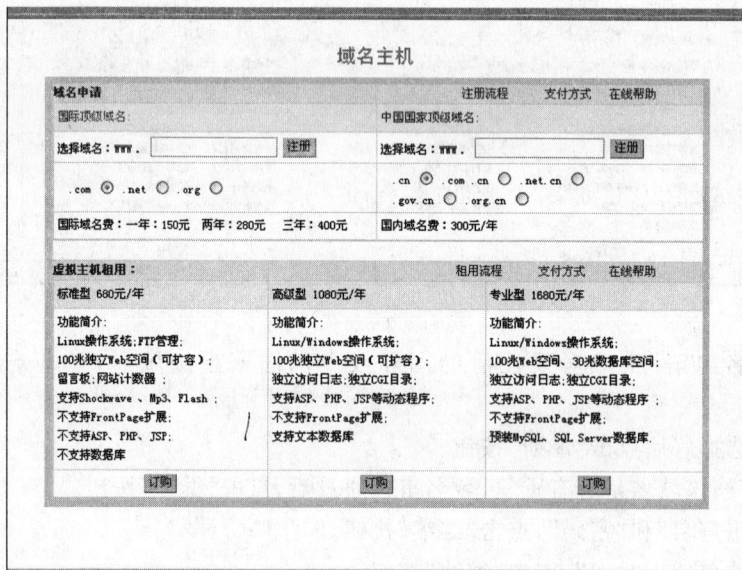

图 2.5.4

(3)查看订购的虚拟主机的基本情况和功能,点击"继续"按钮进入下一步。

(4)设定虚拟主机的"管理账号"和"密码"。

(5)设定租用的年限,交付租用费用,如图 2.5.5 所示,申请完成。

(6)返回网络营销首页进行会员登录。

(7)在网络营销模块中可以查看该虚拟主机的信息。

实验 5　购买搜索引擎

实验角色:网络营销注册用户。

实验目的:为网站购买搜索引擎,将网站信息关键字发布到搜索引擎。

实验步骤:

(1)在"网络营销"模块首页点击"搜索引擎"选项卡。

(2)选择适合的搜索引擎类型,点击"购买"按钮,如图 2.5.6 所示。

(3)阅读并同意服务协议。

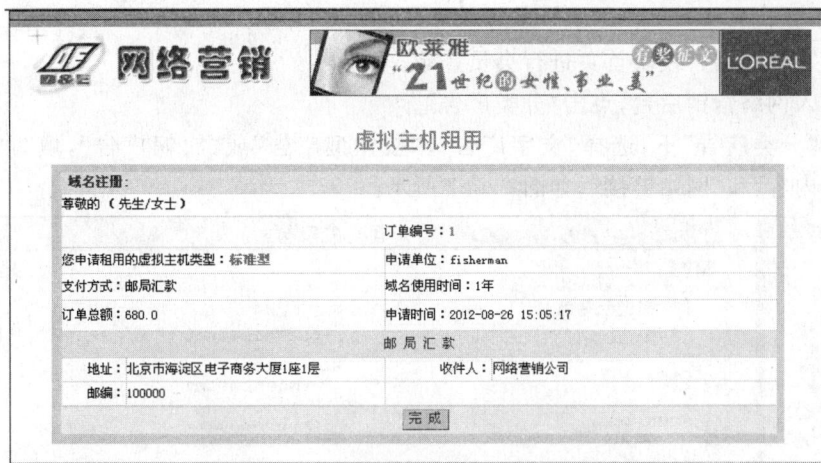

图 2.5.5

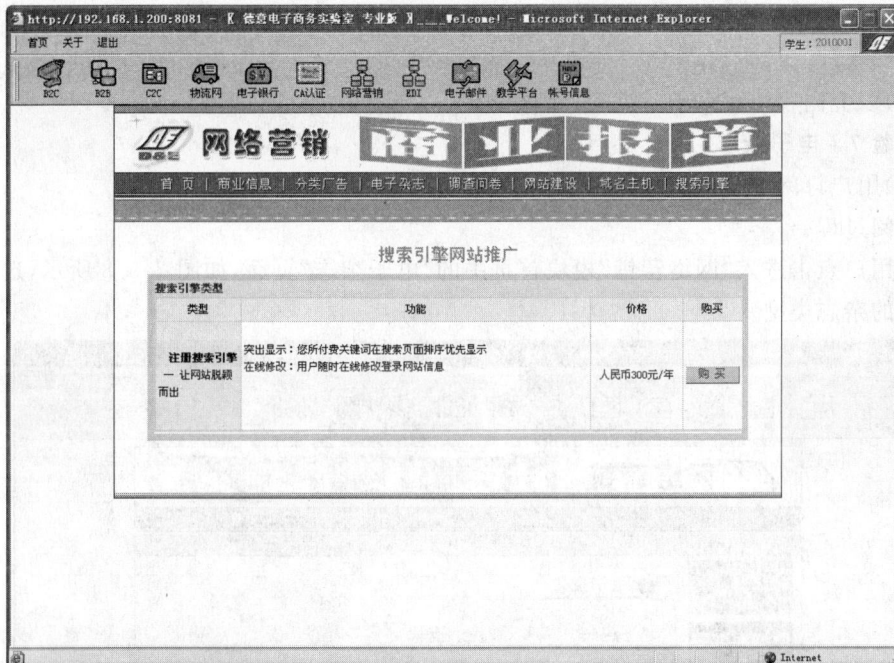

图 2.5.6

(4)填写网站资料,包括"网站名称"、"URL"、"描述"、"搜索关键字"等。

(5)填写完毕后点击"继续"按钮,进入网站搜索引擎购买信息的确认完成页面。

(6)点击"完成"按钮。

(7)在"网络营销"模块首页的搜索引擎中输入搜索条件,点击"搜索"按钮。

(8)在搜索结果中可以看到网站信息的关键字,点击关键字可以进行登录。

实验 6 广告

实验角色:网络营销注册用户。

实验目的:熟悉如何在网站上发布各类广告(文字广告、按钮型广告、旗帜广告)。

实验步骤：

(1)在"网络营销"模块首页进行会员登录。

(2)进入网络营销后台，点击"分类广告"。

(3)在"分类广告"下，选择"文字广告"、"按钮型广告"或"旗帜广告"，填写"广告标题"、"广告内容"和"网站链接"，如图 2.5.7 所示。

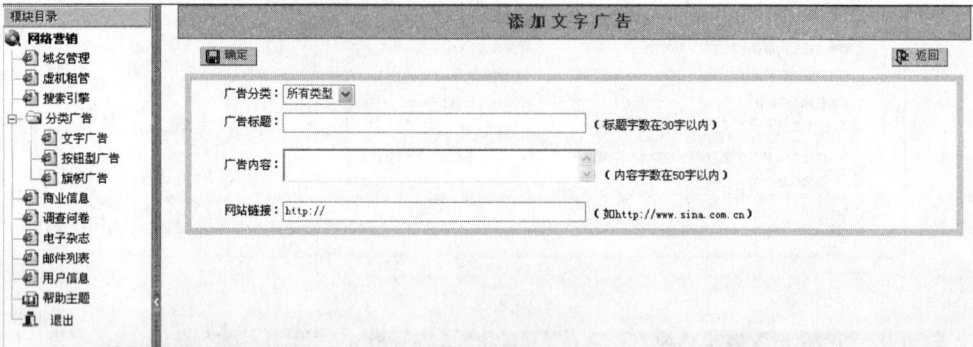

图 2.5.7

(4)以上内容填写完毕后点击"保存"按钮。

实验 7　电子杂志

(1)用户订阅电子杂志(前台)

订阅过程：

①用户点击进入"网络营销"模块首页中的"电子杂志"页面，如图 2.5.8 所示，选择需要订阅的杂志类型。

图 2.5.8

②填写正确的 E-mail,输入密码,点击"订阅"按钮,系统提示完成订阅。

取消订阅过程:

①点击进入"网络营销"模块首页中的"电子杂志"页面,选择需要取消订阅的杂志类型。

②填写正确的 E-mail,输入密码,点击"取消订阅"按钮。

(2)新建电子杂志(后台)

①用户在"网络营销"模块首页填写"用户名"和"密码"登录网络营销后台,点击"电子杂志"进入"电子杂志"页面,如图 2.5.9 所示。

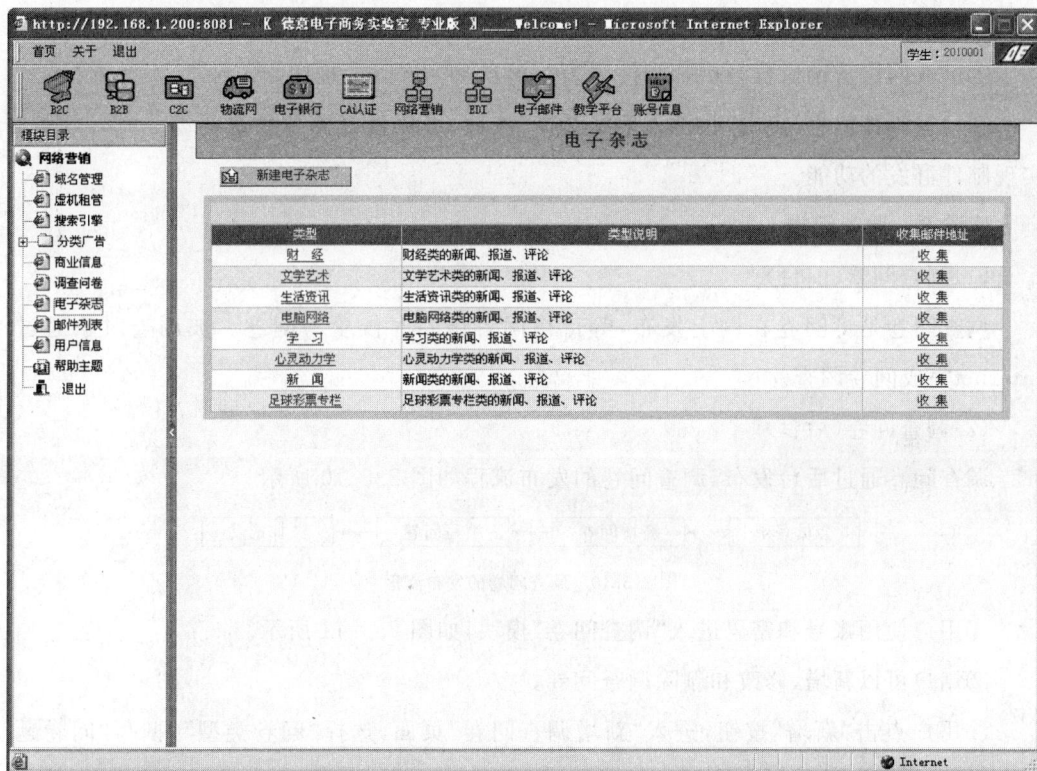

图 2.5.9

②选择电子杂志类型,点击"新建电子杂志"按钮。

③填写电子杂志内容,点击"发送"按钮,系统显示发送成功,电子杂志邮件就发送到了订阅者的信箱。

实验 8　邮件列表

邮件列表可以实现邮件的批量发送，可以同时向多个不同的电子邮件地址发送预备好的信息。

（1）邮件列表获得方式

①会员在前台完成电子杂志订阅过程，用户就可以在后台收集订阅地址。会员进入"网络营销"首页中的"电子杂志"模块，点击"收集"按钮，系统自动将前台订阅电子杂志的 E-mail 地址收集到邮件列表中。

②点击"网络营销"模块中的"邮件列表"，由于邮件列表本身有增加电子邮件的功能，因此可以通过手工方式增加、删除或修改邮件地址。

（2）邮件发送

①进入网络营销后台，点击"邮件列表"，再点击"发邮件"按钮。

②填写邮件信息，点击"收件人地址选择"按钮，可以选择需要发送的电子邮件地址，实现邮件群发的功能。

实验 9　调查问卷

（1）调查问卷（前台）

调查问卷是将问卷在网上发布，等待访问者访问时候填写问卷。被调查对象通过 Internet 完成问卷调查。

（2）调查问卷（后台）

调查问卷通过后台发布，调查问卷的发布流程如图 2.5.10 所示。

会员登录 → 新增问卷 → 填写问卷 → 添加成功

图 2.5.10　调查问卷的发布流程

①用户使用账号和密码进入"调查问卷"模块，如图 2.5.11 所示。

②用户可以新增、修改和删除调查问卷。

③用户点击"新增"按钮，进入"新增调查问卷"页面，选择"问卷类型"，撰写"问卷题目"，添加"选项"，然后提交问卷。

④系统自动发布这条在线调查问卷。

图 2.5.11

提示 ≫

导航条中账号信息的使用：

点击"账号信息"模块，系统弹出账号信息页面。页面显示学生操作号的所有账号信息。本系统一共设置有12个身份，分别为：

××××＊E　B2C商户

××××＊S　供应商

××××＊P　采购商

××××＊L　物流商

××××＊N　网络营销用户

××××＊C　C2C用户

B2C用户（该用户名称由学生自己设定）

××××＊B1、××××＊B2、××××＊B3　　银行企业用户

××××＊T　　银行B2C用户

××××＊G　　银行个人用户

每个身份需要在相应的模块中注册获得，显示的信息就是学生注册后的全部信息，如果学生没有注册某个身份，该身份将不在该页面显示。

2.6 综合实验

请根据以上实验内容设计一个综合实验，要求实验内容包括所有实验项目，可以一人担任多个角色。

第二篇

第三方物流模拟实验系统

第3章 第三方物流的基本原理

3.1 第三方物流的基本概念

第三方物流的活动范围和相互的责任范围不断扩大，制造企业、商业企业与第三方物流服务者建立长期合作关系，协同解决具体问题。建立紧密关系的目的是发展战略联盟以使双方都获利。由此可见，第三方物流具有长期性、合作性、协作解决具体的不同问题、公平分享利益和共担风险的特征。与传统仓储、运输等相比，第三方物流提供的服务更负责，包括更广的物流功能，需要双方最高管理层的协调。

1. 第三方物流的定义

中华人民共和国国家标准《物流术语》(GB/T 18354—2001)中，第三方物流被定义为"独立于供需双方，为客户提供专项或全面的物流系统设计或系统运营的物流服务模式"。实际上，它是物流渠道中的专业化物流中间人，以签订合同的方式，在一定期间内为其他企业提供的所有或某些方面的物流业务服务。从广义以及物流运行的角度来看，第三方物流包括一切物流活动以及发货人可以从专业第三方物流商处得到的其他一些增值服务。提供这一服务是以发货人和第三方物流商之间的正式合同为条件的。这一合同明确规定了服务费用、服务期限及相互责任等事项。常见的第三方物流服务包括物流系统设计、报表管理、货物集运、承运人选择、海关代理、信息管理、仓储管理、业务咨询、价格谈判等。

实际上，第三方物流是在物流渠道中由中间商提供的服务，中间商以合同的形式在一定期限内提供企业所需的全部或部分物流服务。它的提供者是一个为外部客户管理、控制和提供物流服务作业的公司。它们并不在供应链中占有一席之地，但通过提供一整套物流活动来服务于供应链。

第三方物流是在物流渠道中，由专业物流企业以合同的形式在一定期限内提供用户所需的全部或部分物流服务。企业的利润不是来自运费、仓储费等直接费用收入，而是来源于现代物流管理科学的推广所产生的新价值，这是发展第三方物流的根本原因。

2. 第三方物流的特征

(1)关系契约化

首先，它是通过契约来规范物流企业和货主企业之间的关系。物流企业根据契约规定的要求,提供多功能甚至全方位一体化的物流服务,并以契约来管理所有提供的物流服务活动及其过程。第三方物流有别于传统的外包,后者只限于一项或数项独立的物流功能。

其次,发展物流联盟也是通过契约的形式来明确各物流联盟参加者之间责、权、利相互关系的。依靠现代电子信息技术的支撑,第三方物流企业之间充分共享信息,这就要求双方只有相互信任,才能使达到的效果比单独从事物流活动所能取得的效果更好,而且,从物流服务者提供的收费原则来看,它们之间是共担风险、共享收益的。

(2)服务个性化

首先,不同的货主企业存在不同的物流服务需求,第三方物流需要根据不同货主企业在企业形象、业务流程、产品特征、顾客需求等方面的不同要求,提供针对性强的个性化物流服务和增值服务。第三方物流服务的对象一般都较少,只有一家或几家,服务时间却较长,这是因为需求方的业务流程各不相同,而物流、信息流是随价值链而流动的,因此,第三方物流服务应按照客户的业务流程来确定,这也表明物流服务从产品推销发展到了市场营销阶段,第三方物流正从过去的面向社会服务的传统外包进化到面向企业的个性化服务阶段。

其次,从事第三方物流的物流企业也因为市场竞争、物流资源、物流能力的影响需要形成核心业务,不断强化所提供物流服务的个性化和特色化,以增强物流市场的竞争能力。

(3)功能专业化

第三方物流所提供的是专业化的物流服务。从物流设计、物流操作过程、物流技术工具、物流设施到物流管理,必须体现专门化和专业水平。这既是货主企业的需要,也是第三方物流自身发展的基本要求。

(4)管理系统化

第三方物流应具有系统的物流功能,是其产生和发展的基本要求。第三方物流需要建立现代管理系统才能满足其运行和发展的基本要求。

(5)信息网络化

信息技术是第三方物流发展的基础。信息技术实现了数据快速、准确的传递,提高了仓库管理、装卸运输、采购、订货、配送发运、订单处理等的自动化水平,使订货、仓储、运输、流通加工一体化。企业可以更方便地使用信息技术与物流企业进行交流和协作,企业之间的协调往来有可能在短时间内迅速完成,同时,物流管理软件的飞速发展使混杂在其他业务中的物流和活动的成本能被精确地计算出来,还能有效管理物流渠道中的商流,这就使企业有可能把原来在内部完成的作业交由物流公司运作。

3.2 第三方物流的业务流程

1.订单业务流程

第三方物流公司在服务于客户的整个过程中,订单管理既是业务的开始,也是服务质量得以保障的根本。高效的订单管理是第三方物流高效运作和使客户满意的关键,因此,订单业务的处理演变为各个环节的单证处理,贯穿整个物流供应链的各个环节,成为一条主线将各个环节有机地联系在一起。订单业务流程是整个物流供应链业务流程的反映。

托运人以纸面或网络传输的形式,向第三方网络服务商进行货物托运。通常情况下,向物流公司进行货物托运的是发货人或收货人,或是其各自的代理商。第三方物流公司接到客户订单后,将进行以下工作:

(1)检查订单要求是否全部有效,确认订单信息是否完全。

(2)部门审查客户的资信情况。

(3)根据客户资信情况,营销人员进行营销分析。

(4)会计人员记录有关往来账目。

(5)根据客户描述及客户要求,进行服务的合理策划与设计。

(6)根据货物托运信息与各个分包商联系,委派任务。

2.运输环节业务流程

运输的作用是将货物进行空间移动,物流系统依靠运输作业,克服货物从发货地到收获地的空间距离,创造货物的空间价值。物流系统中的运输环节是传统多式联运内涵的扩展。

(1)接单管理

物流业务中一个重要内容就是配送、拆装等增值服务,为了保证在进行货物配送时不混乱、不丢失,就必须知道货物的明细信息。因此,在货物的接单环节,除了一般的货运信息外,还应提供货物明细信息的维护功能。

(2)发运管理

在发运环节,除了货物本身的发运信息之外(如发运地、到达地等),还需要记录运输工具、集装箱箱号和承运人信息。有了这些信息,当货物在运输过程中出现货损、货差等意外情况时,可以很容易地进行责任管理。

(3)到站管理

到站管理除了记录正常的到站信息外,还应记录异常到站的信息及原因和造成的经济损失。

(4)签收管理

除了提供正常签收管理外,还应提供异常签收管理。

(5)单证管理

运输过程中的单证管理应包括装卸单、保管单、联运提单和海运提单管理。

3.仓储环节业务流程

仓储管理环节包括货物的入库管理、在库管理、盘点管理和出库管理四大模块。

(1)入库管理

按优化原则自动安排每单进仓货物的存放位置,在入库环节,主要是对入库货物的信息进行采集。除一般货物信息外,还应特别注意异常入库信息,例如,入库拒收等情况。

(2)在库管理

针对不同客户需求,进行分拣理货、配货作业,管理对货物的再包装、拆箱、拼箱等增值服务,并同时记录每次服务的账目情况,按货主的要求完成物品的搭配出库,管理货物库存位置的变动情况。完全控制库存业务,记录发生的所有库存水平。提供各种工具以掌握库存的最新信息,包括分析项目动态及库存价值,也可根据提供的信息准确判断市场走向并相应调整订货点、安全库存、订货时间、交货时间及服务水平等。

（3）出库管理

按先进先出原则提货,对出库货物信息进行采集。除采集一般货物信息外,还应注意异常出库信息、货物的去向、提货人、承运人等信息。

（4）盘点管理

盘点管理是实现货物盘点的有效工具,不仅要全面盘点,还要对部分货物品种进行抽点。提供关于搁置货物的重包装申请表、破损货物及过期货物的货物销毁申请表。提供实际仓位图,标明仓库的使用情况,帮助仓库管理员进行货物的出入库管理。

3.3 第三方物流服务的提供者

大多数第三方物流公司以传统的"类物流业"为起点,如仓储业、运输业、快递业、空运、海运、货代、公司物流部等。

1. 以运输为基础的物流公司

这些公司都是大型运输公司的分公司,有些服务项目是利用其他公司的资产完成的。其主要的优势在于公司能利用母公司的运输资产扩展其运输功能,提供更为综合性的整套物流服务。

2. 以仓库和配送业务为基础的物流公司

传统的公共或合同仓库与配送业务供应商,已经将物流服务扩展到了更大的范围。以传统的业务为基础,这些公司已介入存货管理、仓储与配送等物流活动。经验表明,基于设施的公司要比基于运输的公司更容易、更方便地转向综合物流公司。

3. 以货运为基础的物流公司

这些公司一般无资产,非常独立,并与许多物流服务供应商有来往。它们具有把不同物流服务项目组合以满足客户需求的能力,它们正从货运中间商角色转为业务范围更广的第三方物流服务公司。

4. 以托运人和管理为基础的物流公司

这一类型的公司是从大公司的物流组织演变而来的。它们将物流专业的知识和一定的资源(如信息技术)用于第三方作业。这些供应商具有管理母公司物流的经验。

5. 以财务或信息管理为基础的物流公司

这种类型的第三方供应商是能提供如运费支付、审计、成本监控、采购跟踪和存货管理等管理工具(物流信息系统)的物流企业。

3.4 供应链环境下的物流管理

物流与供应链实质上是从不同的视角提出的两个概念。物流是从企业作业活动的角度提出的概念,描述了企业围绕物的流转而形成的各项实际作业活动内容。而供应链是从企业管理的角度提出的概念,描述了企业运营实体之间的系统结构。供应链管理强调企业内外部资源的同时使用,要从企业及其合作群体大系统的角度降低成本、提升效率。

在实践中,物流系统成为企业运行的重要组成部分,也是供应链管理理论、技术方法的主要应用领域。供应链管理理论、技术方法的发展为改善物流管理和物流系统运行奠定了良好的理论基础。

现代生产企业要做到准时交货、提高交货可靠性、提高响应性、降低库存费用、加速资金周转、快速传递与反馈市场信息、不断沟通生产与消费的联系和提供低成本的优质产品,就离不开物流管理。由于当前的物流管理已经不仅仅局限于生产企业的内部管理,而是供应链企业之间的物流管理,因此,只有建立敏捷而高效的物流与供应链系统才能达到提高企业竞争力的要求。供应链管理将成为 21 世纪企业的核心竞争力。

在全球供应链一体化的大趋势下,物流管理也具有新的时代特征。供应链环境下物流管理的特点主要表现在以下几个方面:

1. 物流运作的效率和效益取决于上下游企业

有些企业可能会认为,物流运作仅与物流服务提供商的服务效率有关。实际上,在供应链环境下要想使物流对市场需求做出快速反应,离不开供应链节点上的企业同步采取行动,加强彼此间的协调与合作。具体来说,就是要求供应链的上下游企业根据最终需求市场的信息,制订统一有序的采购、生产和分销配送计划,使物流有序地在上下游企业间流转。

2. 物流运作强调稳定性与弹性的平衡

供应链管理特别强调对客户要求的快速响应。客户的要求是千差万别的,面对不同的顾客,物流体系必须具有足够的弹性,以尽快响应不同的需求;同时,还要维持相对稳定的运营系统,以保证较高的服务质量和服务水平。

3. 物流运作离不开信息技术的支撑

信息技术是供应链管理的重要支撑,信息共享是实现供应链业务流程一体化的重要手段。物流运作本身离不开信息技术的支撑,供应链环境下的物流管理更是如此。通过信息技术,生产企业可以有效地进行供应链上下游企业之间的物流订单信息沟通,并在信息系统的支撑下,完成订货、生产、运输、仓储、流通加工等功能一体化,使物流管理统一,响应敏捷。

4. 物流活动的不可控性和变异性较高

供应链环境下,物流活动的不可控性和变异性较高的原因有三个:第一,由于物流经常直接面对终端顾客,而顾客具有分布不均匀、消费时间随意等特点,因此存在着多种不确定性;第二,顾客的需求日益呈现多样化、个性化的趋势,导致变异性较高,从而给物流标准化运作带来了一定的难度;第三,在许多供应链特别是全球供应链的物流运作中,物流的过程较长,运作过程中存在许多的不确定因素,导致了物流活动的不可控性。

第 4 章

第三方物流实验系统

　　第三方物流实验系统是一个以第三方物流为核心流程的模拟平台,可以设置实验流程及实验情景,分配实验角色,学生可依照角色进行实验,教师给予实验评定,还有丰富的情景数据供实验使用。学生最少可完成 46 个单元实验,并且可导出实验报告。教师对整个实验过程可进行监控,并可对实验进行评价及组织学生对实验过程进行分析。

　　模拟物流业务流程涵盖了 7 大行业:连锁、医药、汽车、食品、冷链、电子和危险品。可根据各行业业务运作模式的特点进行组合,形成可定制的业务流程。实验任务采取实例化管理模式,提供丰富的情景数据供实验使用。与常见的企业用软件不同,本系统五个物流核心业务流程会根据需要包含决策策略选择,需要学生根据实际的实验情景进行选用,锻炼学生分析、解决问题的能力。

　　本软件包含的模块有:情景数据、客户服务、采购管理、入库管理、出库管理、越库发货、库存管理、配送运输、报关报检、单据查询和供应商管理。

4.1　总流程图

　　第三方物流实验总流程如图 4.1.1 所示。

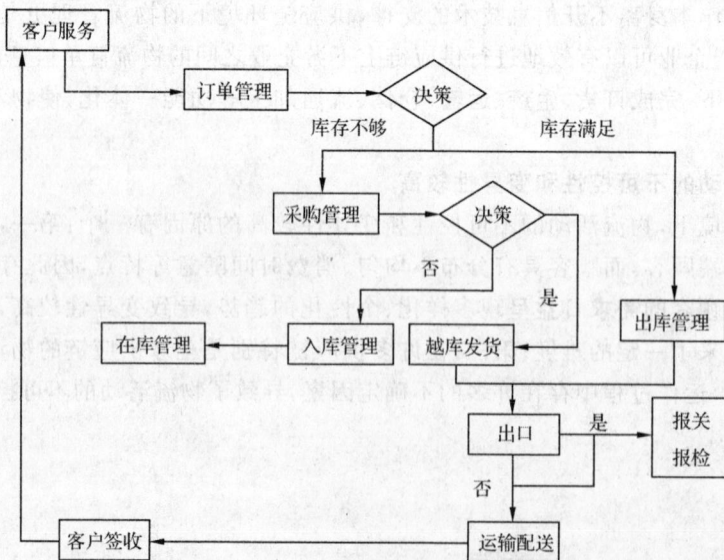

图 4.1.1　第三方物流实验总流程

4.2　实验流程汇总

根据系统流程图,可以通过如下几种方式进行实验:

第一种:客户订单→库存不足→采购管理→入库→出库→客户签收。

　　　国内订单、库存不足需进行采购,且客户提货方式为自提。

第二种:客户订单→库存不足→采购管理→入库→出库→配送→客户签收。

　　　国内订单、库存不足需进行采购,且客户提货方式为送货。

第三种:客户订单→库存不足→采购管理→入库→出库→配送→报关→客户签收。

　　　国外订单、需报关、库存不足,需进行采购后的配送并报关。

第四种:客户订单→采购管理→越库发货→配送→客户签收。

　　　国内订单,采购后直接配送至客户处。

第五种:客户订单→采购管理→越库发货→配送→报关→客户签收。

　　　国外订单,采购后配送并报关。

第六种:客户订单→库存满足→出库→客户签收。

　　　国内订单、库存满足,直接提取货物给客户。

第七种:客户订单→库存满足→出库→配送→客户签收。

　　　国内订单、库存满足,直接配送至客户处。

第八种:客户订单→库存满足→出库→配送→报关→客户签收。

　　　国外订单、库存满足,直接配送并报关。

第5章

连锁行业模拟实验

5.1 实验目的及说明

实验目的:了解并掌握连锁行业的物流运作流程。
实验说明:该实验为国内订单,物流公司库存不足,需经采购,然后再配送至客户处。
建议学时:2学时。

5.2 实验流程

连锁行业物流运作流程如图5.2.1所示。

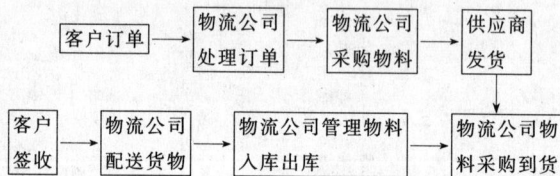

客户订单 → 物流公司处理订单 → 物流公司采购物料 → 供应商发货

客户签收 → 物流公司配送货物 → 物流公司管理物料入库出库 → 物流公司物料采购到货

图5.2.1 连锁行业物流运作流程

5.3 实验内容

实验1 客户下订单
实验步骤:
步骤1 客户登录
(1)打开IE浏览器,输入http://IP:8090/coreflow,其中的IP是指系统服务器地址,进入系统首页(如图5.3.1所示)。
(2)点击"客户管理平台"链接,输入"用户编号"和"密码",然后进行登录,如图5.3.2所示。
(3)登录后,在"实验任务"页面中选择"连锁"行业的"多人综合实验"或"单人综合实验",然后点击"确定"按钮进入实验,如图5.3.3所示。

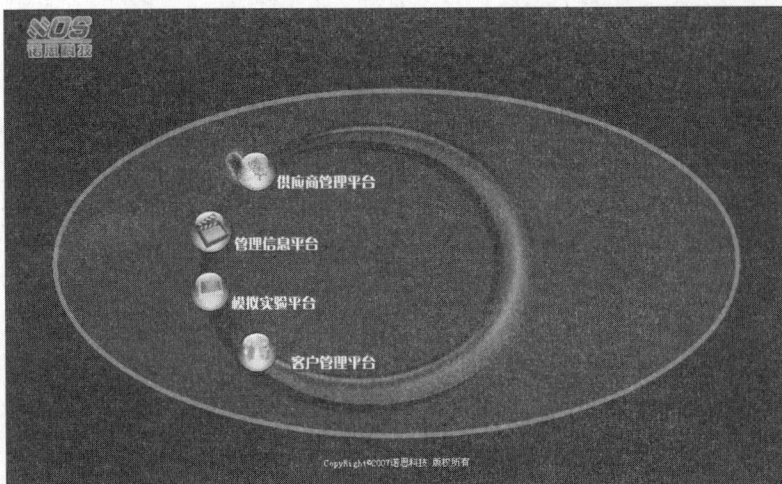

图 5.3.1

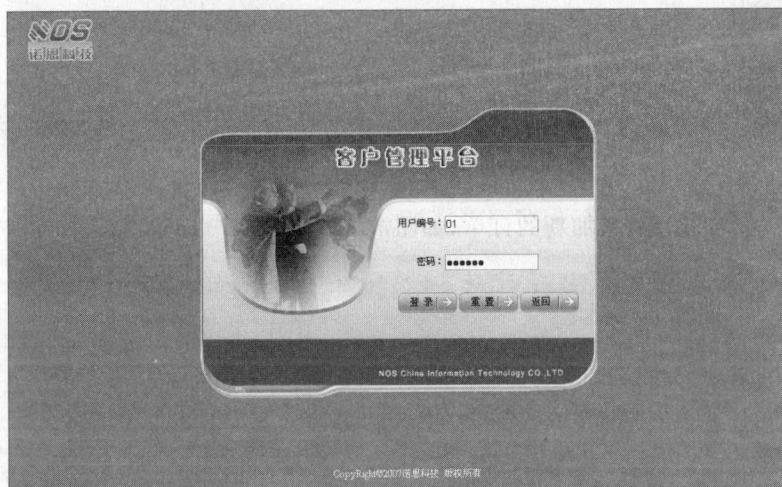

图 5.3.2

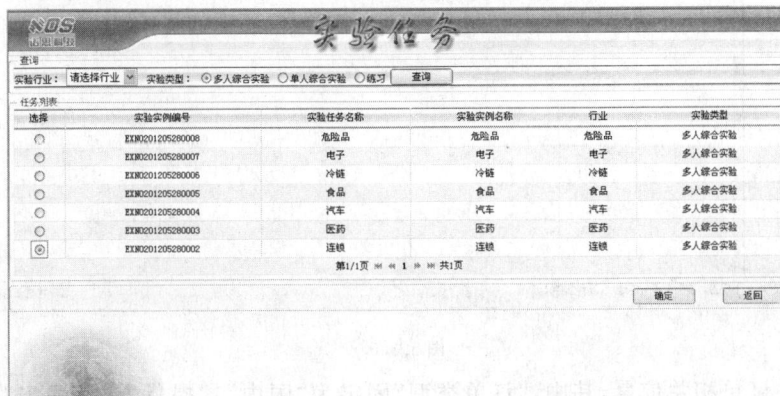

图 5.3.3

步骤2 生成客户订单

(1)点击"客户服务"下的"订单录入",如图5.3.4所示。

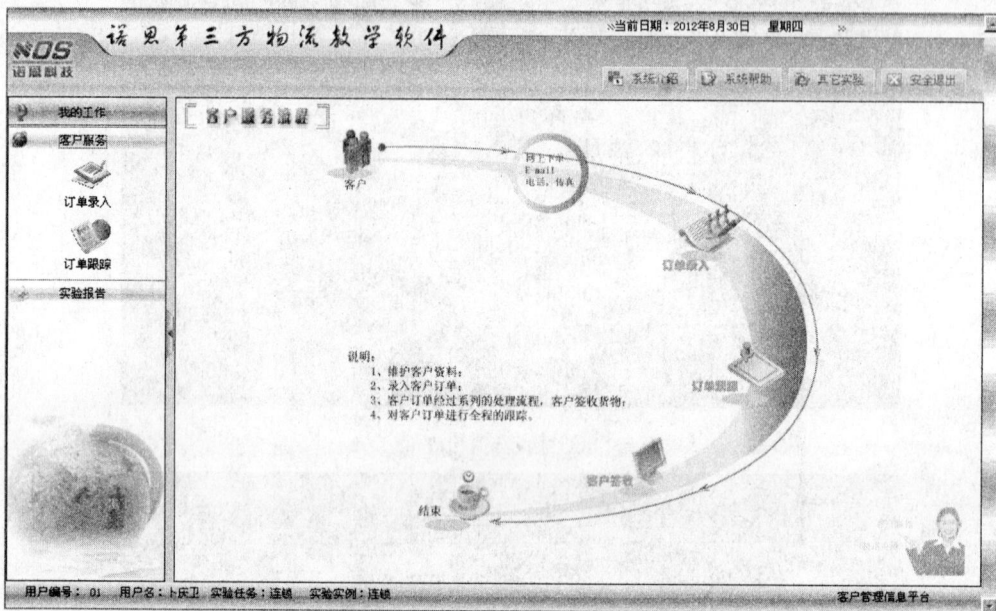

图5.3.4

(2)点击"新增"按钮,增加新的订单,如图5.3.5所示。

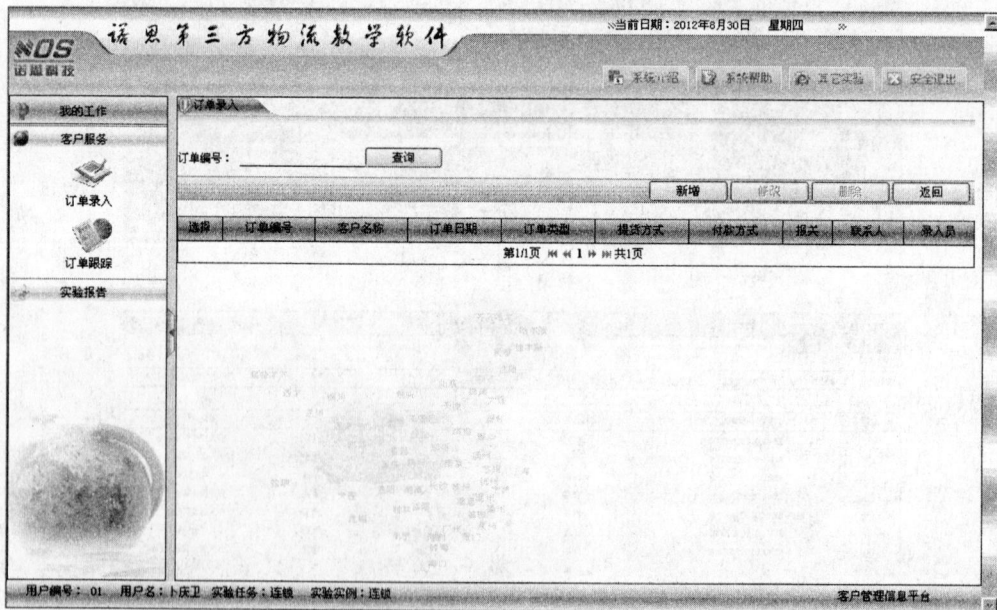

图5.3.5

(3)输入订单相关信息,其中,"订单类型"固定为"国内","提货方式"固定为"送货","报关"固定为无,"付款方式"为"到付"、"预付"任选其一,然后输入相关的"联系人"及订单的一些要求,如图5.3.6所示。

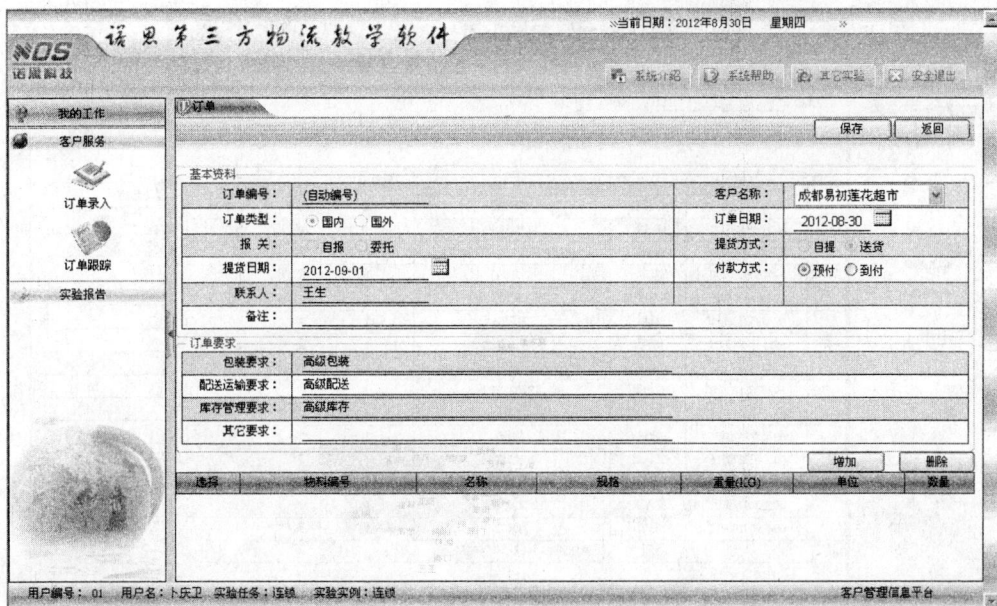

图5.3.6

(4)增加物料明细。在图5.3.6所示的页面内点击"增加"按钮,生成如图5.3.7所示的页面,再点击"选择"按钮,打开"物料选择"的网页对话框(如图5.3.8所示),选择物料。

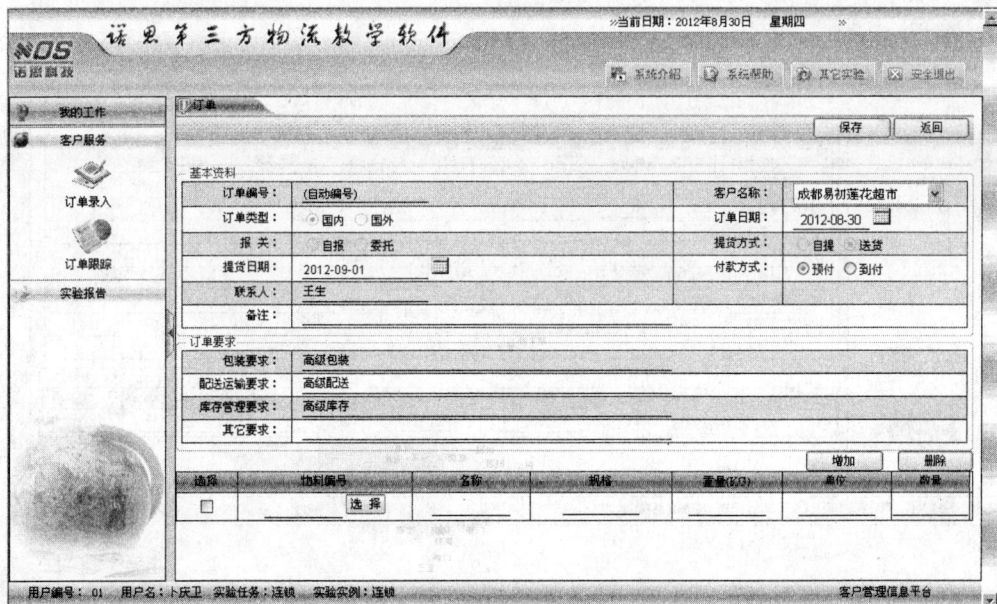

图5.3.7

(5)输入需要订购物料的"数量",然后点击"保存"按钮,如图5.3.9所示。

(6)按照后台数据进行实验后,实验结果见表5.3.1。

图 5.3.8

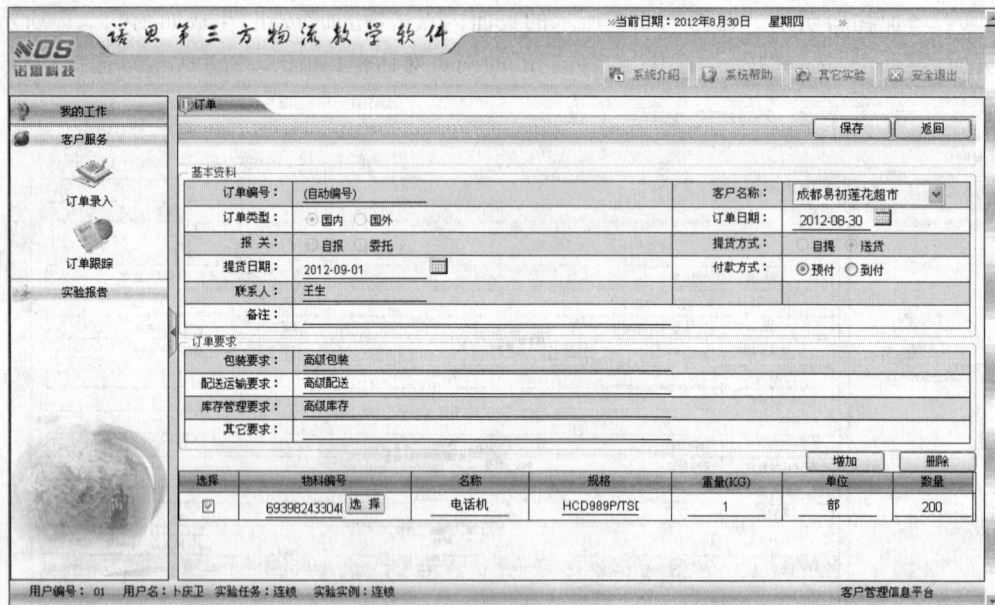

图 5.3.9

表 5.3.1 实验结果

订单编号	客户名称	订单类型	提货方式	付款方式	报关	联系人
XXXXXX	成都易初莲花超市	国内	送货	预付	无	王生

物料编号	名称	规格	重量(kg)	单位	数量	
6939824330489	电话机	HCD989P/TSDL 1C S010	1	部	200	

实验2 物流公司处理订单

实验步骤：

步骤1 登录

(1)打开 IE 浏览器，输入 http：//IP：8090/coreflow，其中的 IP 是指系统服务器地址。

(2)点击"模拟实验平台"链接，输入已注册学生的"用户编号"和"密码"进行登录，如图 5.3.10 所示。

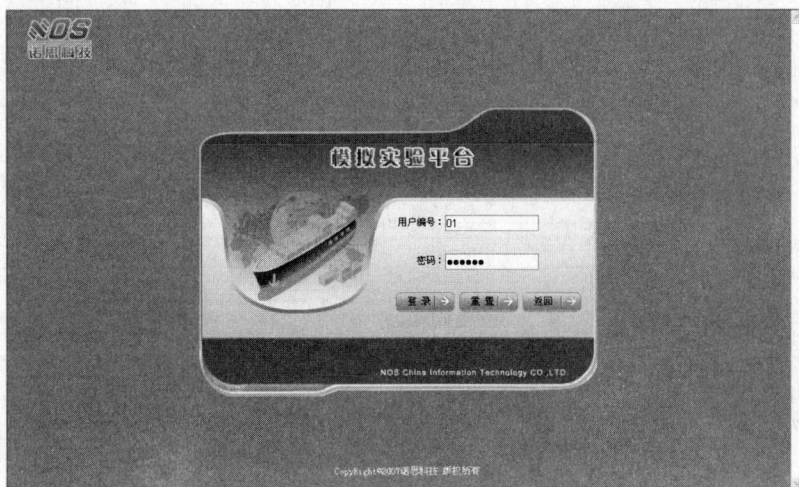

图 5.3.10

(3)在"实验任务"页面中选择"连锁"行业的"多人综合实验"或"单人综合实验"（同实验1选择相同）。如果是"多人综合实验"，角色选择为"订单管理员"或"综合管理员"，然后点击"确定"按钮进入，如图 5.3.11 所示；如果是单人综合实验则直接进入。

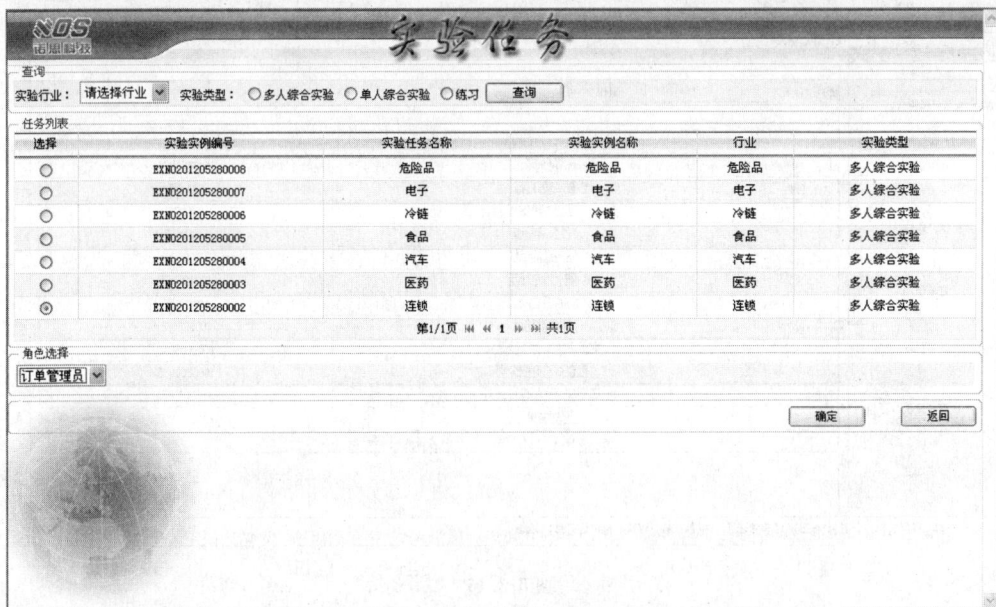

图 5.3.11

（4）点击"开始实验"按钮进入实验。

步骤 2　处理客户订单

（1）点击"客户服务"下的"订单接收"，如图 5.3.12 所示。

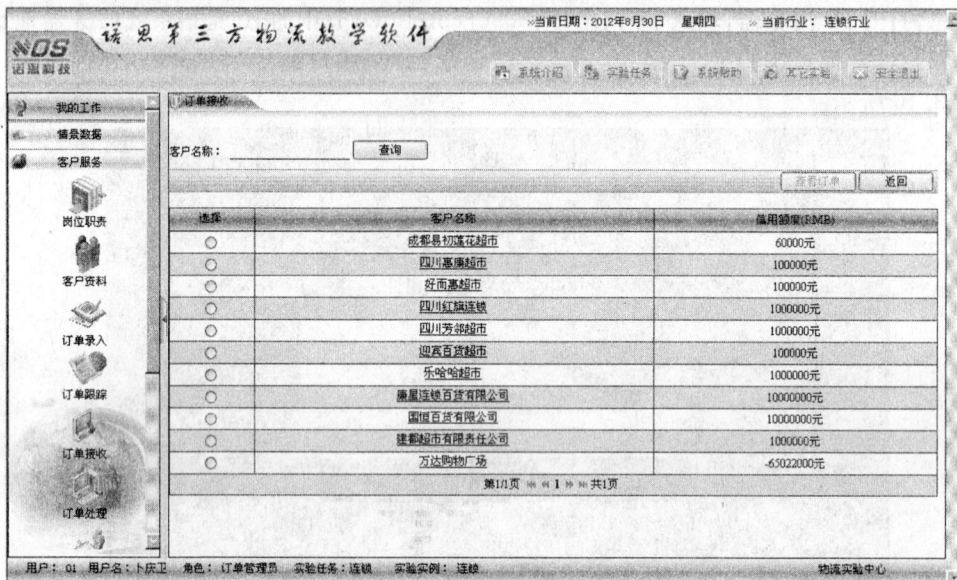

图 5.3.12

（2）选中"客户名称"为"成都易初莲花超市"的记录，如图 5.3.13 所示，点击"查看订单"按钮进入。

图 5.3.13

（3）选中订单记录，如图 5.3.14 所示，点击"订单接收"按钮，将跳出"订单接收决策"的网页对话框，点击"是"按钮，则接收订单完成，如图 5.3.15 所示。

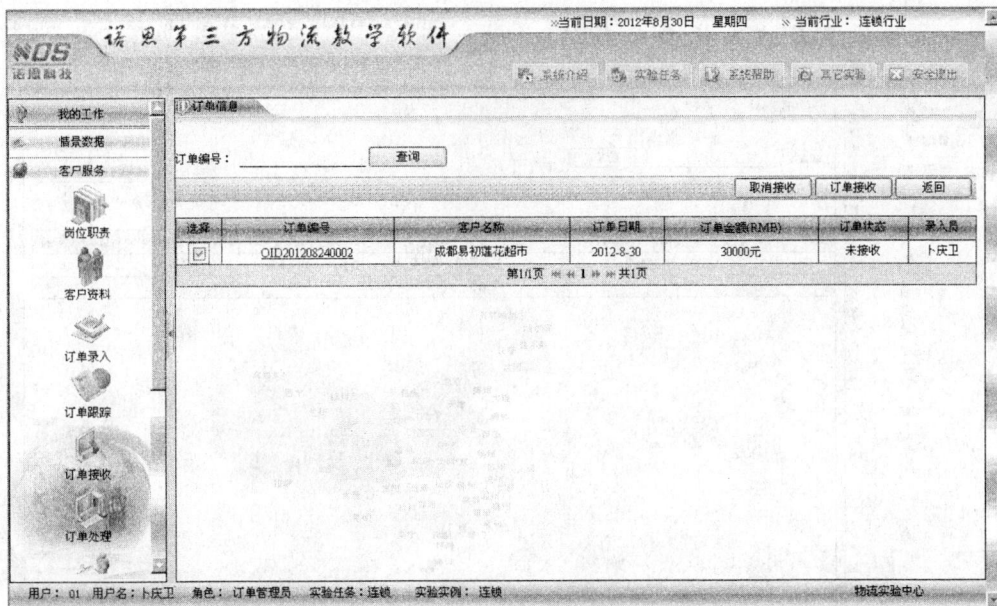

图 5.3.14

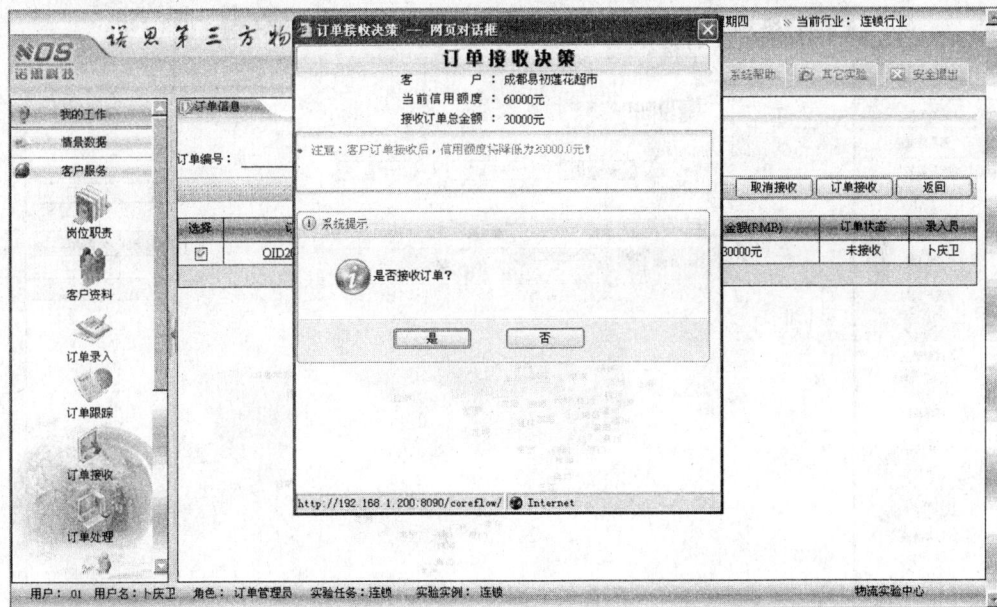

图 5.3.15

（4）点击"订单处理"，选中要处理的订单记录，如图 5.3.16 所示，然后点击"处理"按钮，将会跳出"订单处理决策"的网页对话框，如图 5.3.17 所示，对话框中将显示物料的相关信息，包括物料编号、规格、订单数量、库存数量等，如果库存数量满足订单要求，那么可以点击"直接出库"按钮，如果库存数量不满足订单要求，那么点击"采购申请"按钮，这里点击"采购申请"按钮。

（5）处理订单结束，进入物料采购环节。

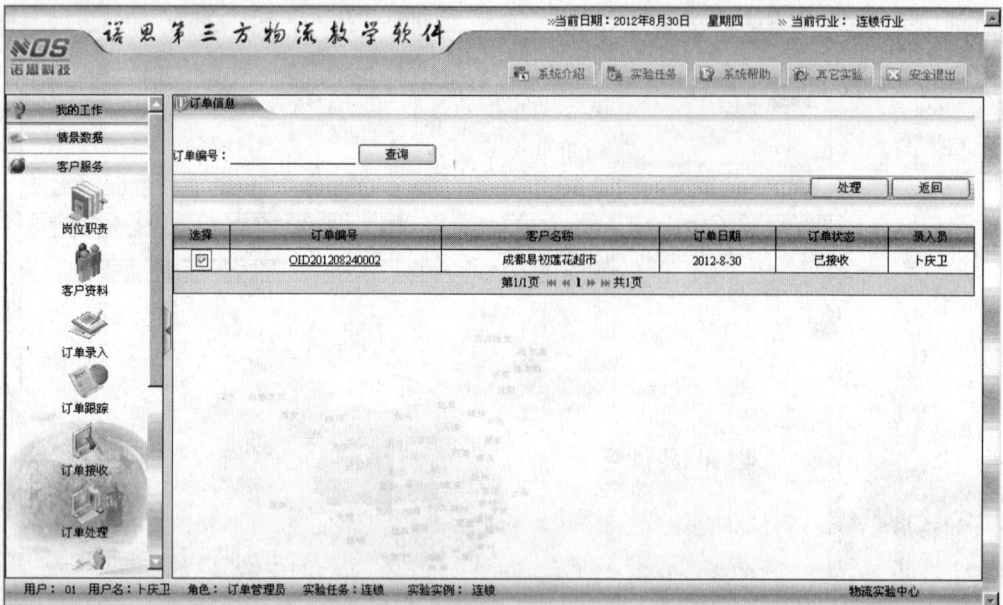

图 5.3.16

图 5.3.17

实验 3　物流公司采购物料

实验步骤：

步骤 1　登录

（1）打开 IE 浏览器，输入 http://IP:8090/coreflow，其中的 IP 是指系统服务器地址。

（2）点击"模拟实验平台"链接，输入已注册学生的"用户编号"和"密码"进行登录，如图 5.3.18 所示。

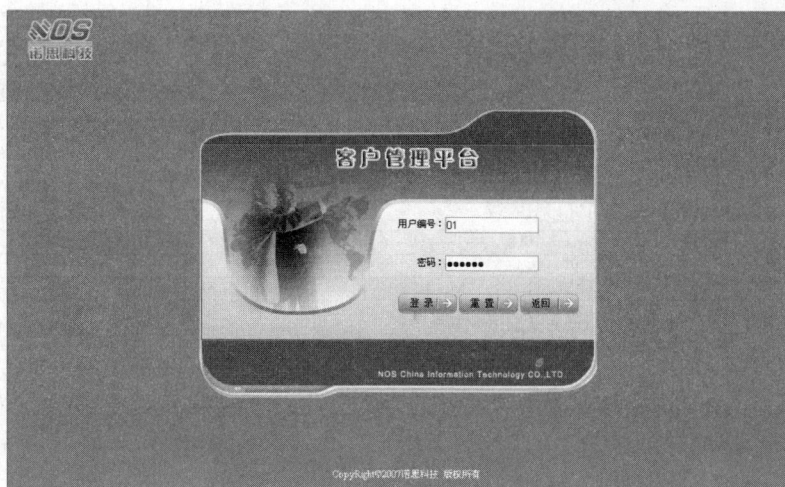

图 5.3.18

（3）在"实验任务"页面中选择"连锁"行业的"多人综合实验"或"单人综合实验"（同实验 1 选择相同）。如果是"多人综合实验"，角色选择为"采购员"或"综合管理员"，如图 5.3.19 所示，然后点击"确定"按钮进入；如果是"单人综合实验"，完成"实验 2　物流公司处理订单"内容后直接进行采购方面的操作。

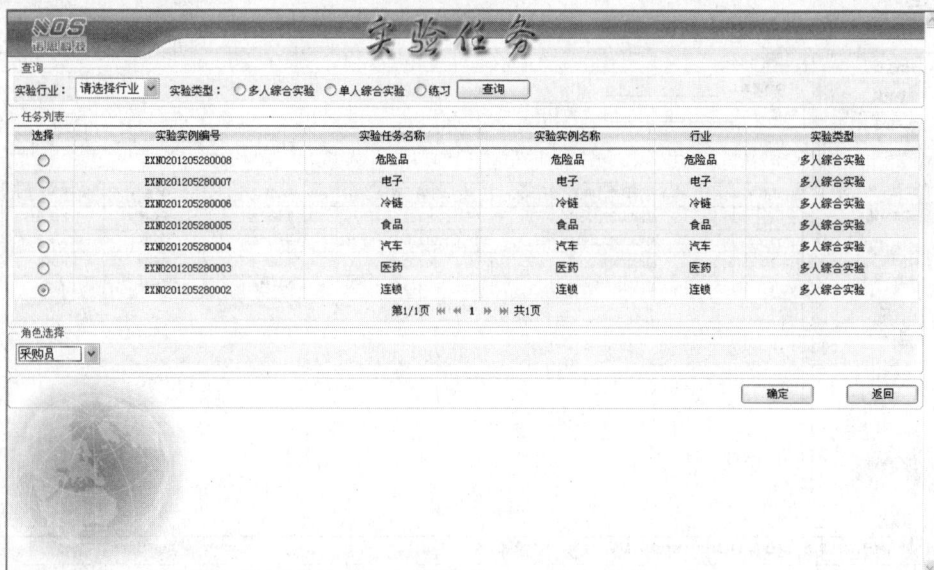

图 5.3.19

（4）点击"开始实验"按钮进入实验。

步骤 2　采购物料

（1）点击"采购管理"下的"采购申请"进入，如图 5.3.20 所示。

（2）选中采购申请单记录，点击"审核"按钮，如图 5.3.21 所示。

这里需注意的是，如果在后台中设置了物料的安全库存量，而库存中物料数量未达到安全库存量，那么系统就会自动生成一条采购申请单，而采购的数量为：订单数量＋安全

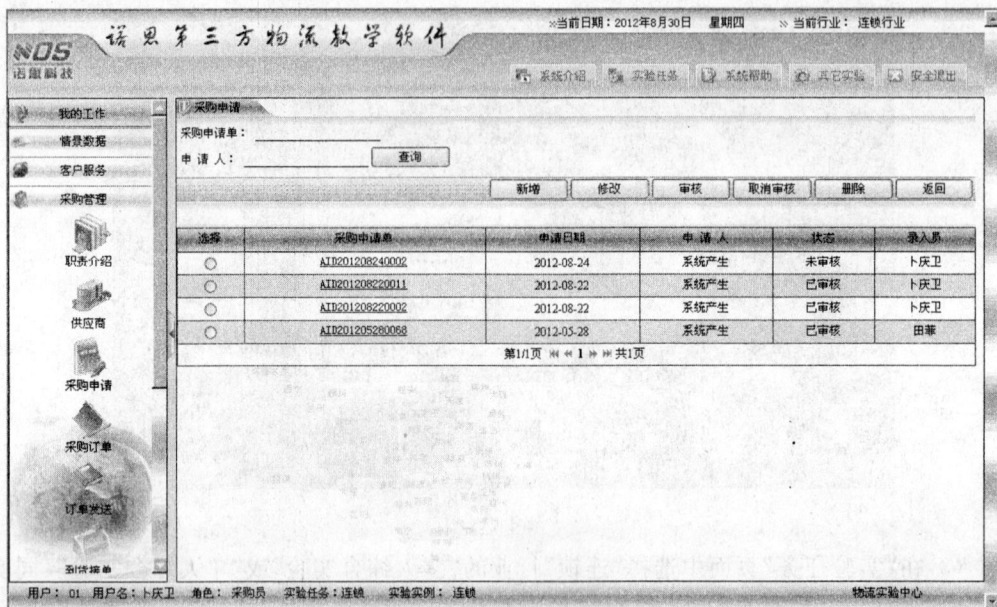

图 5.3.20

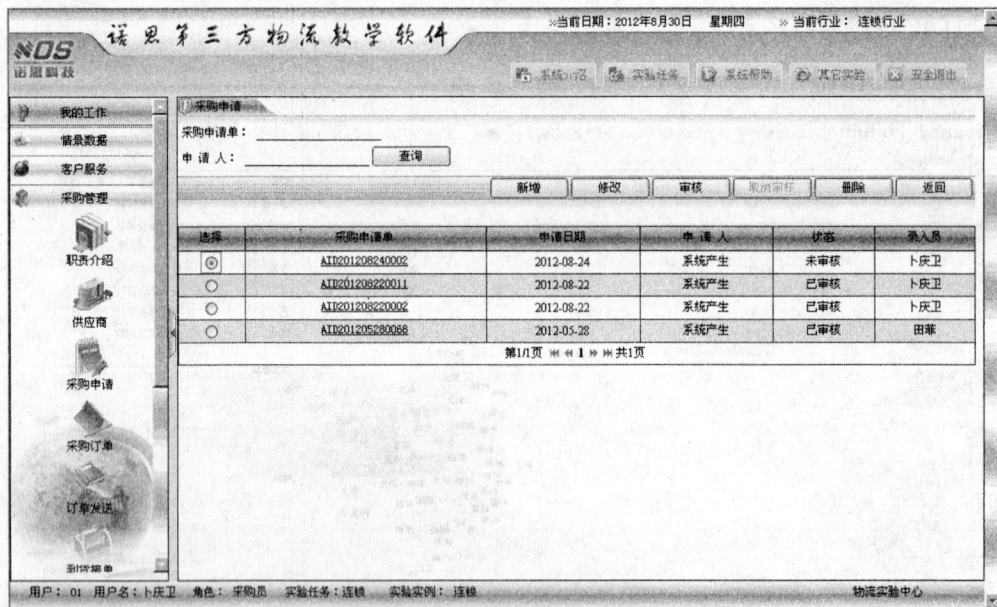

图 5.3.21

库存还差的数量。本实验中,安全库存量为 100,订单数量为 200,那么采购的数量即为 $100+200=300$。采购申请单见表 5.3.2。

表 5.3.2 采购申请表

采购申请单编号	物料编号	名称	规格	重量(kg)	单位	采购数量
XXXXX	6939824330489	电话机	HCD989P/TSDL 1C S010	1	部	300

(3)点击"采购订单"进入后,再点击"新增"按钮,如图 5.3.22 所示。

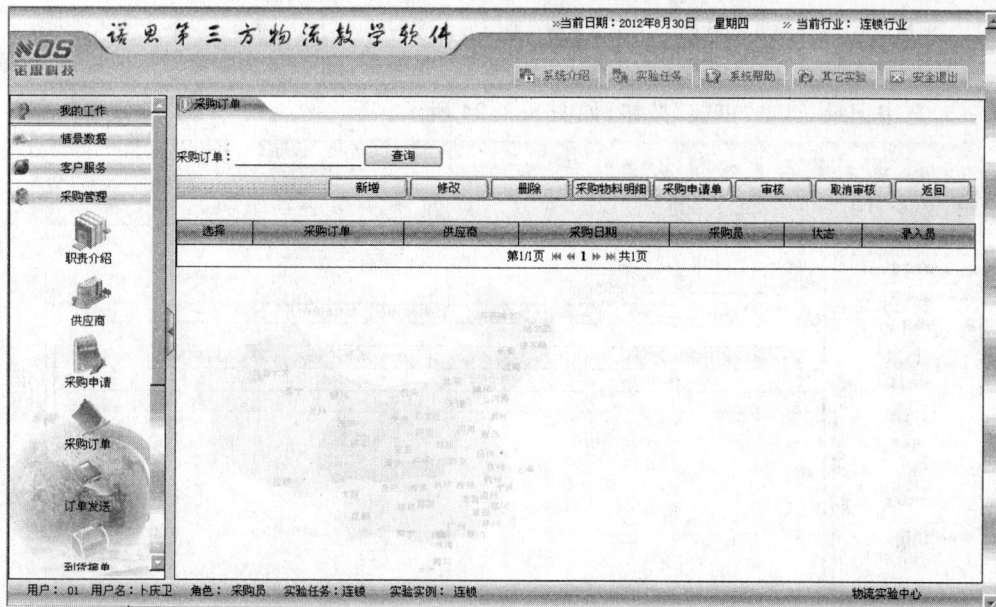

图 5.3.22

(4)进入后,选择供应商为"四川娇子电子厂"(后台设置),完善"采购日期"和"采购员",选中采购订单记录,如图 5.3.23 所示,然后点击"保存"按钮。

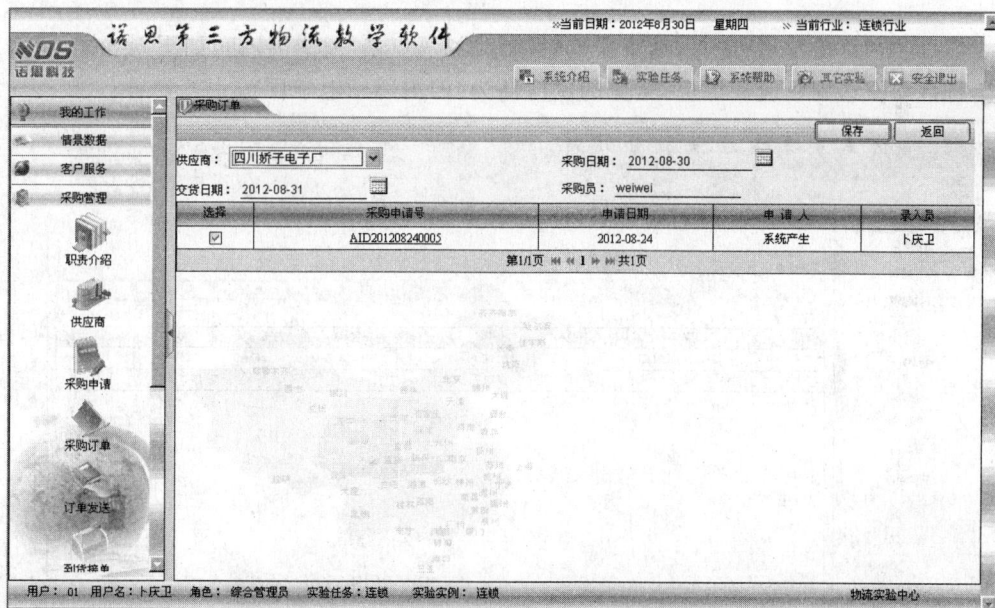

图 5.3.23

(5)"采购订单"页面生成的采购订单(未审核)见表 5.3.3。

表 5.3.3 采购订单(未审核)

采购订单	供应商	采购日期	采购员	状态	录入员
PID201208240001	四川娇子电子厂	2012－08－30	weiwei	未审核	卜庆卫

(6)选中记录,点击"审核"按钮,如图 5.3.24 所示。

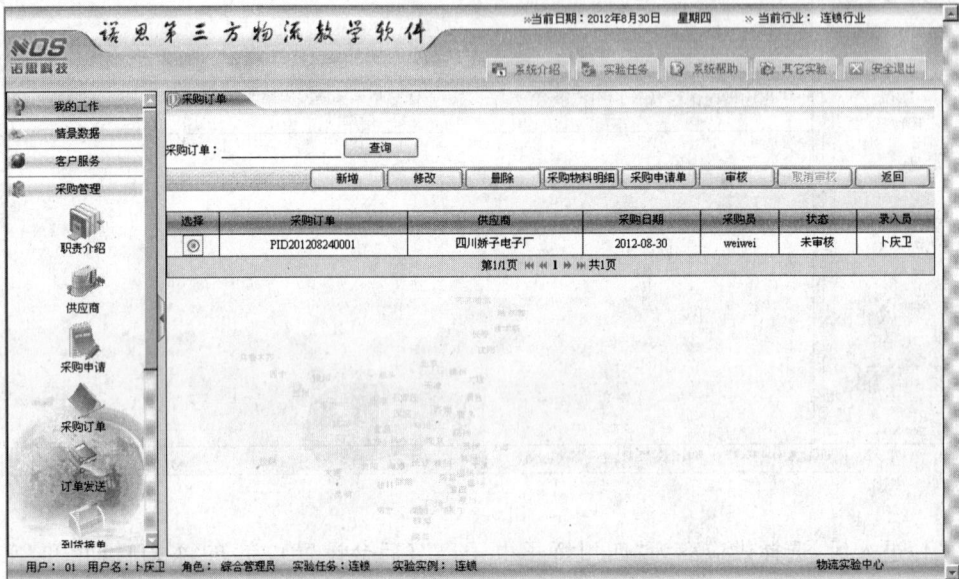

图 5.3.24

(7)点击"订单发送"进入,选中采购订单记录后,点击"发送"按钮,如图 5.3.25 所示。订单将自动发送到供应商那里,这里的供应商为"四川娇子电子厂"。

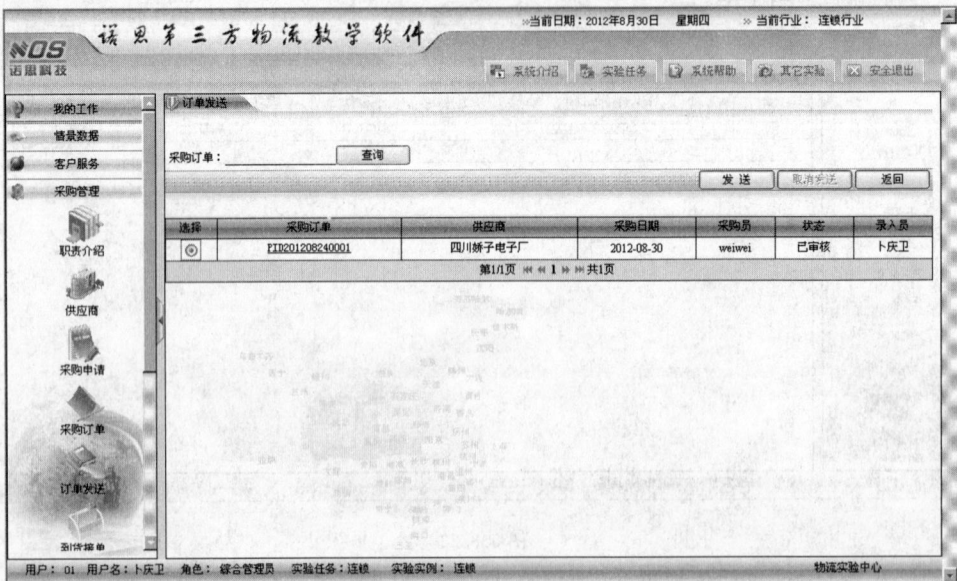

图 5.3.25

此时的采购订单(发送)见表 5.3.4。

表 5.3.4　　　　　　　　　　　　　　　采购订单(发送)

采购订单	供应商	采购日期	采购员	状态	录入员
PID201208240001	四川娇子电子厂	2012－08－30	weiwei	发送	卜庆卫

(8)发送订单完毕,等待供应商处理。

实验步骤:

实验 4　供应商发货

步骤 1　登录

(1)打开 IE 浏览器,输入 http://IP:8090/coreflow,其中的 IP 是指系统服务器地址。

(2)点击"供应商管理平台"链接,输入后台设置的供应商"用户编号"和"密码"进行登录,如图 5.3.26 所示。

图 5.3.26

(3)在"实验任务"页面中选择"连锁"行业的"多人综合实验"或"单人综合实验"(同实验 1 选择相同),如图 5.3.27 所示。

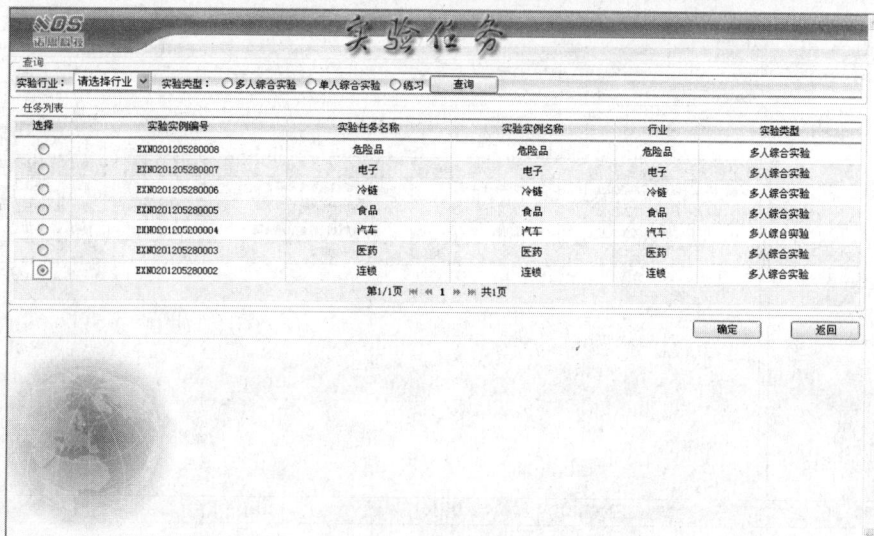

图 5.3.27

（4）点击"开始实验"按钮进入实验。

步骤 2 供应商备货发货处理

（1）点击"订单接收"，物流公司发送的订单将自动显示，如图 5.3.28 所示。

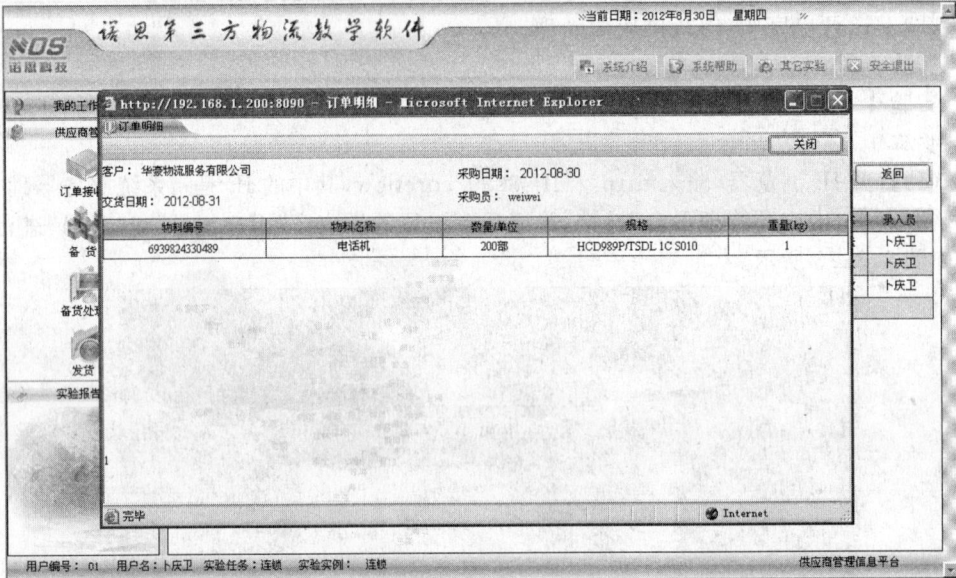

图 5.3.28

此时的采购订单见表 5.3.5。

表 5.3.5   **采购订单**

采购订单	供应商	客户	采购日期	状态	录入员
PID201208240001	四川娇子电子厂	华豪物流服务有限公司	2012－08－30	发送	卜庆卫

（2）选中记录，点击"接收"按钮，如图 5.3.29 所示。

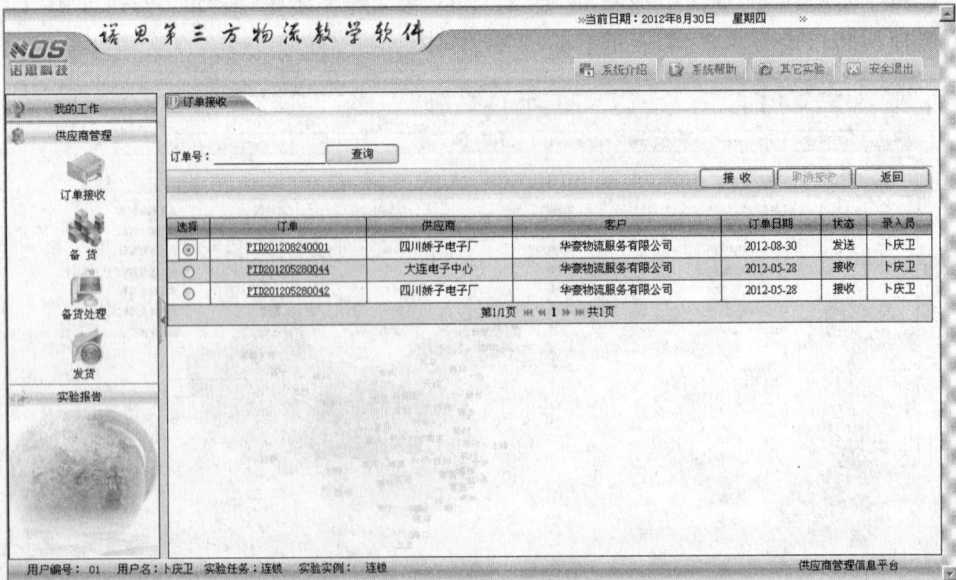

图 5.3.29

(3)点击供应商管理下的"备货",选中记录,点击"备货"按钮,如图5.3.30所示,将生成"订单备货"页面,自动生成备货编号,完善资料后,点击"保存"按钮,如图5.3.31所示。

图5.3.30

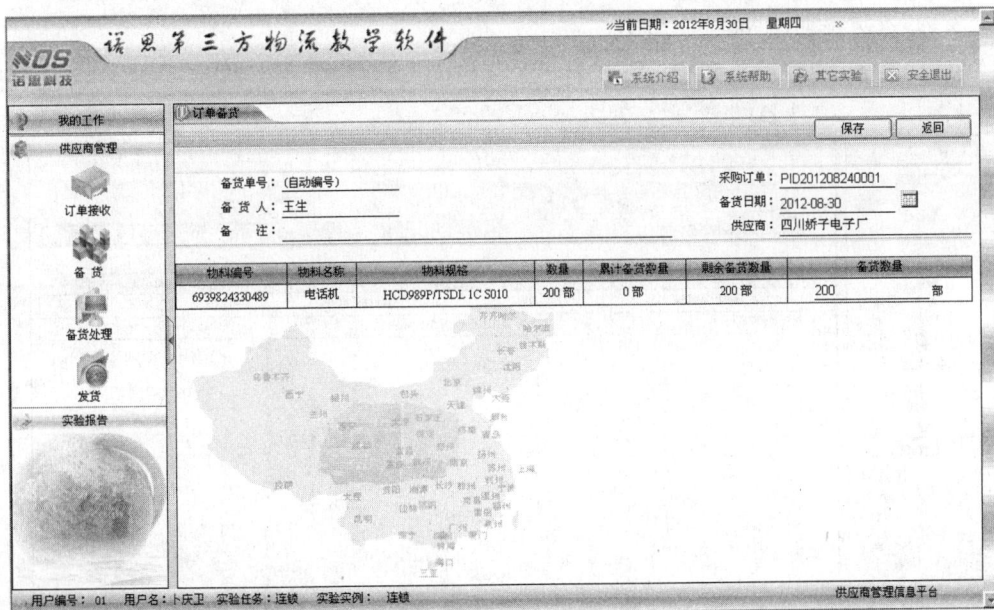

图5.3.31

此时的采购订单(备货)见表5.3.6。

表5.3.6   采购订单(备货)

物料编号	名称	规格	采购订单	采购数量	备货数量
6939824330489	电话机	HCD989P/TSDL 1C S010	PID20120824001	200部	200部

(4)点击供应商管理下的"备货处理",选中记录,点击"审核"按钮,如图 5.3.32 所示。

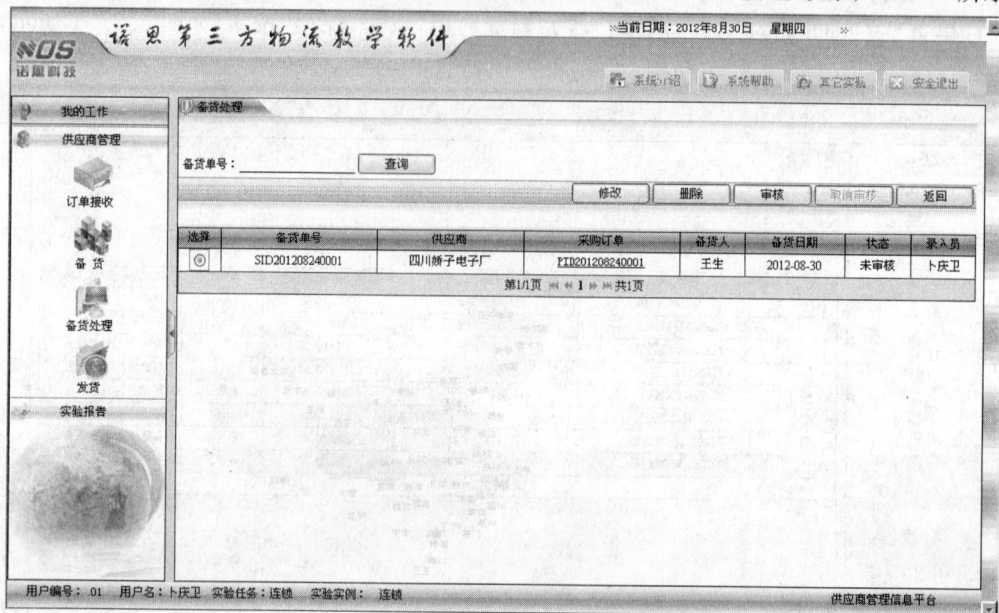

图 5.3.32

(5)点击供应商管理下的"发货",选中记录,如图 5.3.33 所示,点击"发货"按钮,此时状态变为"发货",如图 5.3.34 所示。

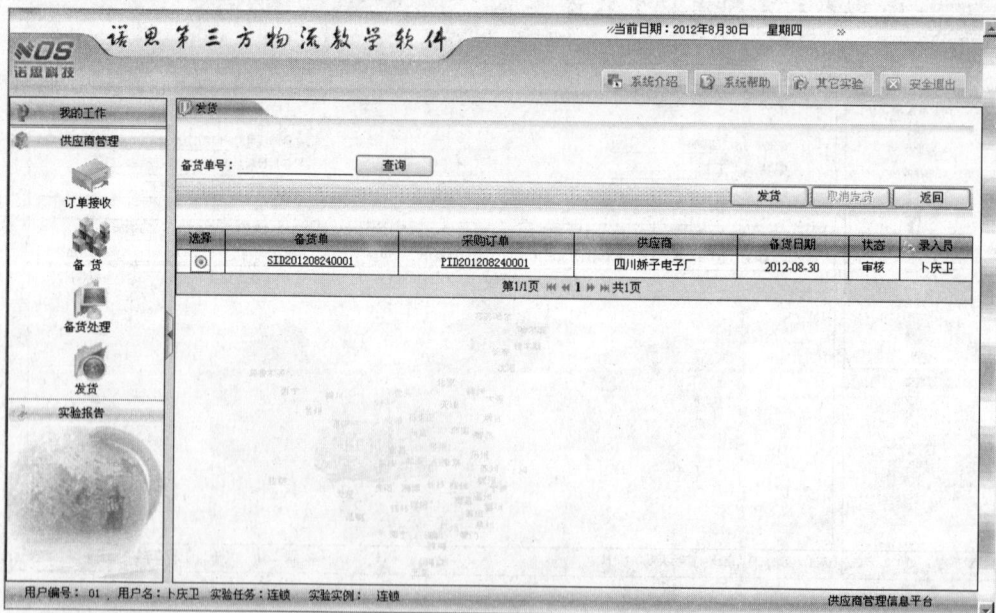

图 5.3.33

备货单见表 5.3.7。

表 5.3.7   备货单

备货单	采购订单	供应商	采购日期	状态	录入员
SID201208240001	PID201208240001	四川娇子电子厂	2012－08－30	发货	卜庆卫

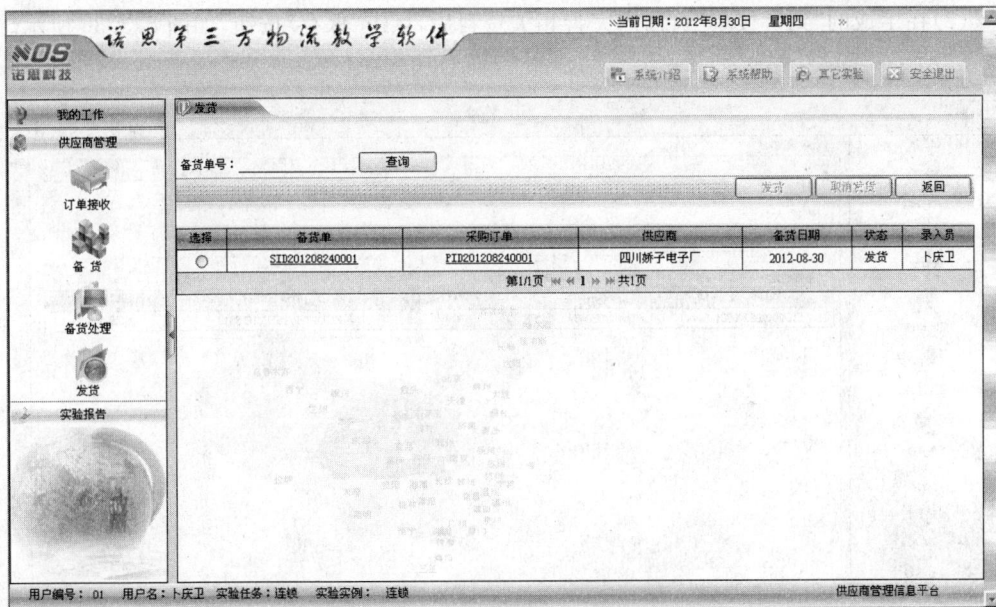

图 5.3.34

实验 5 物流公司物料采购到货

实验步骤：

步骤 1 登录

同实验 3 的步骤 1。

步骤 2 采购到货

(1)点击"采购管理"下的"到货接单"进入，选中记录，点击"到货接单"按钮，如图 5.3.35 所示。

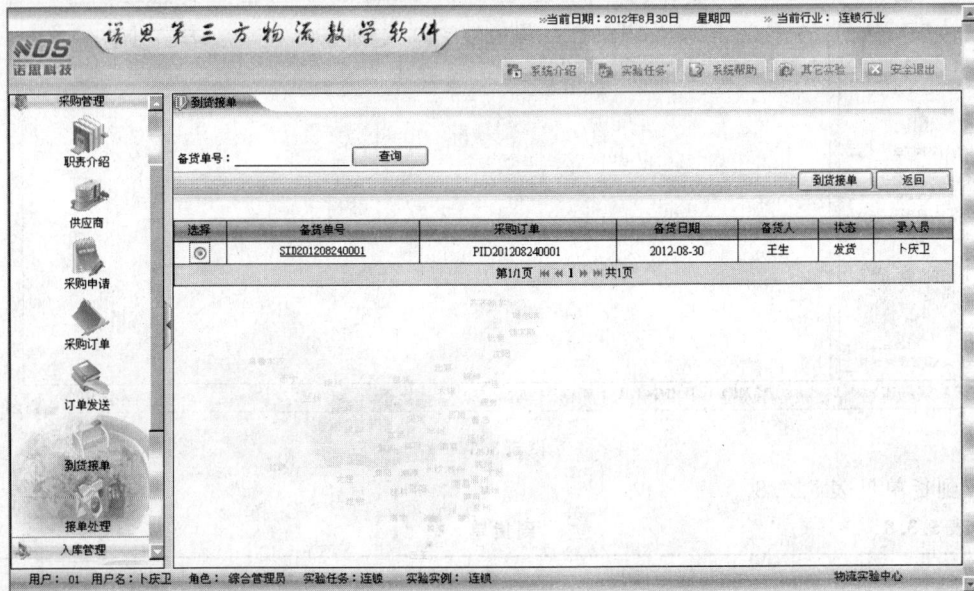

图 5.3.35

（2）在生成的"到货接单"页面内完善相关资料后，点击"保存"按钮，如图 5.3.36 所示。

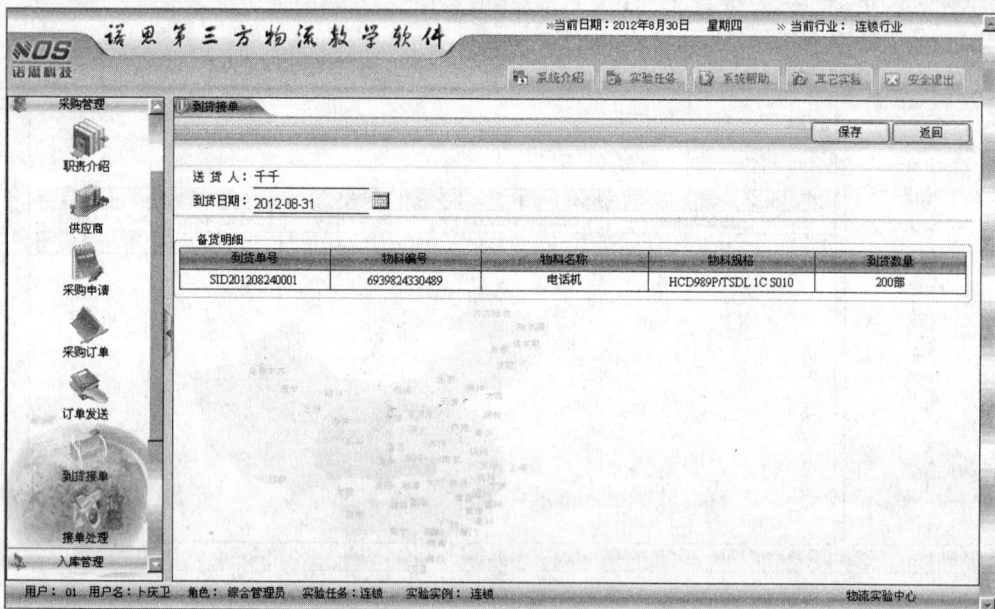

图 5.3.36

（3）点击"采购管理"下的"接单处理"进入，选中记录，点击"审核"按钮，如图 5.3.37 所示。

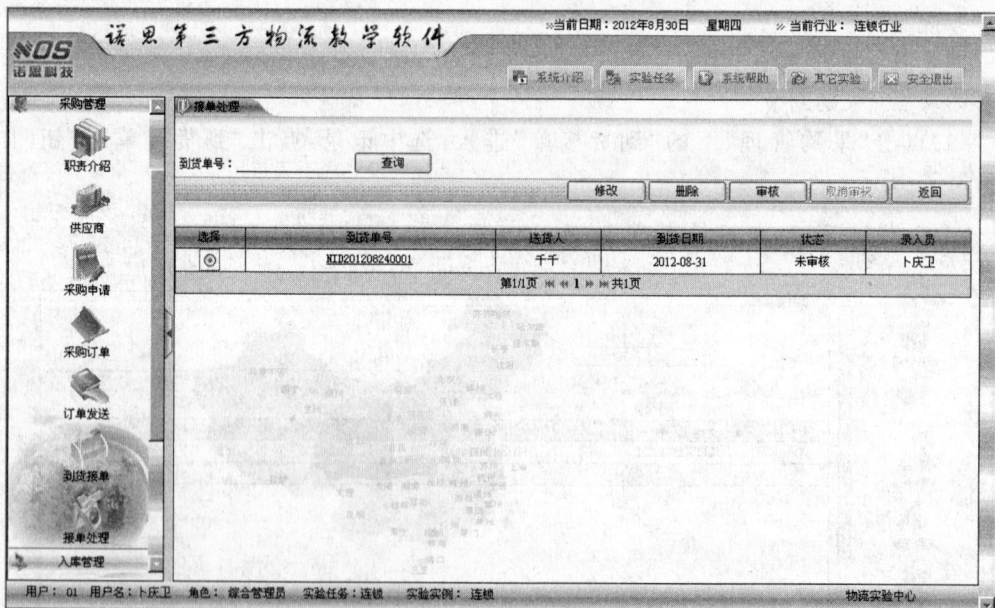

图 5.3.37

到货单见表 5.3.8。

表 5.3.8   到货单

到货单号	送货人	到货日期	状态	录入员
NID201208240001	千千	2012－08－31	审核	卜庆卫

实验6 物流公司物料入库出库管理

实验步骤：

步骤1 登录

(1)打开IE浏览器，输入 http://IP:8090/coreflow，其中的IP是指系统服务器地址。

(2)点击"模拟实验平台"链接，输入已注册学生的"用户编号"和"密码"进行登录，如图5.3.38所示。

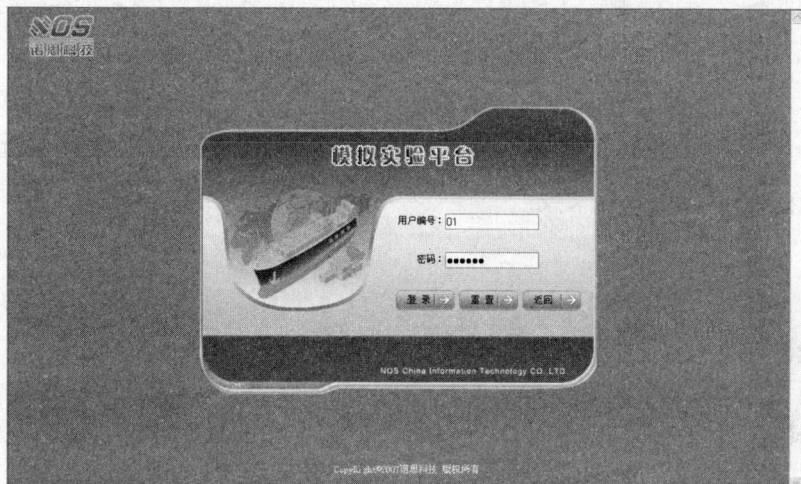

图 5.3.38

(3)在"实验任务"页面中选择"连锁"行业的"多人综合实验"或"单人综合实验"（同实验1选择相同）。如果是"多人综合实验"，角色选择为"仓库管理员"或"综合管理员"，然后点击"确定"按钮进入，如图5.3.39所示；如果是"单人综合实验"，完成"实验5 物流公司物料采购到货"内容后直接进行入库方面的操作。

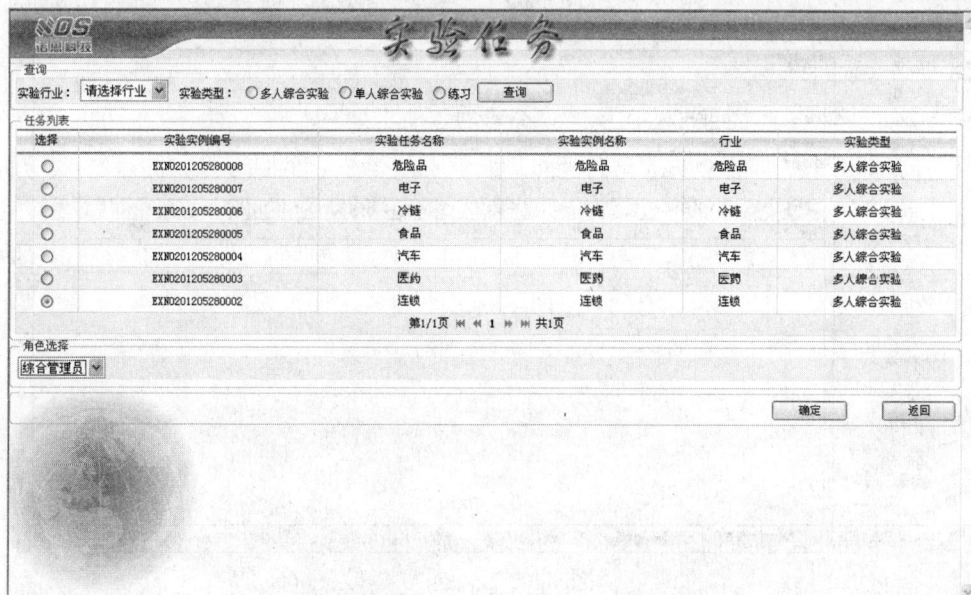

图 5.3.39

（4）点击"开始实验"按钮进入实验。

步骤2　入库管理

（1）点击"入库管理"下的"入库接单"，进入"入库接单"页面，选中记录，点击"入库接单"按钮，如图 5.3.40 所示。

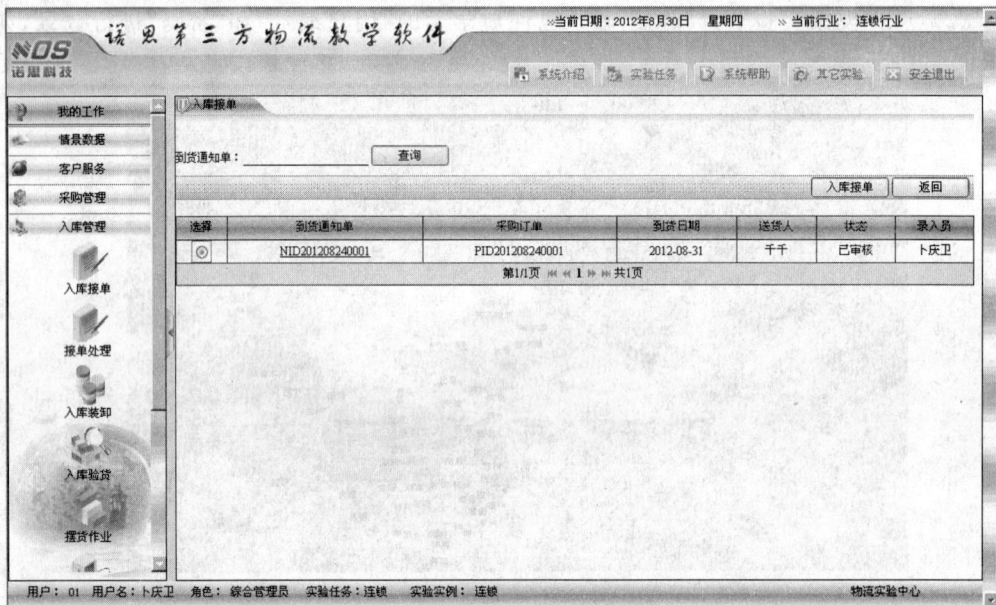

图 5.3.40

（2）完善相关信息，如"仓管员"、"入库时间"、"装卸要求"等，如图 5.3.41 所示，然后点击"保存"按钮。

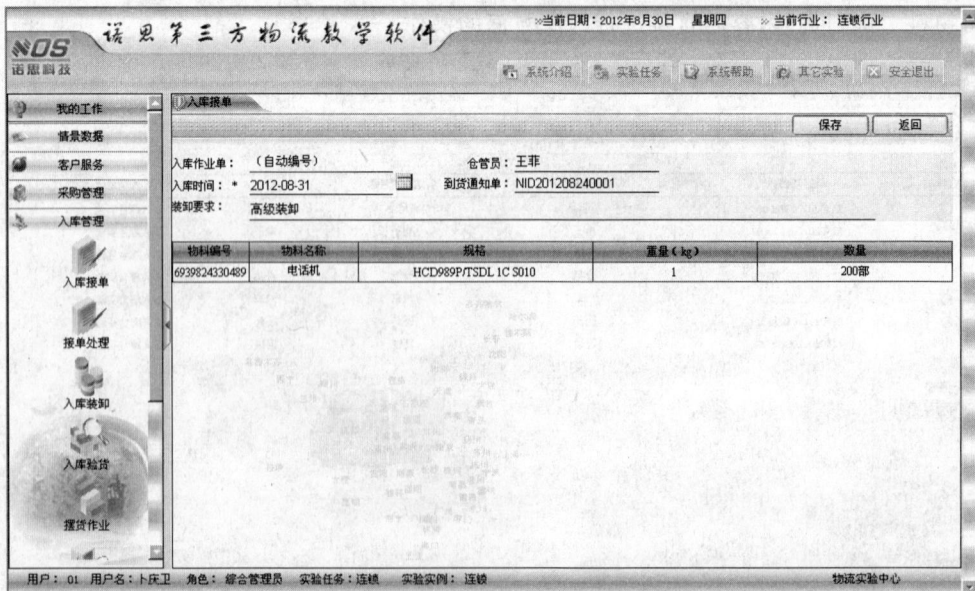

图 5.3.41

（3）点击"入库管理"下的"接单处理"进入，选中记录，点击"审核"按钮，如图 5.3.42
所示。

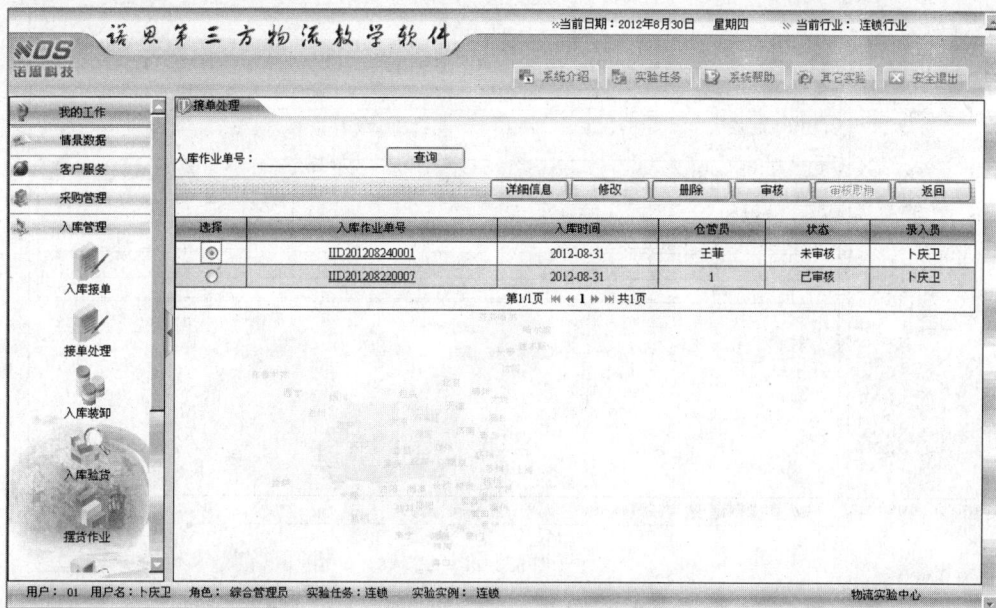

图 5.3.42

（4）点击"入库管理"下的"入库装卸"进入，选中记录，点击"装卸"按钮，如图 5.3.43
所示，进入"装卸作业"页面。

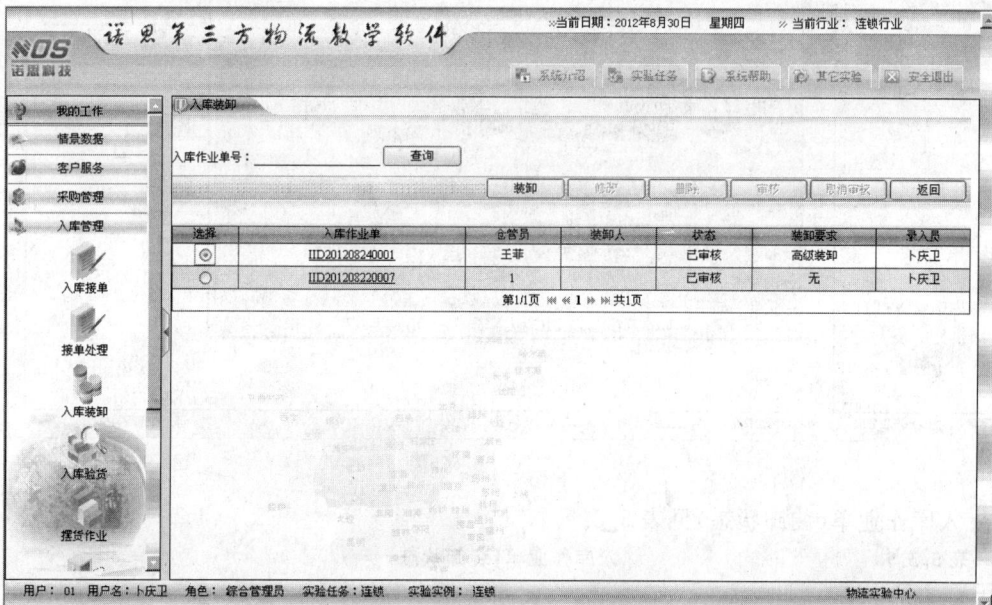

图 5.3.43

（5）选择"装卸方式"以及与货物相关的"装卸体积"、"装卸重量"等信息，如图 5.3.44
所示，点击"保存"按钮，弹出"装卸"的网页对话框，如图 5.3.45 所示。

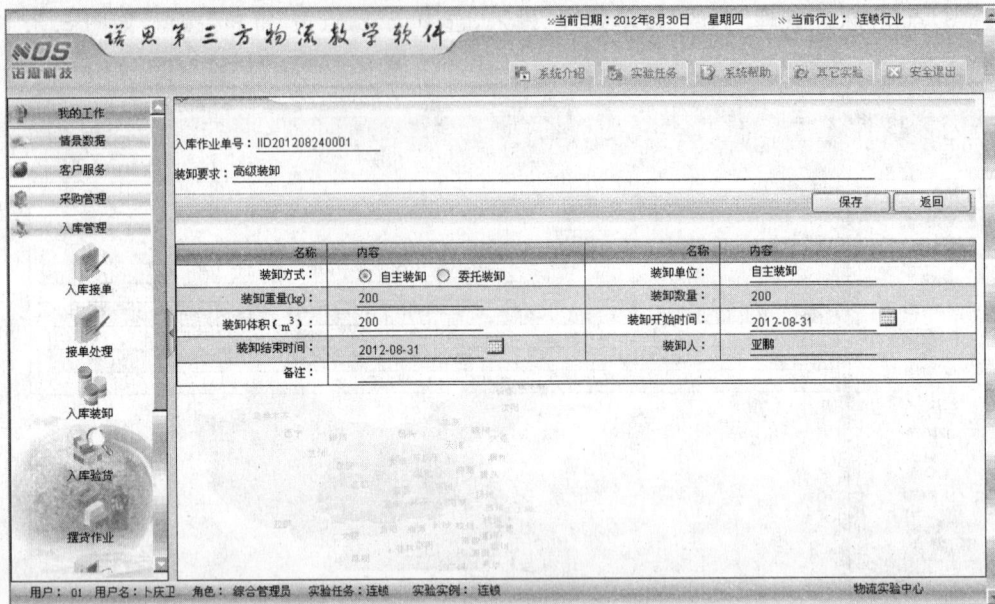

图 5.3.44

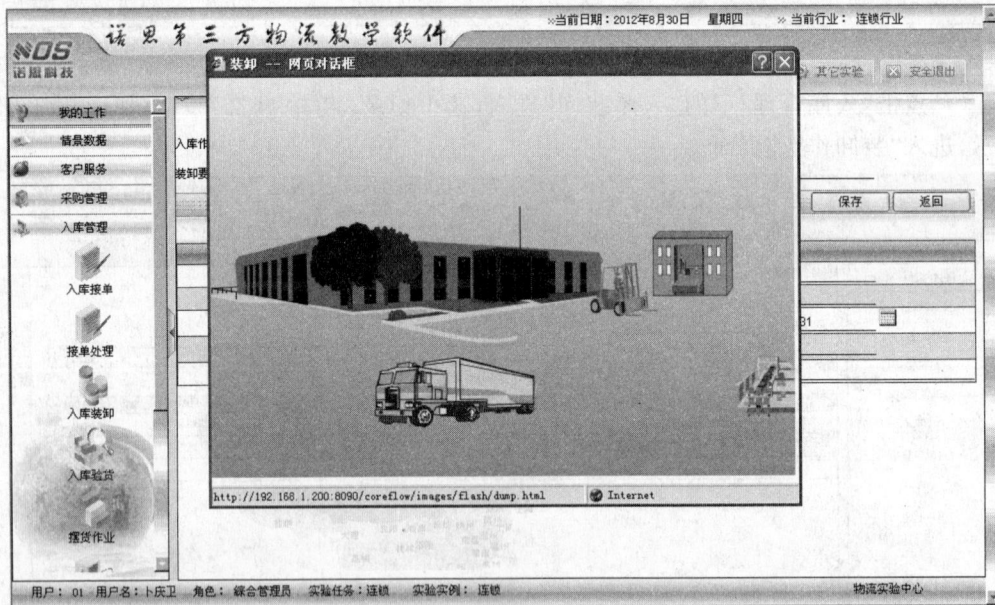

图 5.3.45

入库作业单(装卸状态)见表 5.3.9。

表 5.3.9 入库作业单(装卸状态)

入库作业单	仓管员	装卸人	状态	装卸要求	录入员
IID201208240001	王菲	亚鹏	装卸	高级装卸	卜庆卫

(6)选中记录,点击"审核"按钮,如图 5.3.46 所示。

此时的入库作业单(装卸确认状态)见表 5.3.10。

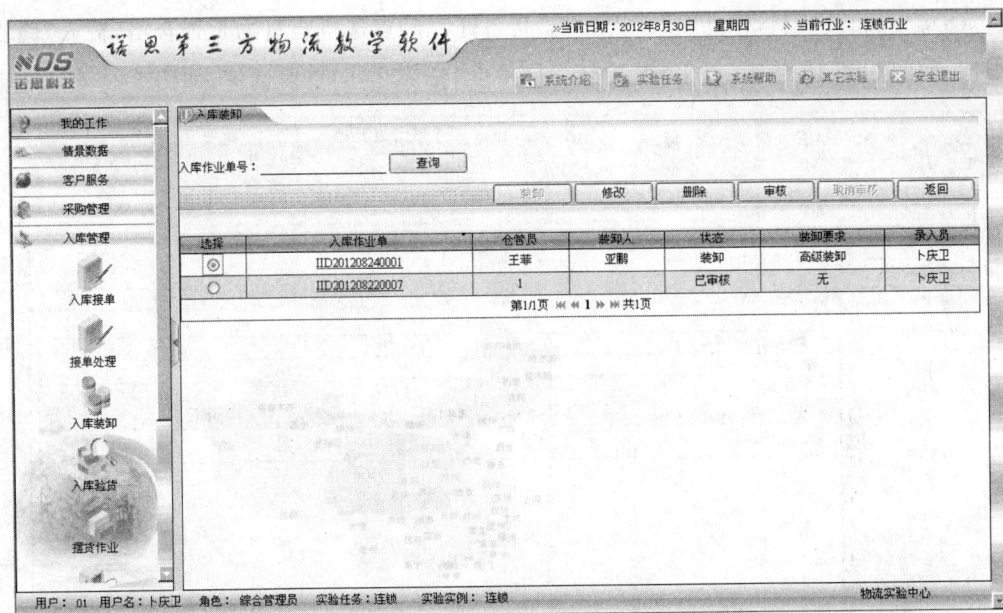

图 5.3.46

表 5.3.10   入库作业单（装卸确认状态）

入库作业单	仓管员	装卸人	状态	装卸要求	录入员
IID201208240001	王菲	亚鹏	装卸确认	高级装卸	卜庆卫

（7）点击"采购管理"下的"入库验货"进入，选中记录后，点击"验货"按钮，如图 5.3.47 所示。

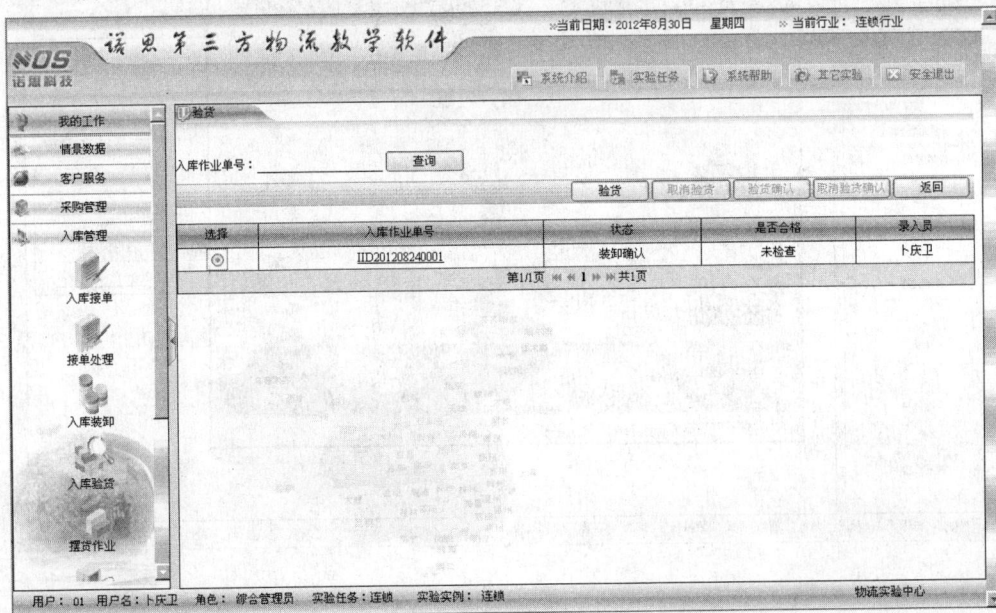

图 5.3.47

(8)输入相关资料,包括"验货人"、"验货备注"等,点选所验货物是否合格,输入"验货数量",如图 5.3.48 所示,点击"保存"按钮,弹出"验货"的网页对话框,如图 5.3.49 所示。

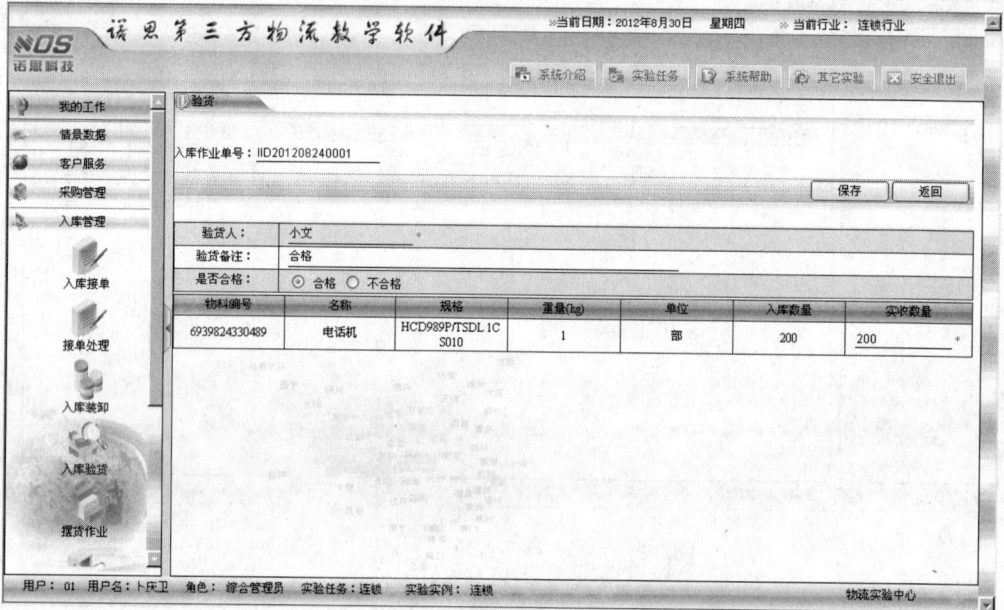

图 5.3.48

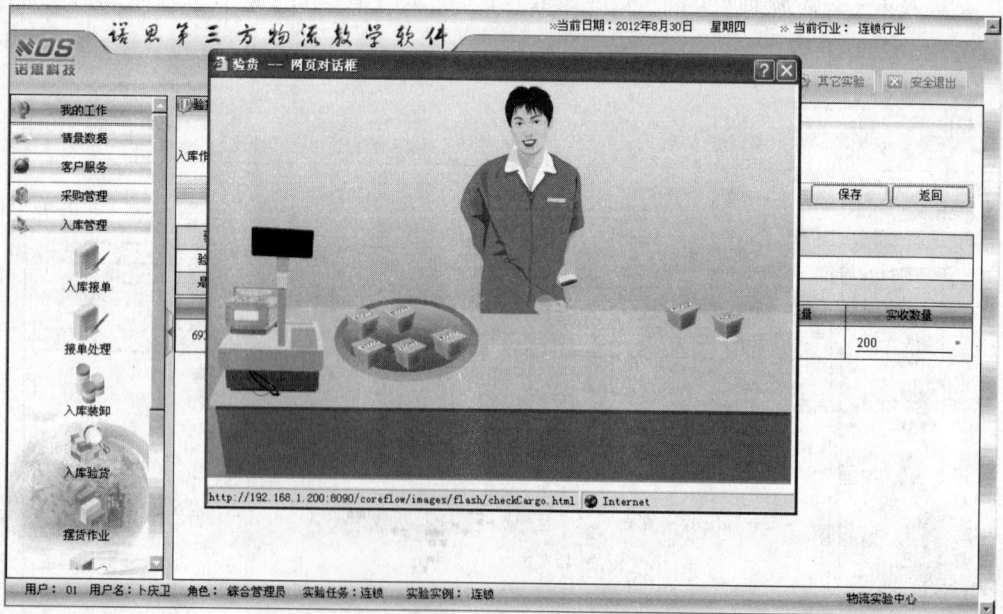

图 5.3.49

(9)返回,选中记录,点击"验货确认"按钮,如图5.3.50所示。

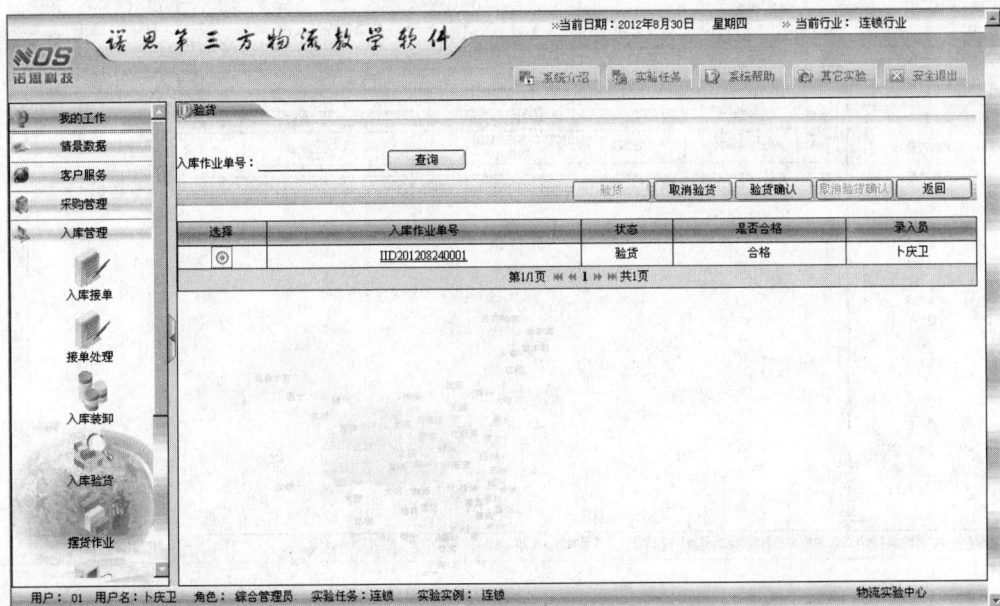

图 5.3.50

(10)点击"入库管理"下的"摆货作业"进入,选中记录后,点击"摆货"按钮,如图 5.3.51 所示。

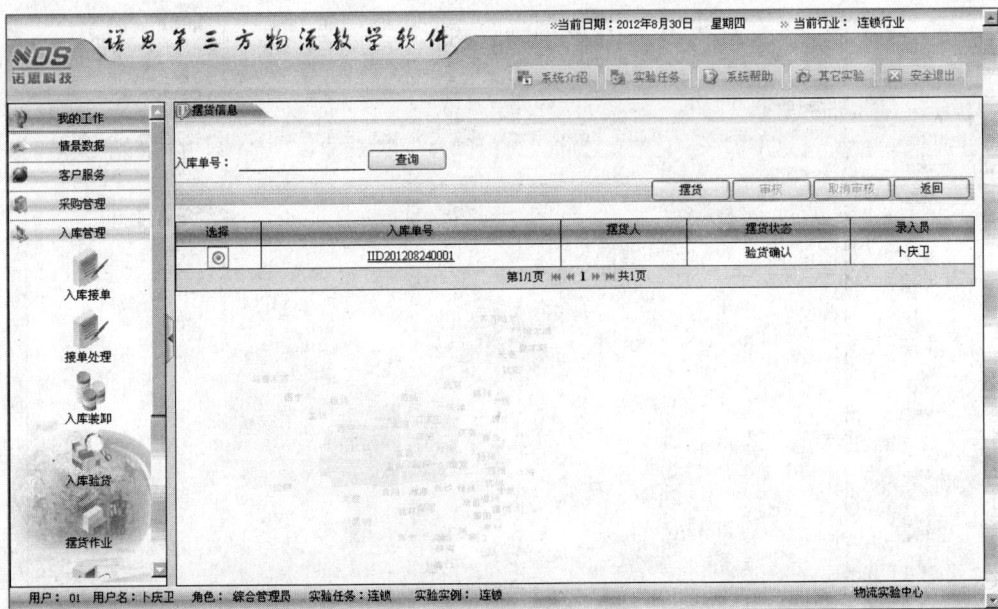

图 5.3.51

(11)在生成的"摆货信息"页面里,选中物料记录,点击"仓位分配"按钮,如图 5.3.52 所示。

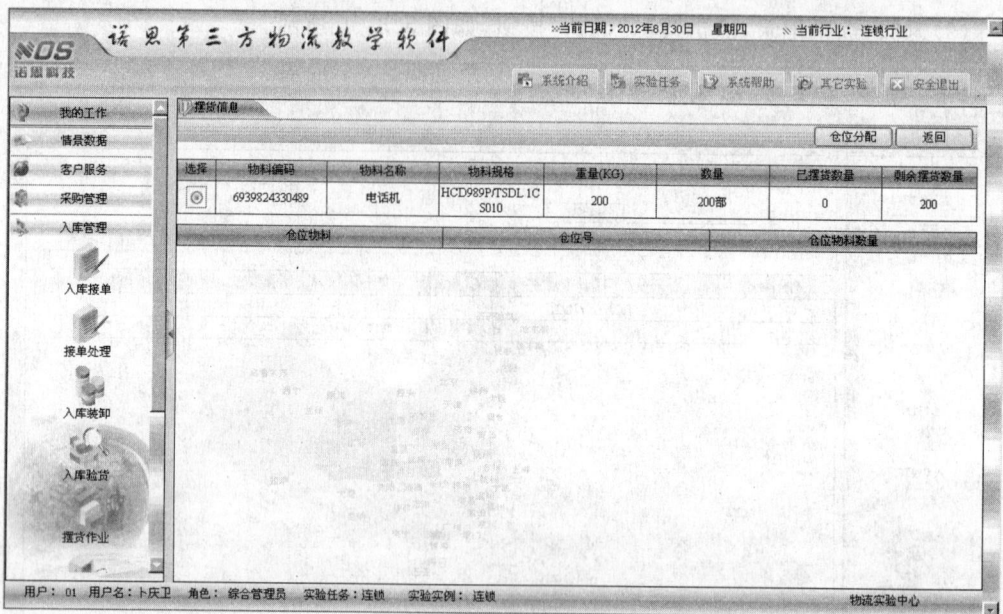

图 5.3.52

(12)选择要存放货物的"仓库"(如图 5.3.53 所示)、"仓库区域"(如图 5.3.54 所示)、"仓位",在仓位中输入"摆货数量"(如图 5.3.55 所示),然后点击"保存"按钮,将弹出"摆货"的网页对话框,如图 5.3.56 所示。

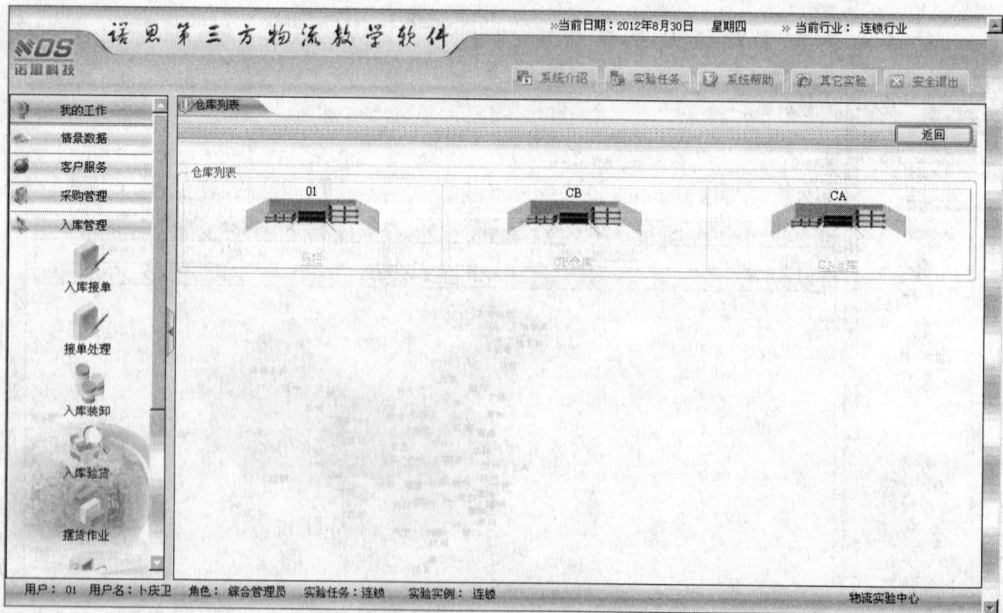

图 5.3.53

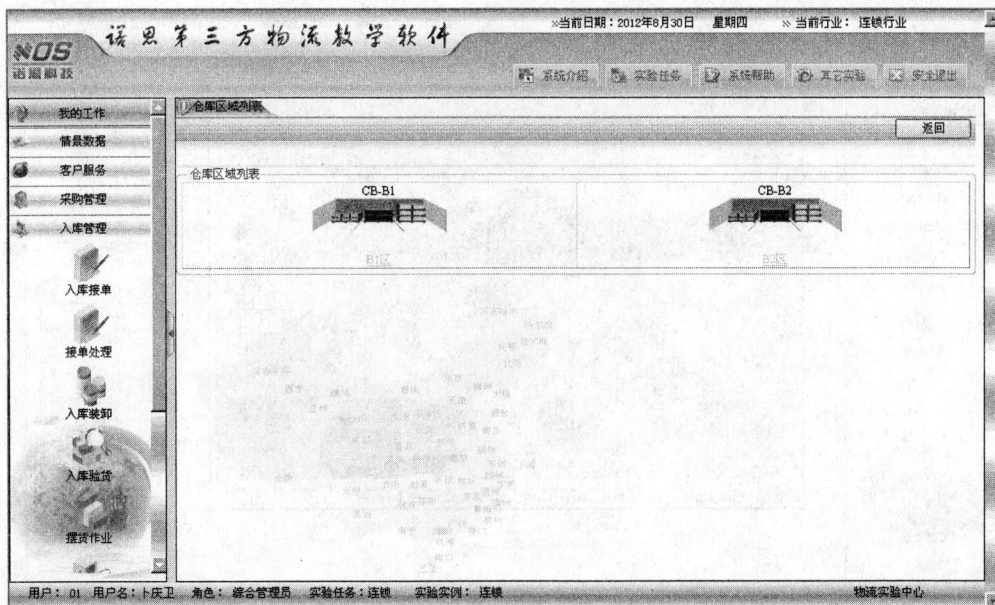

图 5.3.54

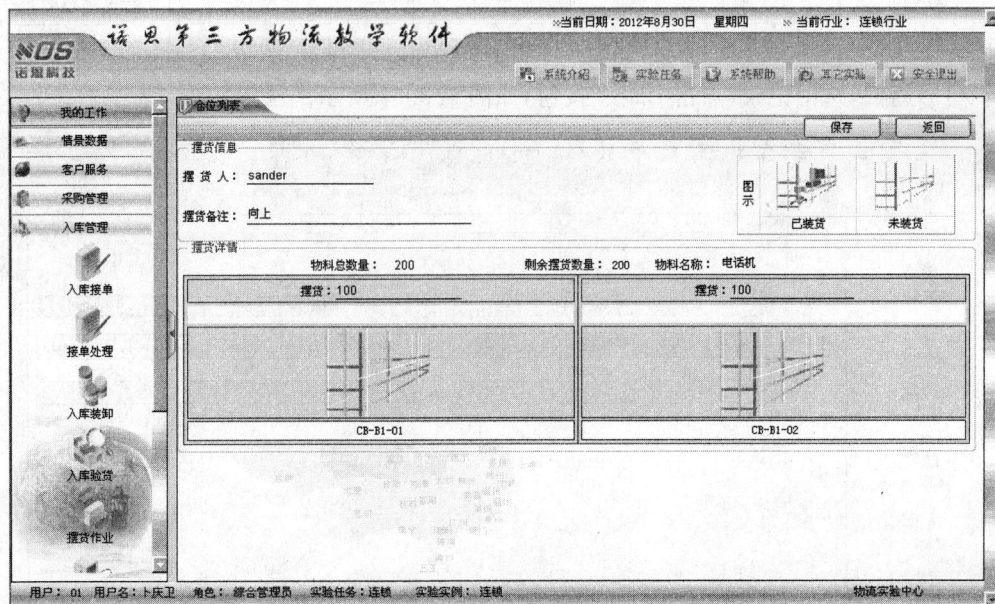

图 5.3.55

图 5.3.56

物料单见表 5.3.11。

表 5.3.11   物料单

物料编码	仓位物料	物料规格	仓位号	仓位物料数量
6939824330489	电话机	HCD989P/TSDL 1C S010	CB-B1-01/CB-B1-02	200 部

（13）返回，选中记录，点击"审核"按钮，如图 5.3.57 所示。

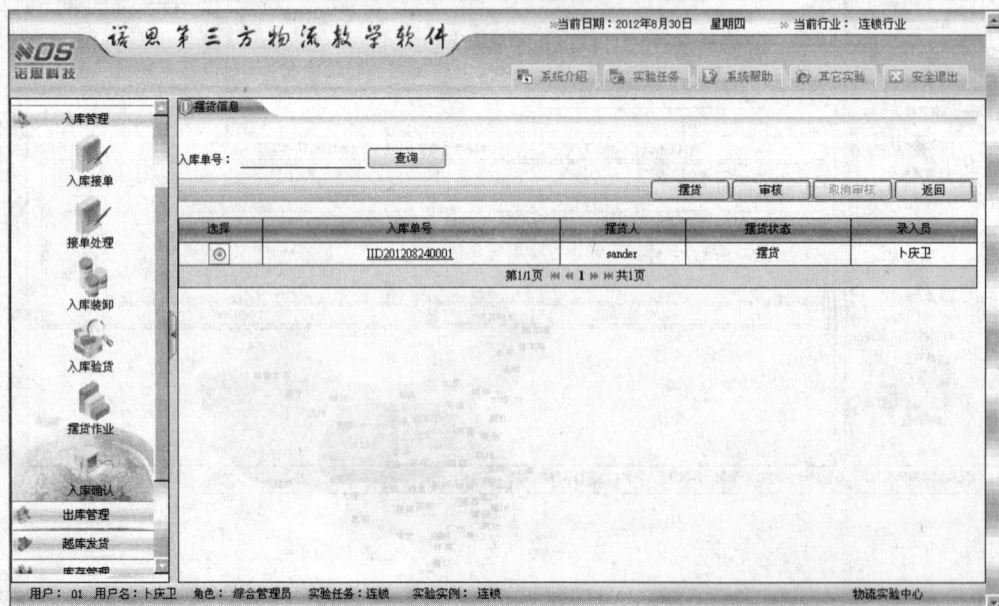

图 5.3.57

(14)点击"入库管理"下的"入库确认"进入,选中记录,点击"入库确认"按钮进行确认,入库便完成,如图 5.3.58 所示。

图 5.3.58

步骤 3　出库管理

(1)点击"出库管理"下的"出库接单",进入"出库接单"页面,如图 5.3.59 所示,点击"新增"按钮,客户订单将自动显示出来。

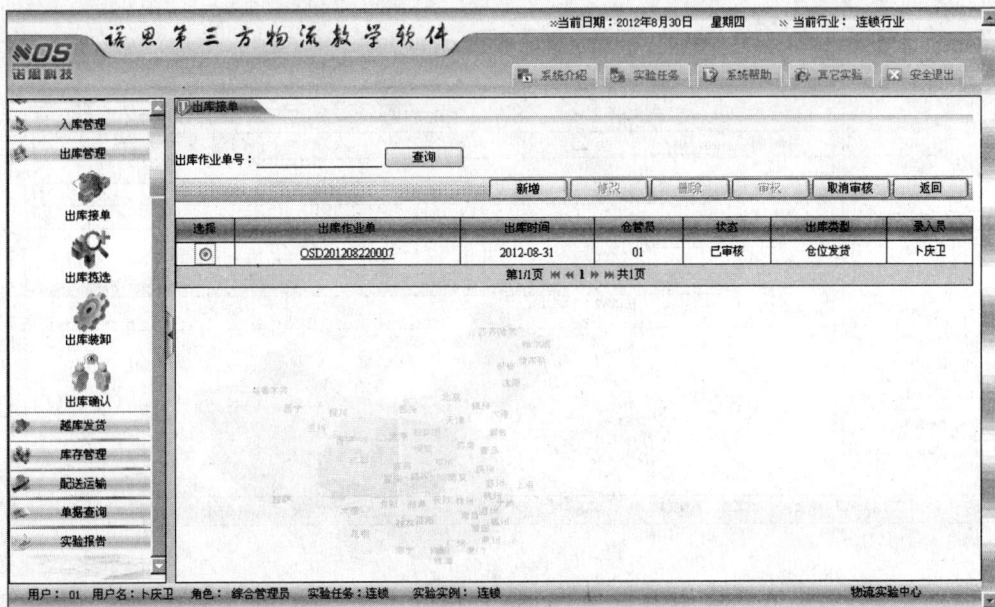

图 5.3.59

(2)选中订单记录,点击"出库"按钮,如图5.3.60所示。

图 5.3.60

(3)完善相关资料,输入"出库时间"、"仓管员"、"装卸要求",选择"出库类型",并在物料明细中输入"出库数量",然后点击"保存"按钮,如图5.3.61所示。

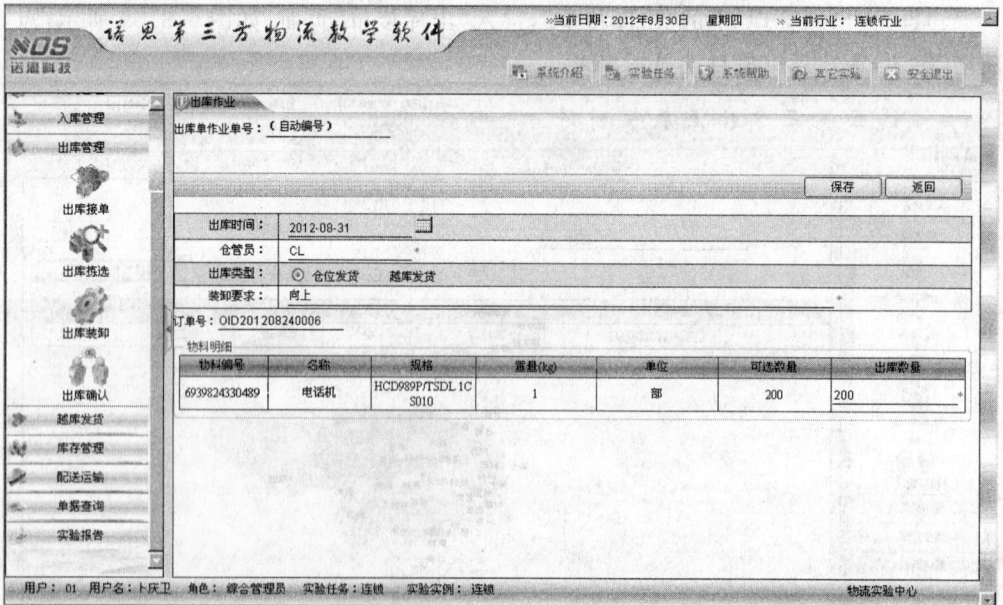

图 5.3.61

(4)系统将自动返回到"出库接单"页面,如图5.3.62所示,然后选中记录,单击"审核"按钮。

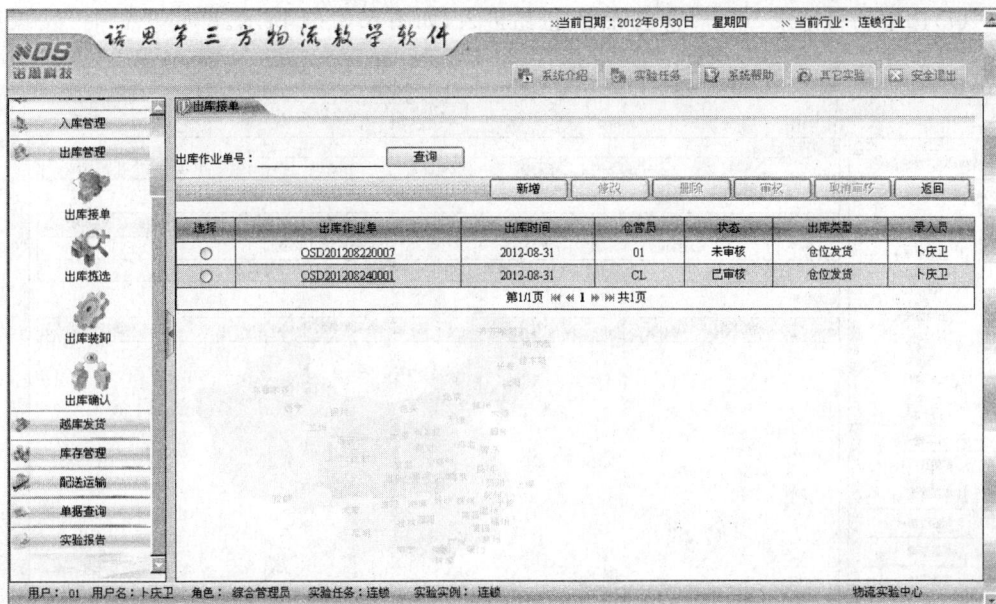

图 5.3.62

出库作业单见表 5.3.12。

表 5.3.12　　　　　　　　　　出库作业单

出库作业单	出库时间	仓管员	状态	出库类型	录入员
OSD201208240001	2012－08－31	CL	已审核	仓位发货	卜庆卫

（5）点击"出库管理"下的"出库拣选"，进入"拣货作业"页面。

（6）选中出库记录，点击"拣货"按钮，如图 5.3.63 所示。

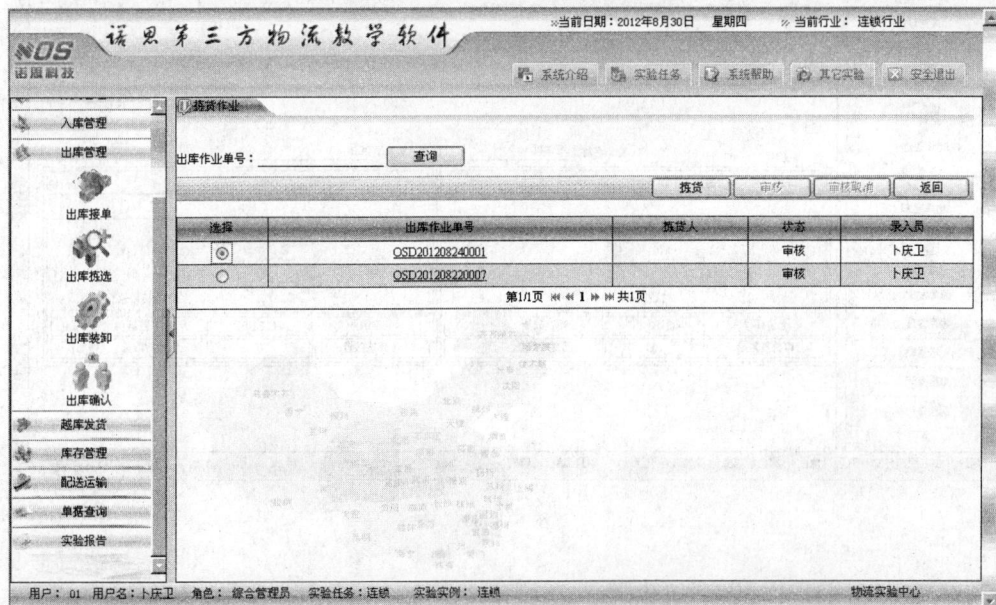

图 5.3.63

(7)选中物料记录,点击"仓位拣货"按钮进入,如图5.3.64所示。

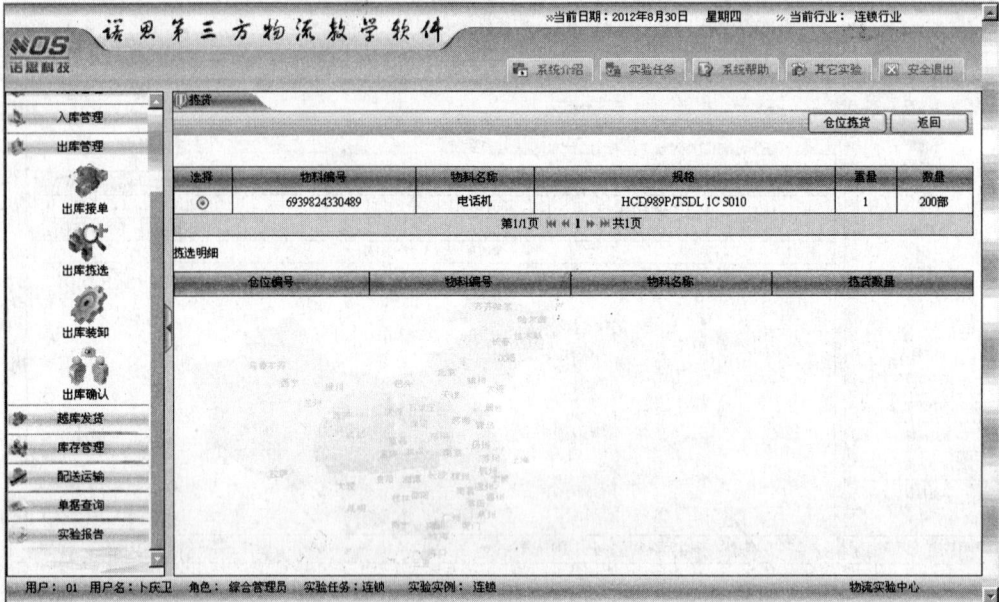

图 5.3.64

(8)输入"拣货人"、"拣货数量"等信息(如图5.3.65所示),然后单击"确认"按钮,弹出"拣货"的网页对话框,如图5.3.66所示。

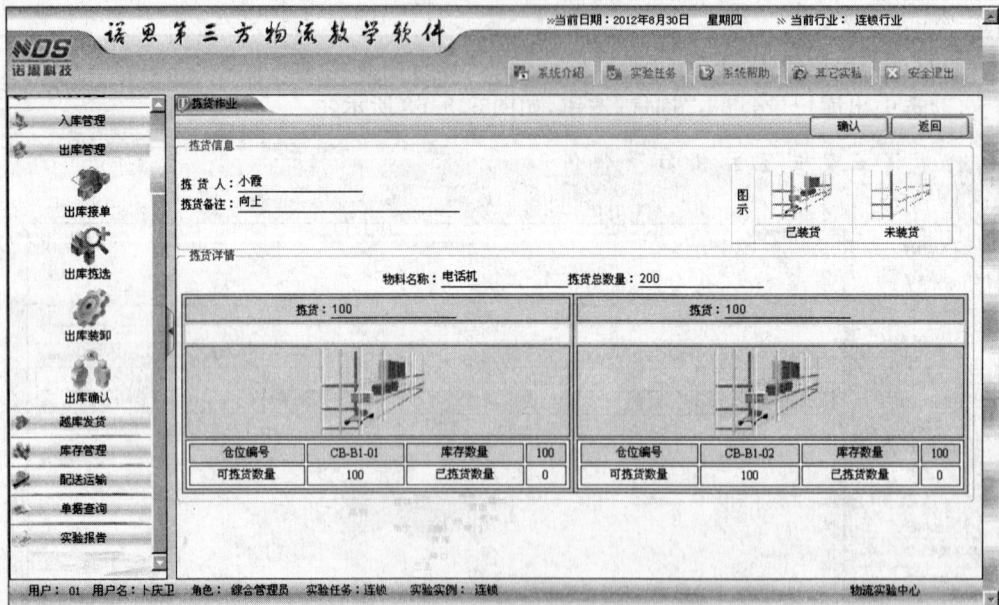

图 5.3.65

图 5.3.66

拣货单见表 5.3.13。

表 5.3.13　　　　　　　　　　　　　　　　拣货单

仓位编号	物料编号	物料名称	拣货数量
CB-B1-01/CB-B1-02	6939824330489	电话机	200

（9）返回到"拣货作业"页面，选中记录，点击"审核"按钮，如图 5.3.67 所示。

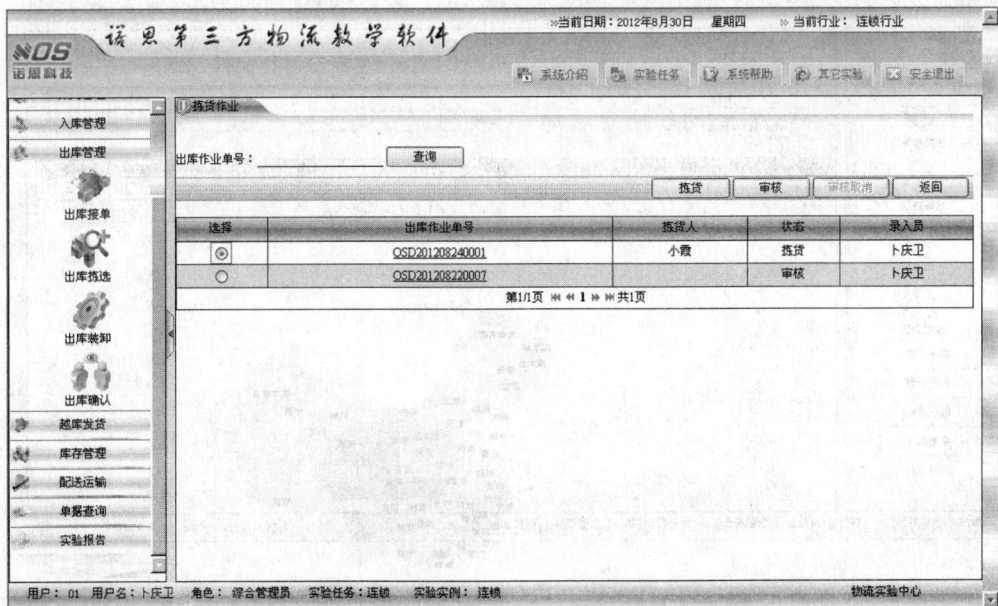

图 5.3.67

(10)点击"出库管理"下的"出库装卸",进入"出库装卸"页面,如图 5.3.68 所示。

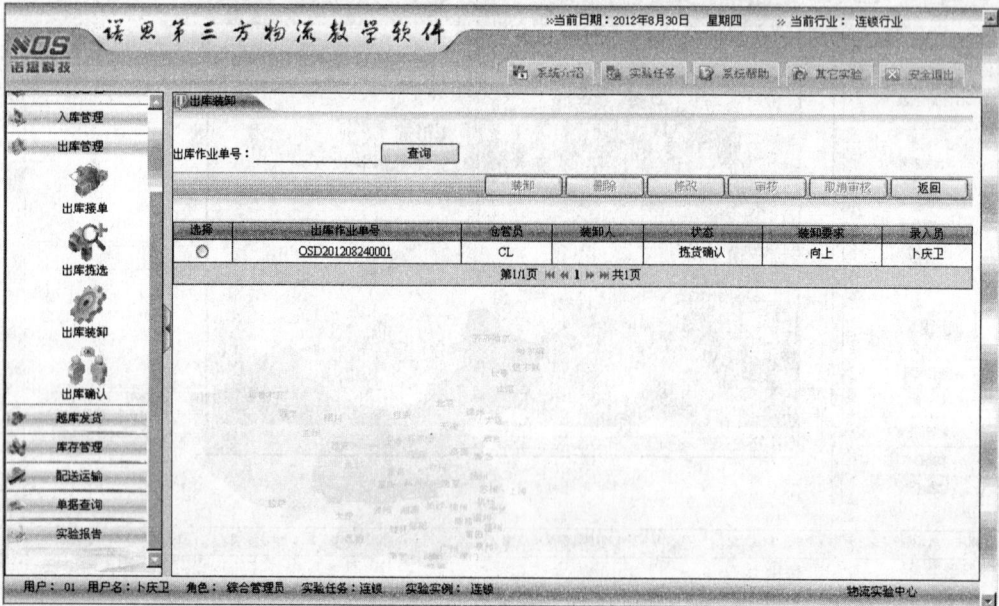

图 5.3.68

(11)选中记录,点击"装卸"按钮(如图 5.3.69 所示),进入"装卸作业"页面,完善相关资料,如"装卸方式"、"装卸人"等,然后点击"保存"按钮(如图 5.3.70 所示)。

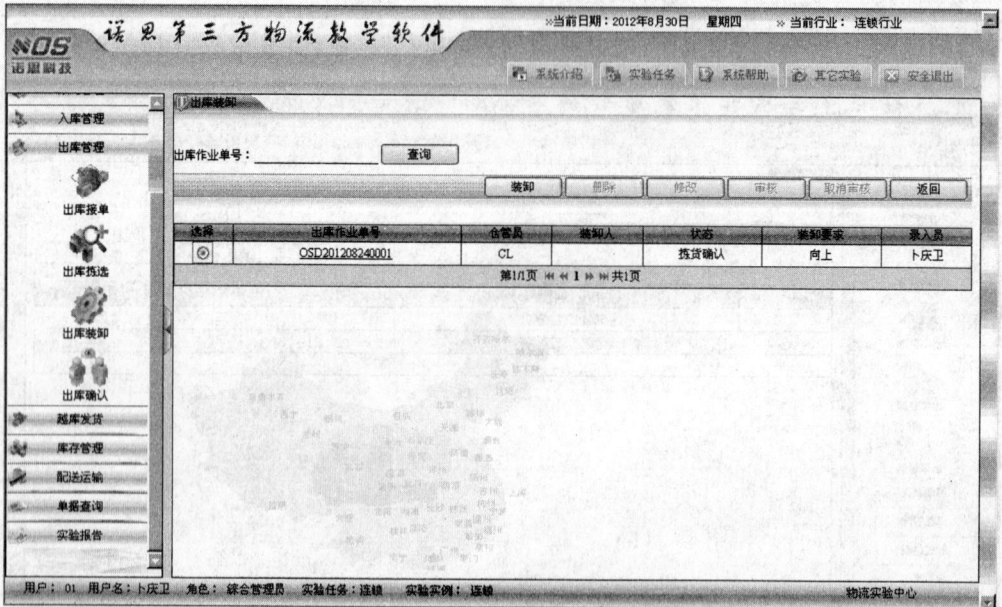

图 5.3.69

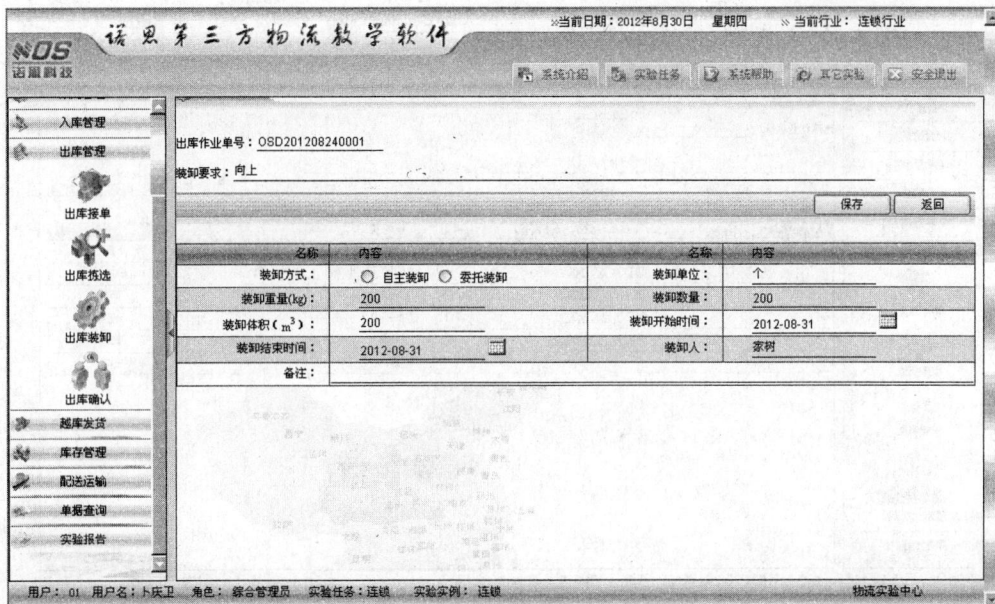

图 5.3.70

（12）返回到"出库装卸"页面，选中记录，点击"审核"按钮，如图 5.3.71 所示。

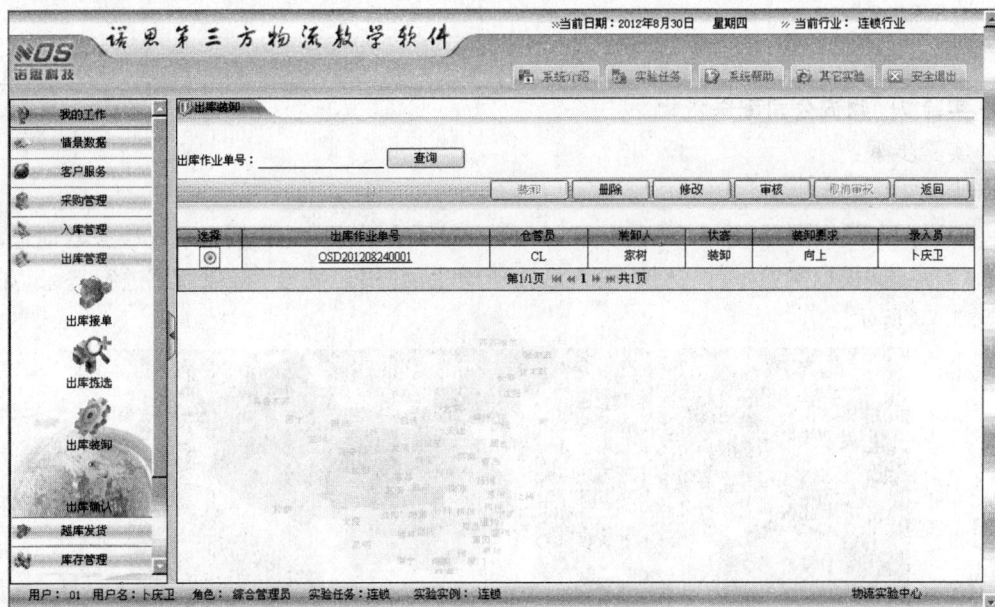

图 5.3.71

（13）点击"出库管理"下的"出库确认"进入，选中记录，点击"出库确认"按钮，进行确认，如图 5.3.72 所示。

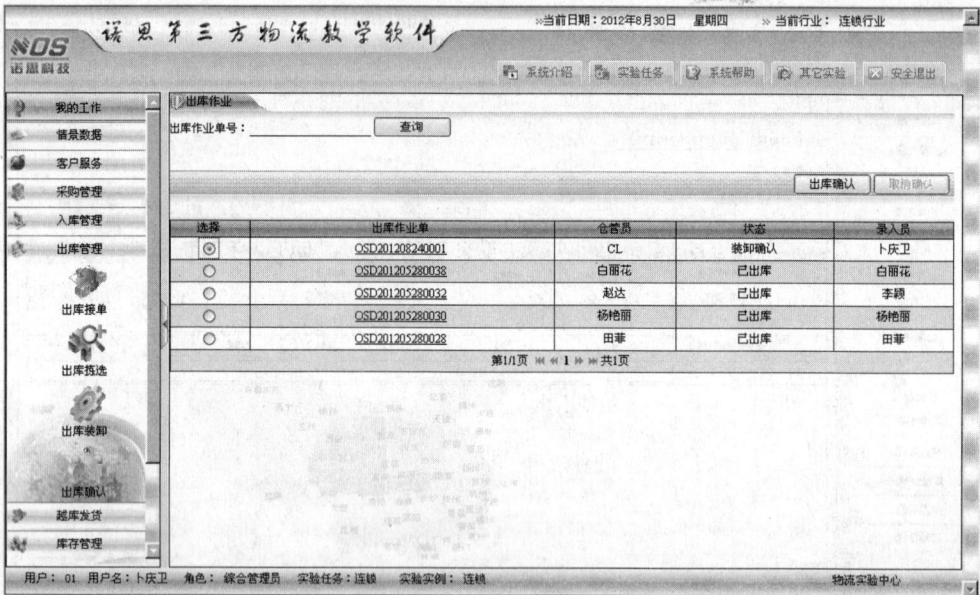

图 5.3.72

出库作业单见表 5.3.14。

表 5.3.14 出库作业单

出库作业单	仓管员	状态	录入员
OSD201208240001	CL	已出库	卜庆卫

实验 7 物流公司配送货物

实验步骤：

步骤 1 登录

(1)打开 IE 浏览器，输入 http://IP:8090/coreflow，其中的 IP 是指系统服务器地址。

(2)点击"模拟实验平台"链接，输入已注册学生的"用户编号"和"密码"进行登录，如图 5.3.73 所示。

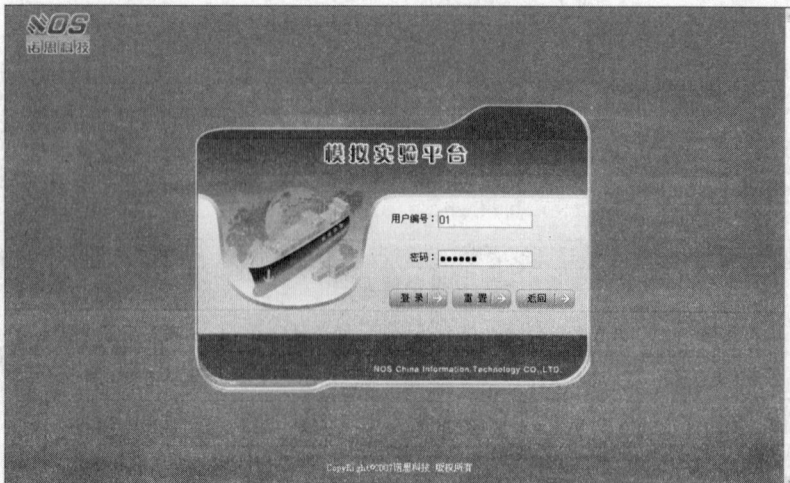

图 5.3.73

(3)在"实验任务"页面中选择"连锁"行业的"多人综合实验"或"单人综合实验"(同实验1选择相同)。如果是"多人综合实验",角色选择为"配送员",然后点击"确定"按钮进入,如图5.3.74所示;如果是"单人综合实验",完成"实验6 物流公司物料入库出库管理"内容后直接进入配送管理。

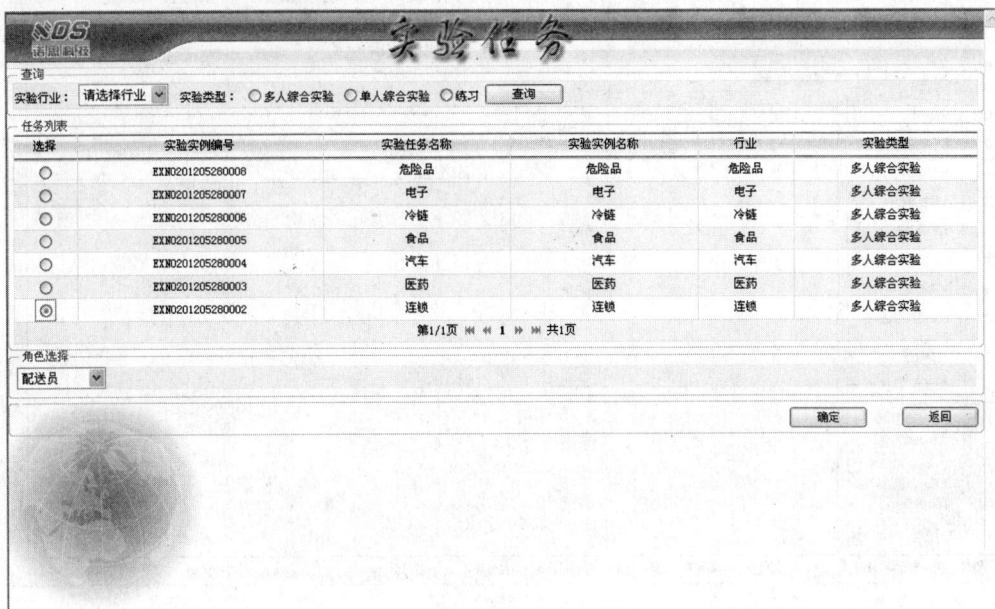

图 5.3.74

(4)点击"开始实验"按钮进入实验。

步骤2 配送管理

(1)点击"配送运输"下的"配送任务",进入"配送作业单"页面,如图5.3.75所示。

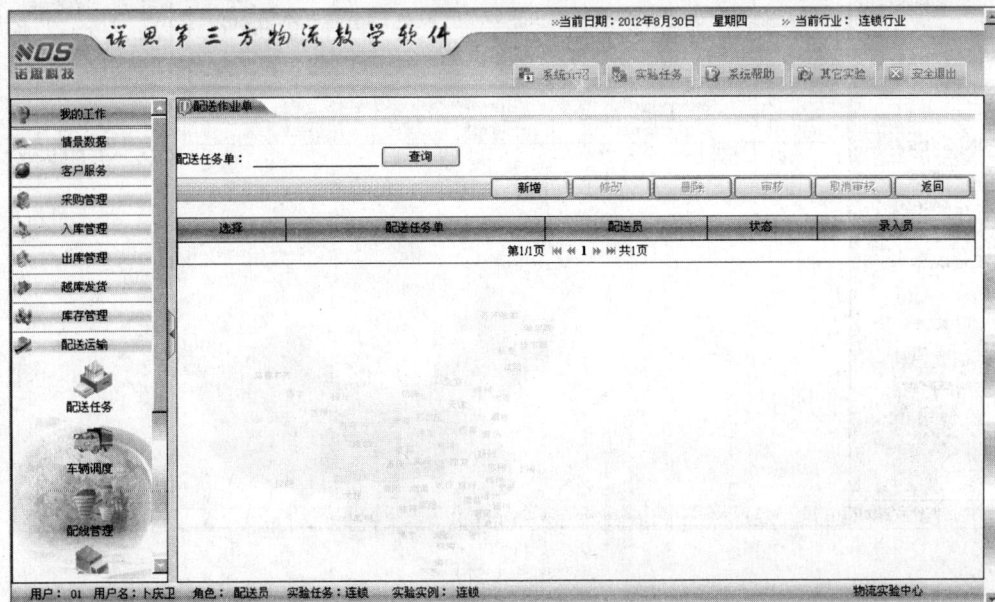

图 5.3.75

（2）在"配送作业单"页面点击"新增"按钮进入，完善相关资料（如图5.3.76所示），再点击"新增"按钮，在弹出的"出库订单选择"网页对话框中选择要配送的出库单（如图5.3.77所示），然后点击"保存"按钮，返回到"配送作业单"页面，如图5.3.78所示。

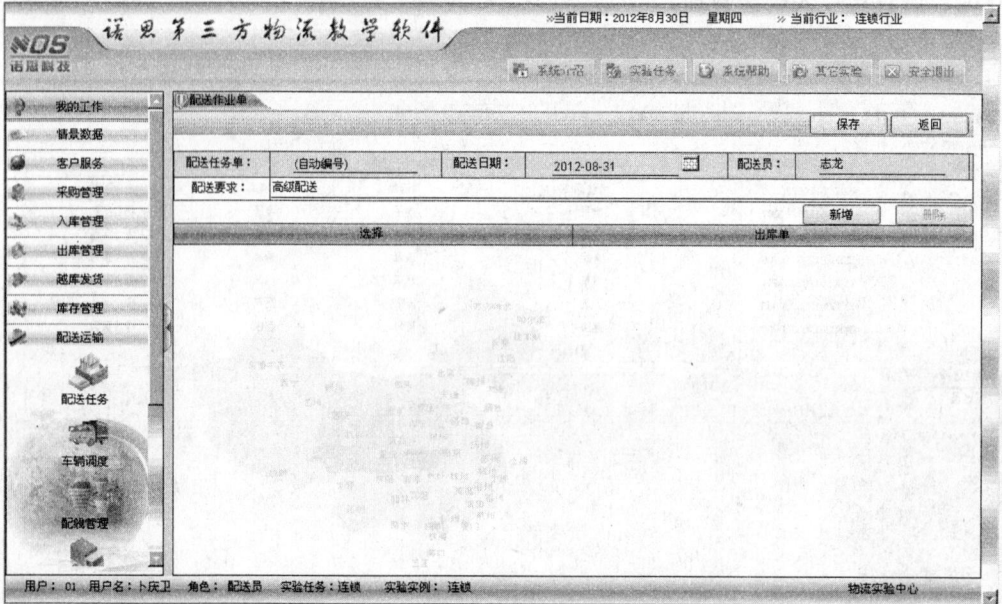

图 5.3.76

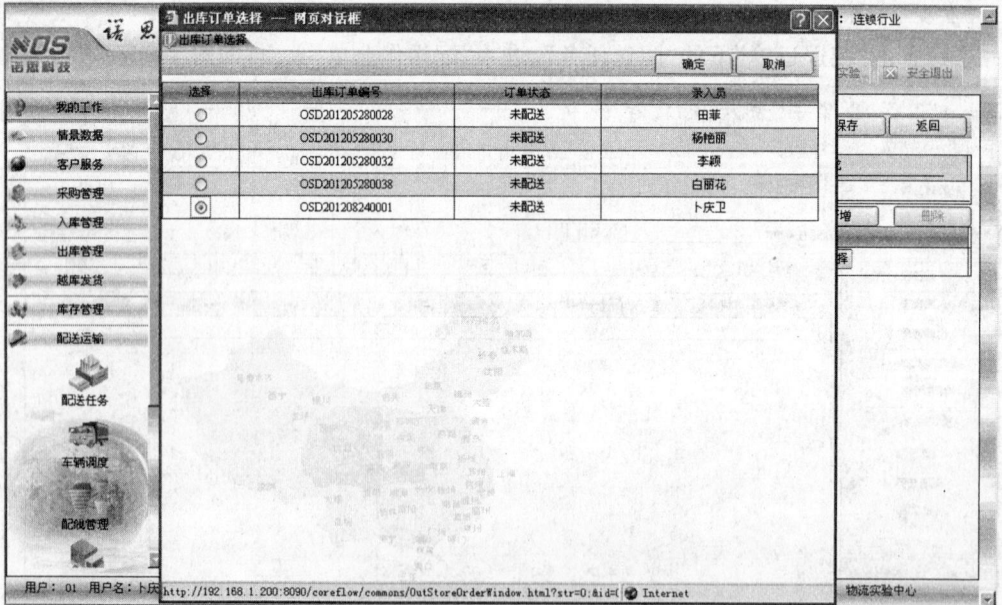

图 5.3.77

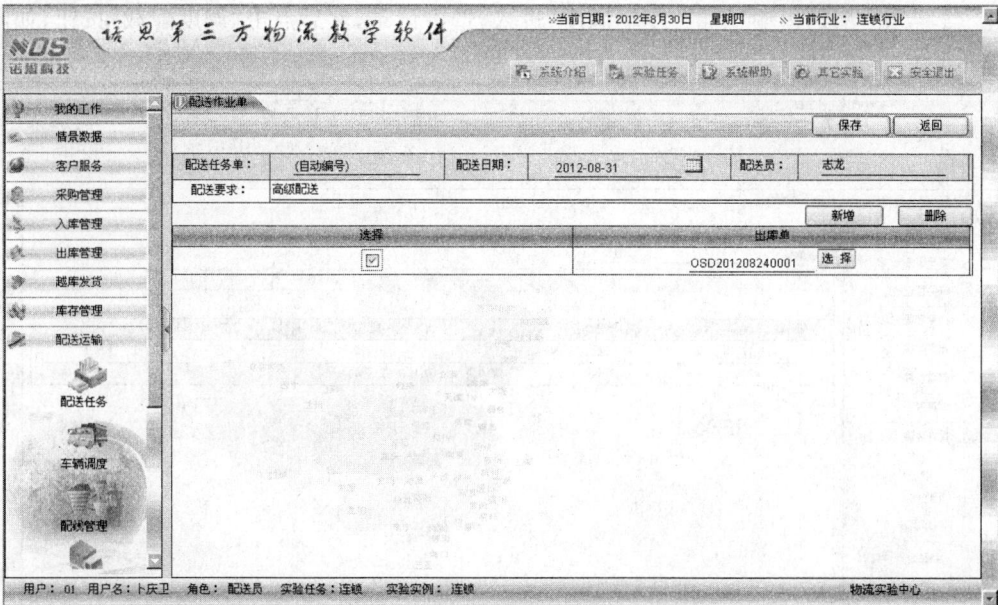

图 5.3.78

（3）点击"保存"按钮，返回到"配送作业单"的审核页面，选中记录，点击"审核"按钮，如图 5.3.79 所示。

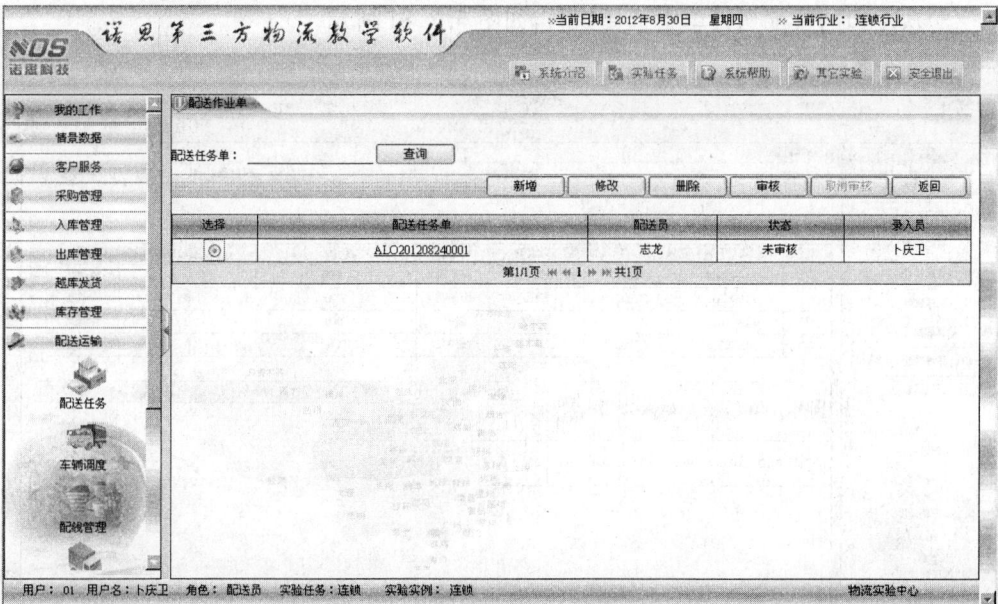

图 5.3.79

（4）点击"配送运输"下的"车辆调度"进入，选中记录，然后点击"调度配载"按钮，如图5.3.80 所示。

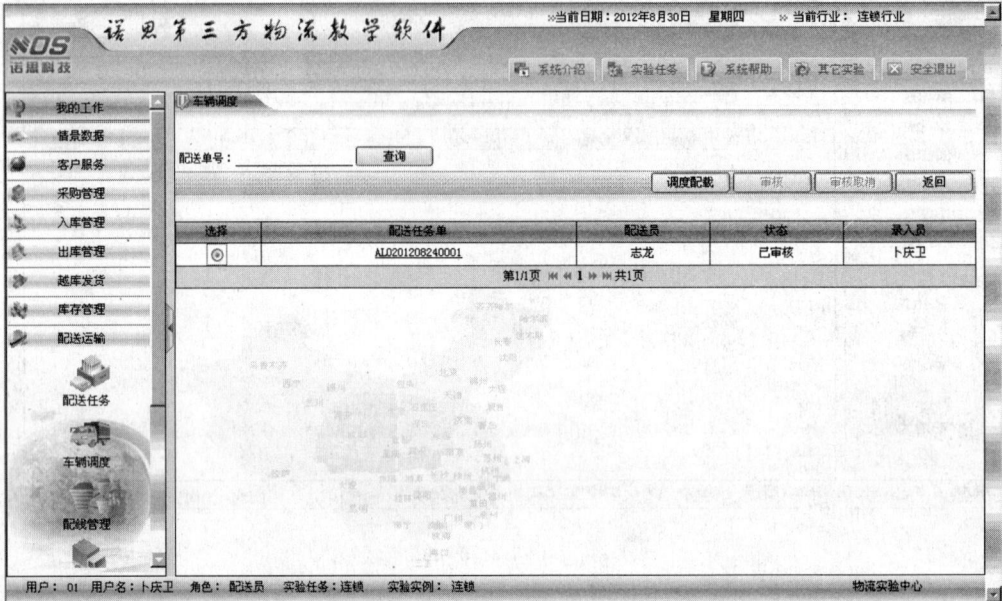

图 5.3.80

（5）从左边的待配送订单中选择物料，如图 5.3.81 所示。

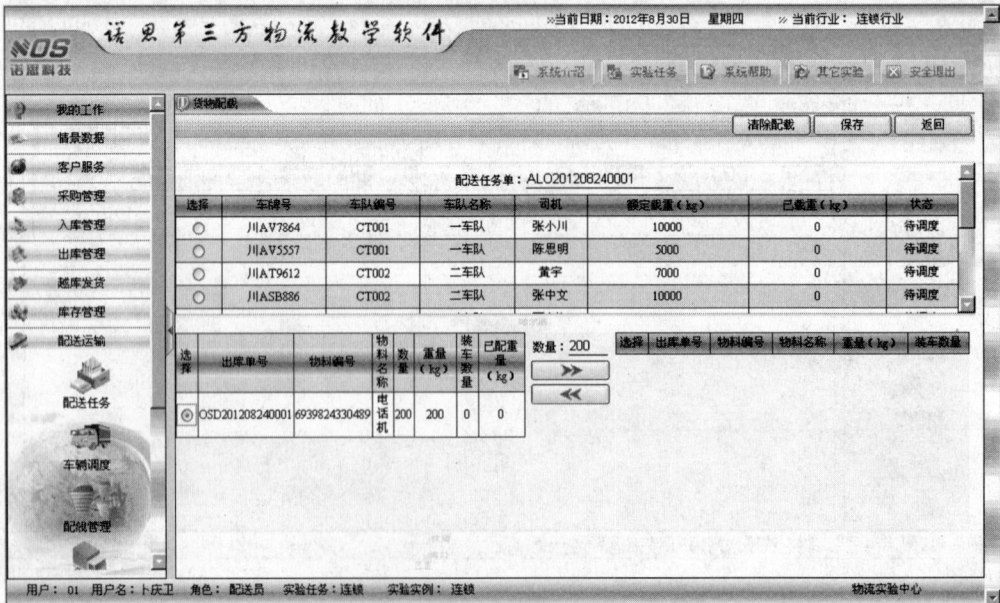

图 5.3.81

(6)点击"向右移"按钮,结果页面如图 5.3.82 所示。

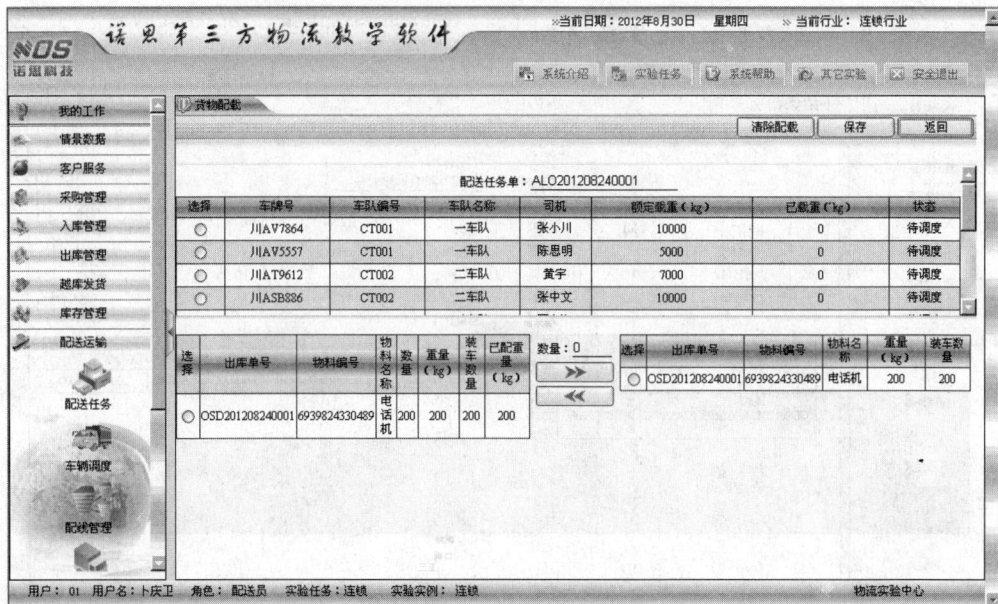

图 5.3.82

(7)点选车辆,如图 5.3.83 所示。

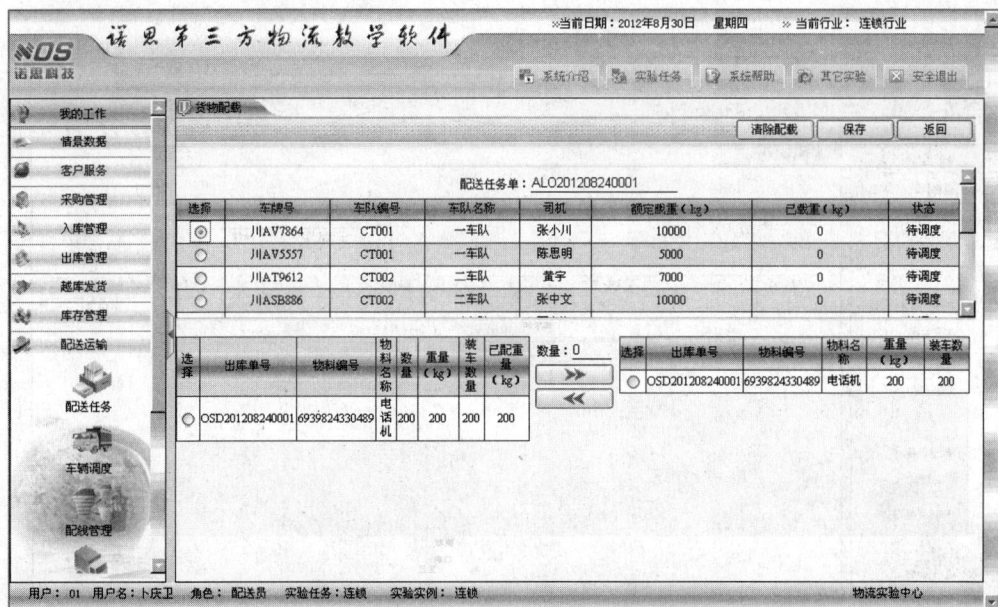

图 5.3.83

(8)点击"保存"按钮,如图 5.3.84 所示。

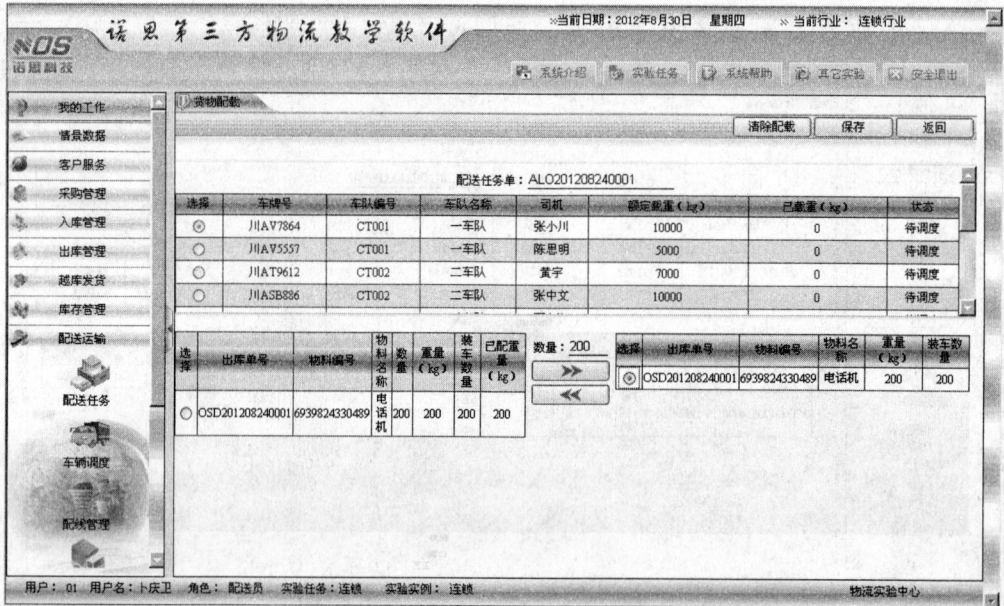

图 5.3.84

(9)选择配送任务单,如图 5.3.85 所示,点击"审核"按钮,结果页面如图 5.3.86 所示。

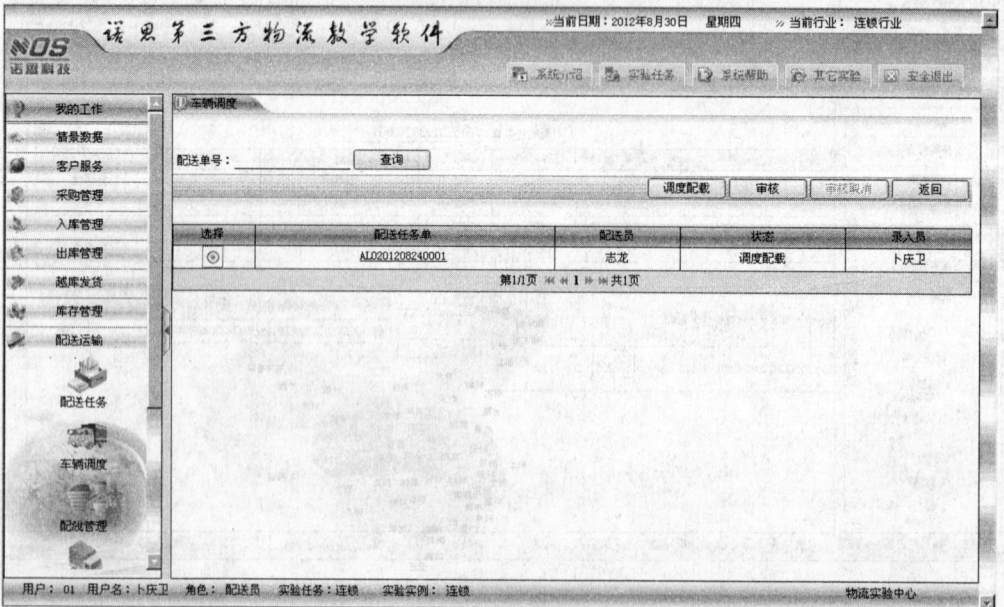

图 5.3.85

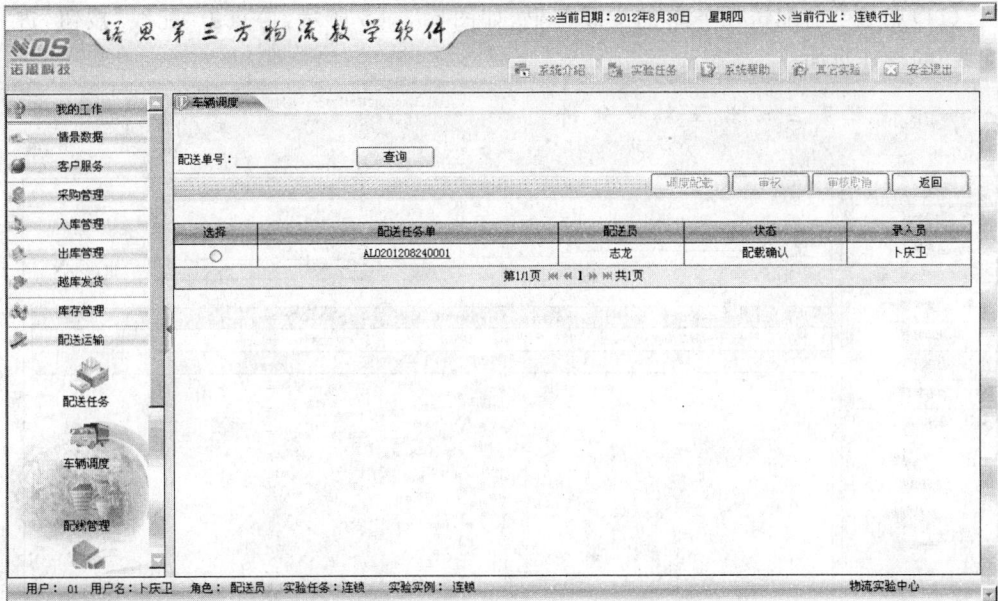

图 5.3.86

配送任务单见表 5.3.15。

表 5.3.15　　　　　　　　　　　　　　　配送任务单

配送任务单	配送员	状态	录入员
ALO201208240001	志龙	配载确认	卜庆卫

(10)点击"配送运输"下的"配线管理"进入,如图 5.3.87 所示。

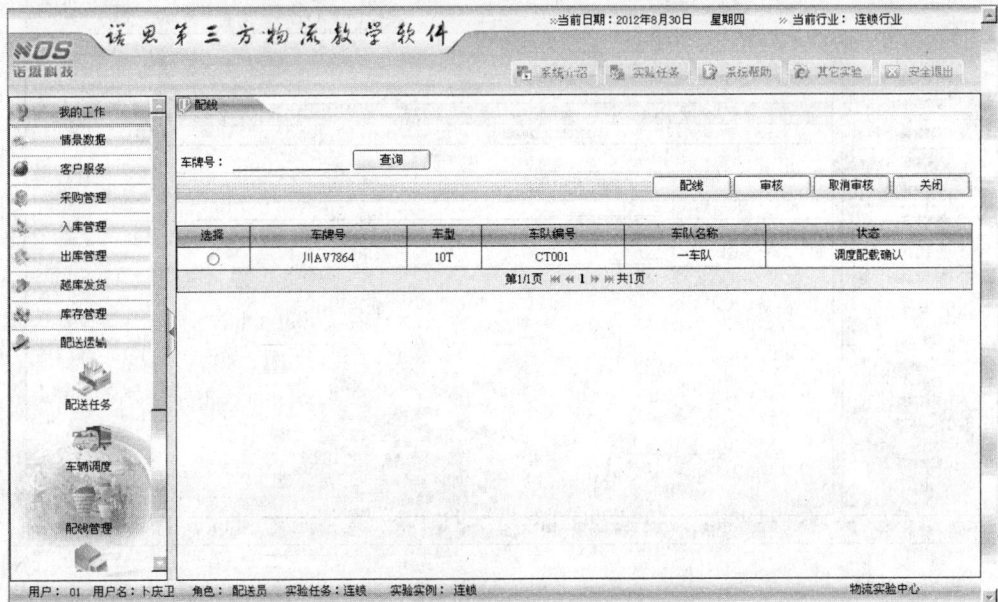

图 5.3.87

（11）点选当前配送任务单的配载车辆，如图 5.3.88 所示，再点击"配线"按钮，进入"配线"的操作页面。

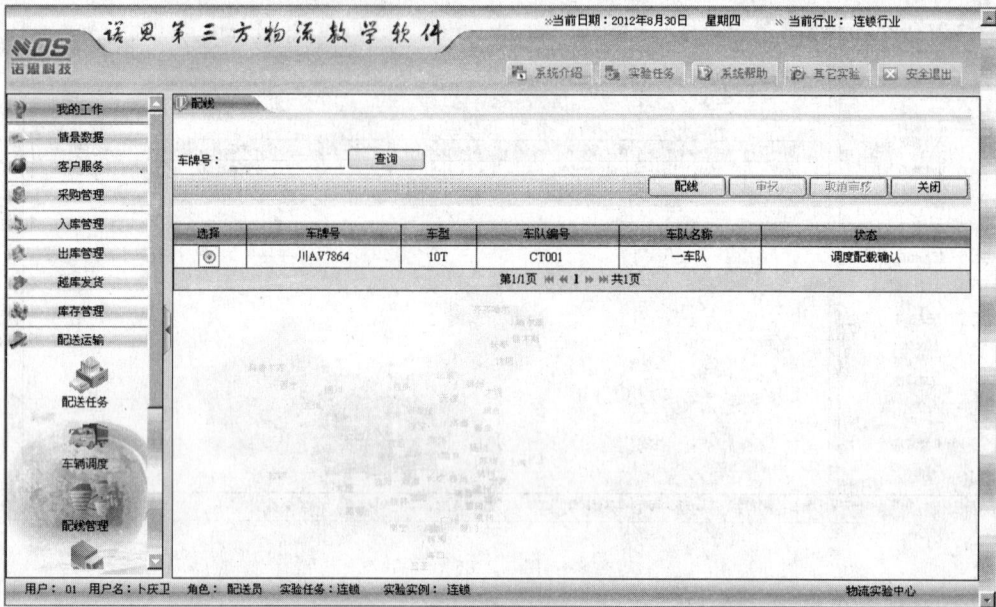

图 5.3.88

（12）输入"里程"和"单价"等信息，如图 5.3.89 所示。

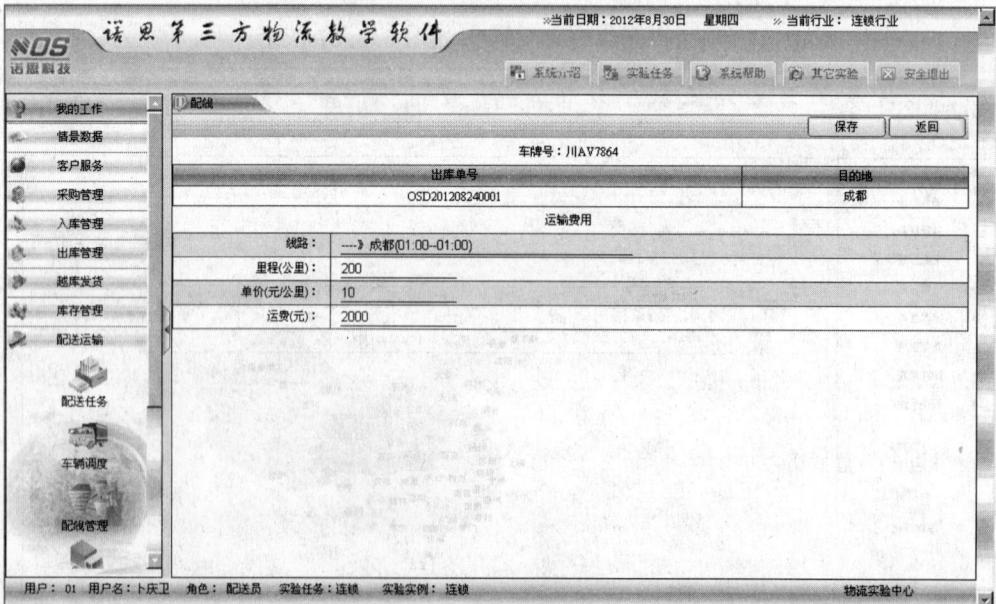

图 5.3.89

(13)再点击"保存"按钮,返回到"配线"页面。

(14)选择当前调度车辆(如图 5.3.90 所示),点击"审核"按钮,结果页面如图 5.3.91 所示。

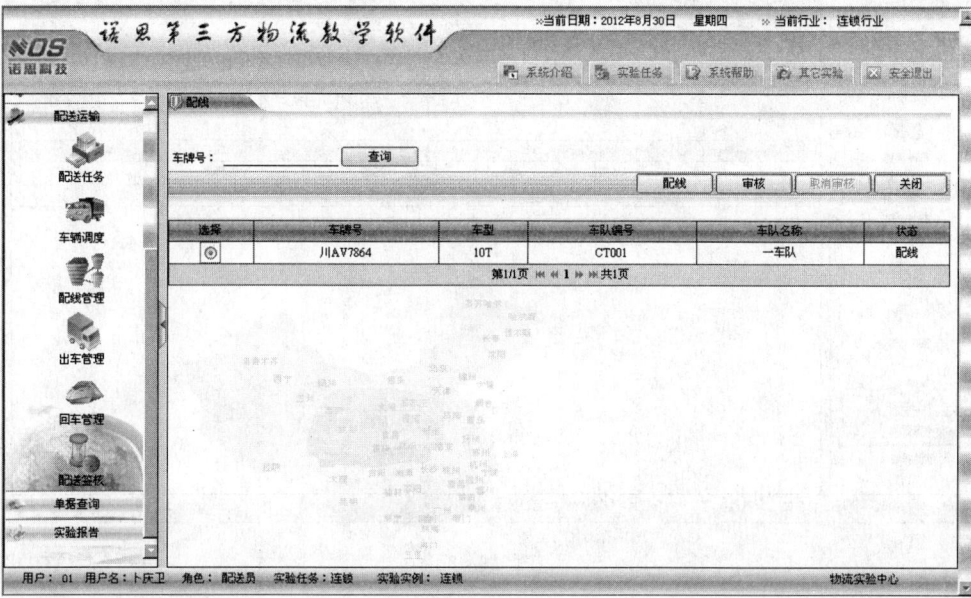

图 5.3.90

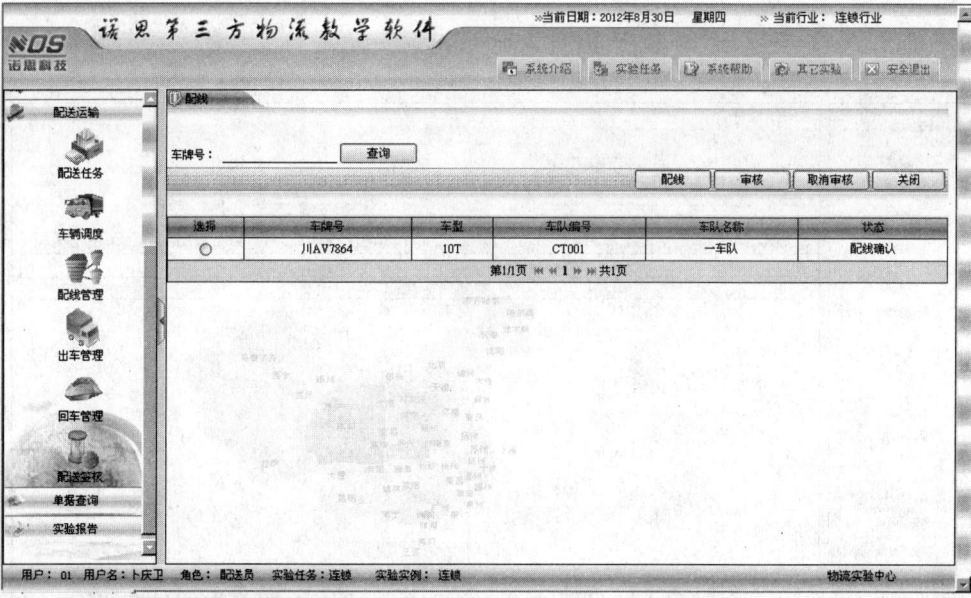

图 5.3.91

调度车辆见表 5.3.16。

表 5.3.16 调度车辆

车牌号	车型	车队编号	车队名称	状态
川 AV7864	10T	CT001	一车队	配线确认

（15）点击"配送运输"下的"出车管理"进入，如图 5.3.92 所示。

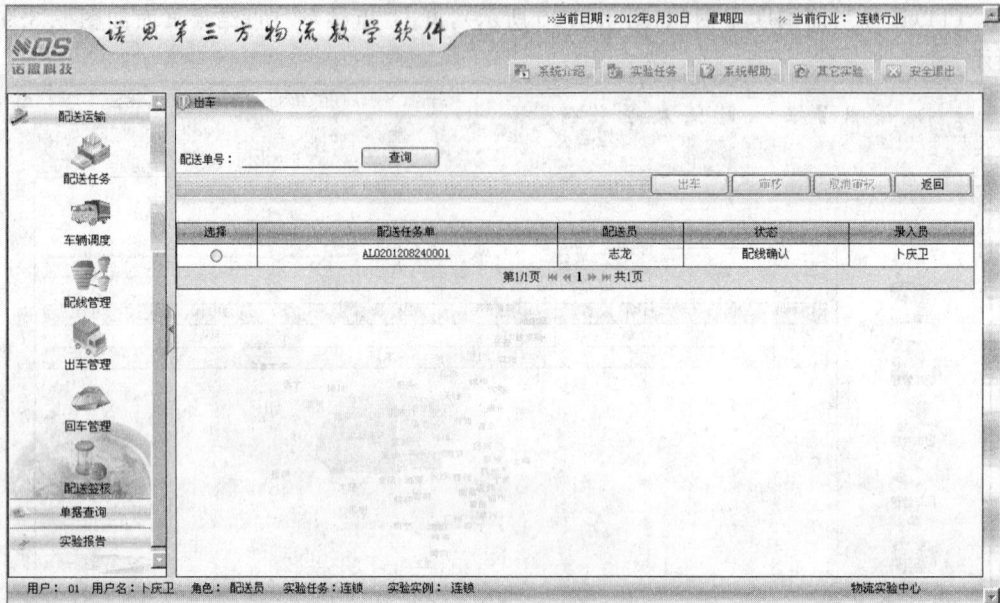

图 5.3.92

（16）点选当前"配送任务单"，再点击"出车"按钮，如图 5.3.93 所示。

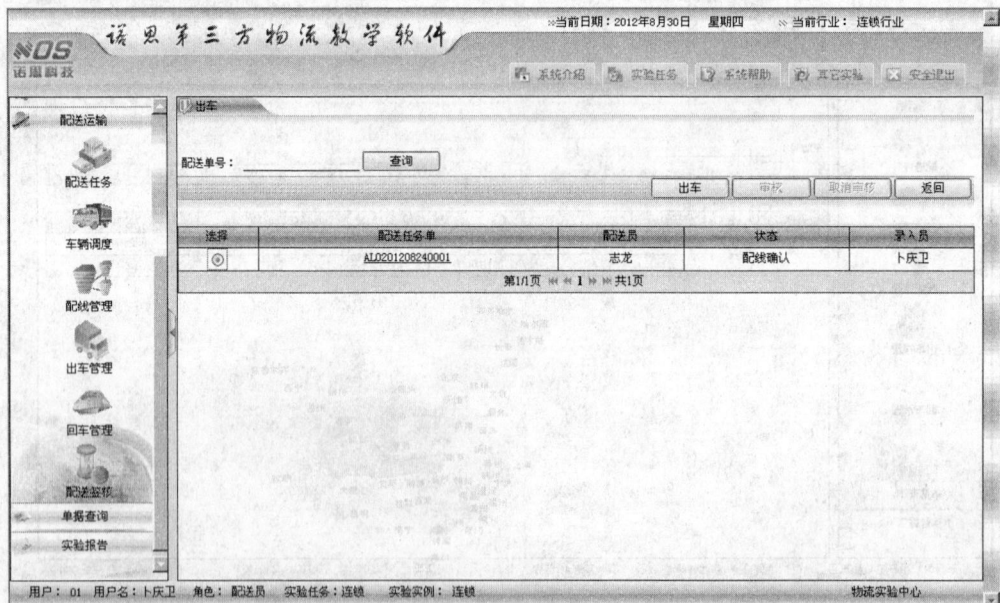

图 5.3.93

(17)在"出车"页面输入"出车时间"和"随车人员"(如图 5.3.94 所示),点击"保存"按钮,弹出"配送"的网页对话框,如图 5.3.95 所示。

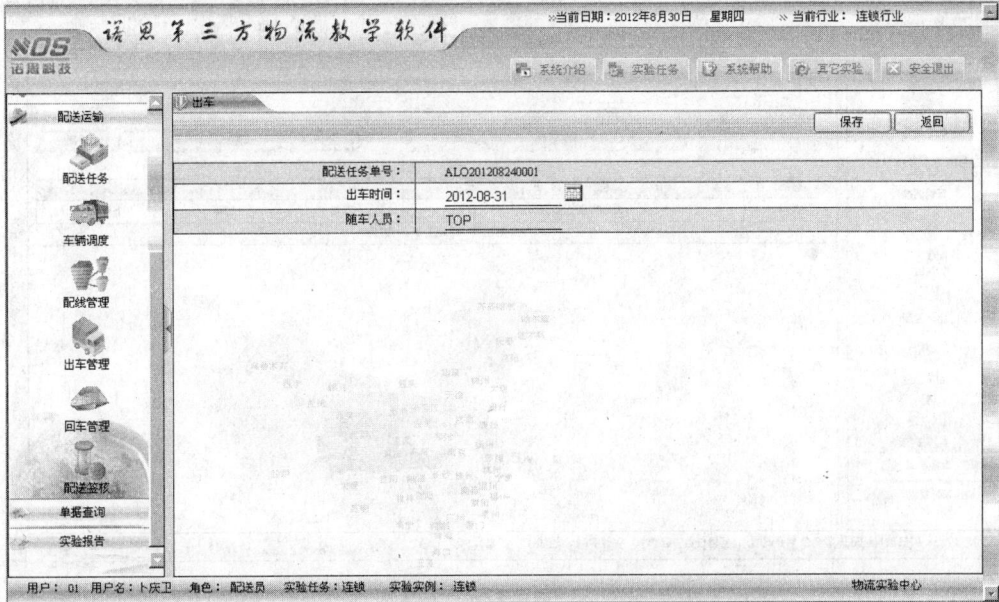

图 5.3.94

图 5.3.95

（18）选择当前的配送任务单，再点击"审核"按钮，如图5.3.96所示。

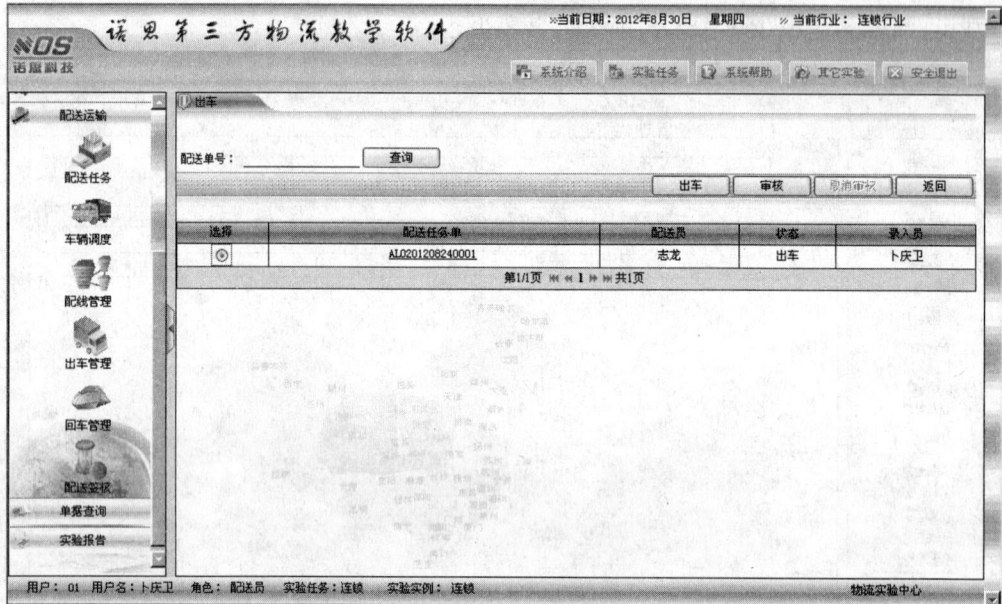

图5.3.96

配送任务单见表5.3.17。

表5.3.17 配送任务单

配送任务单	配送员	状态	录入员
ALO201208240001	志龙	出车确认	卜庆卫

（19）点击"配送运输"下的"回车管理"进入，点选配送任务单，再点击"回车"按钮，如图5.3.97所示。

（20）在"回车"页面输入"回车时间"，点击"保存"按钮，如图5.3.98所示。

（21）选择配送任务单，再点击"审核"按钮，如图5.3.99所示。

（22）点击配送运输下的"配送签核"进入（如图5.3.100所示），点选配送任务单，再点击"配送签核"按钮。

实验8 客户签收

实验步骤：

步骤1 登录

（1）打开IE浏览器，输入http://IP:8090/coreflow，其中的IP是指系统服务器地址。

（2）点击"模拟实验平台"链接进入，输入已注册学生的"用户编号"和"密码"进行登录，如图5.3.101所示。

（3）在"实验任务"页面中选择"连锁"行业的"多人综合实验"或"单人综合实验"（同实验1选择相同）。如果是"多人综合实验"，角色选择为"订单管理员"、"客服员"或"综合管理员"，然后点击"确定"按钮进入，如图5.3.102所示；如果是"单人综合实验"，完成"实验7物流公司配送货物"内容后直接进行客户签收。

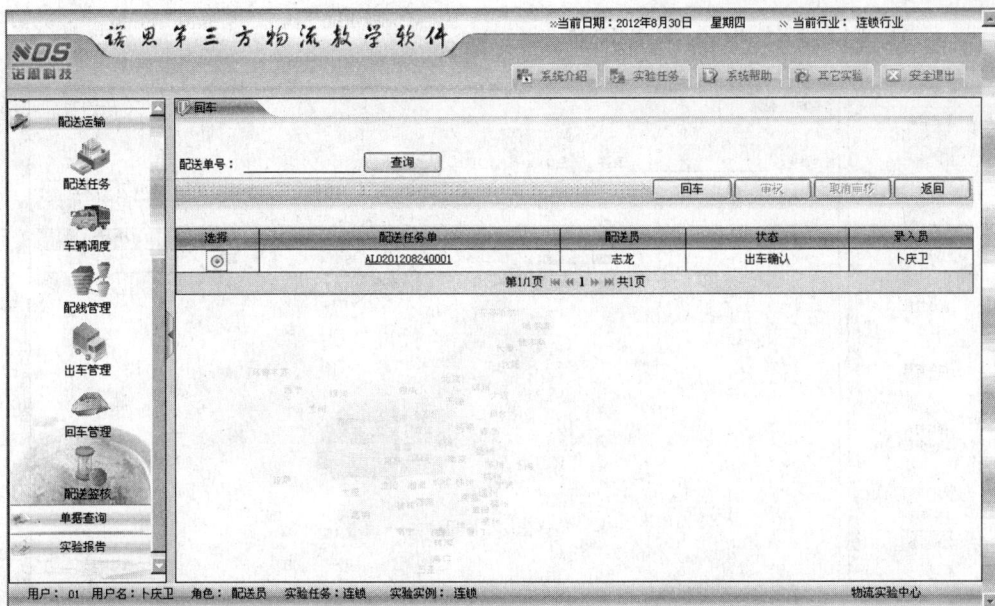

图 5.3.97

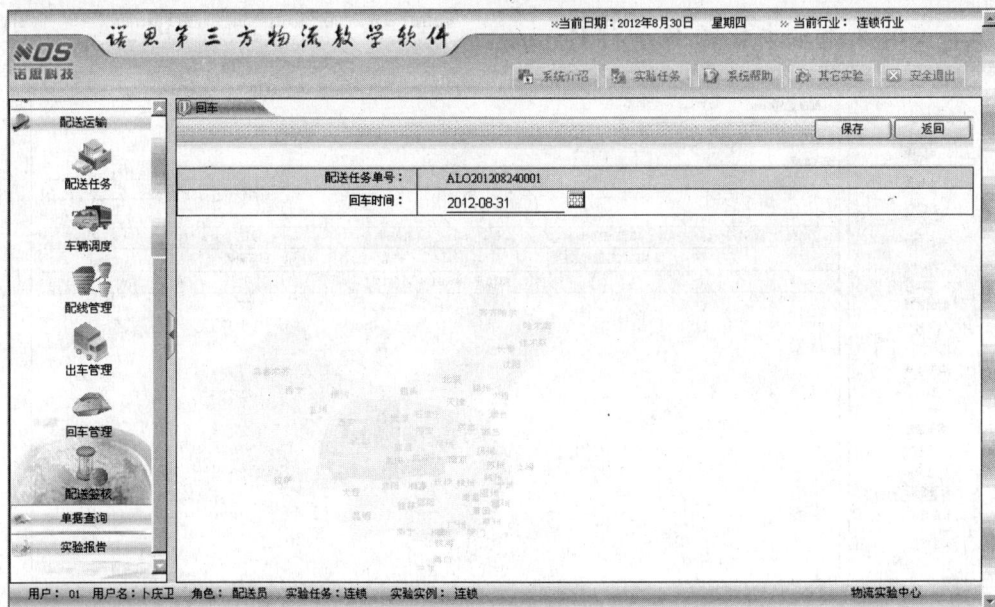

图 5.3.98

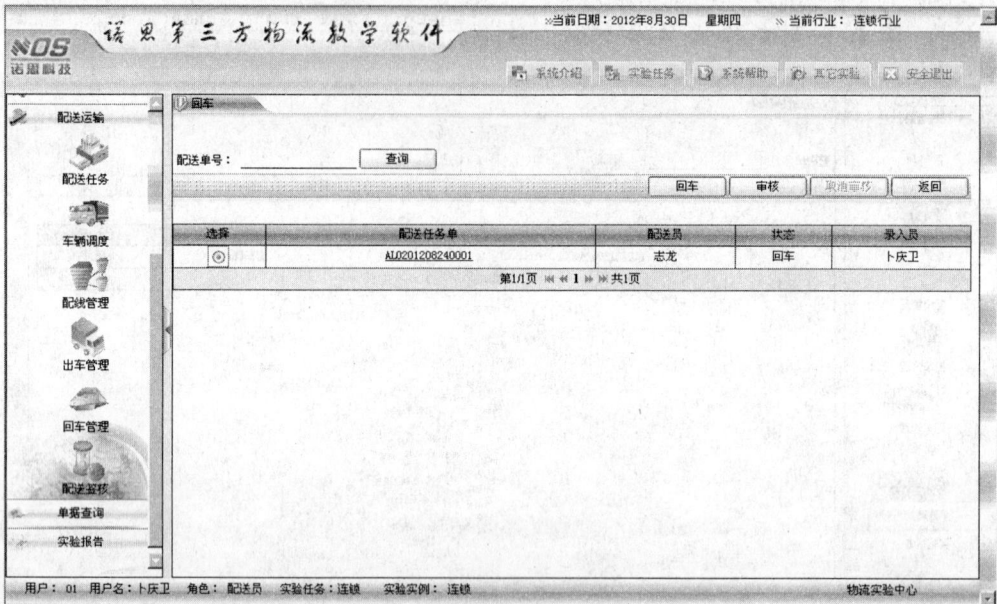

图 5.3.99

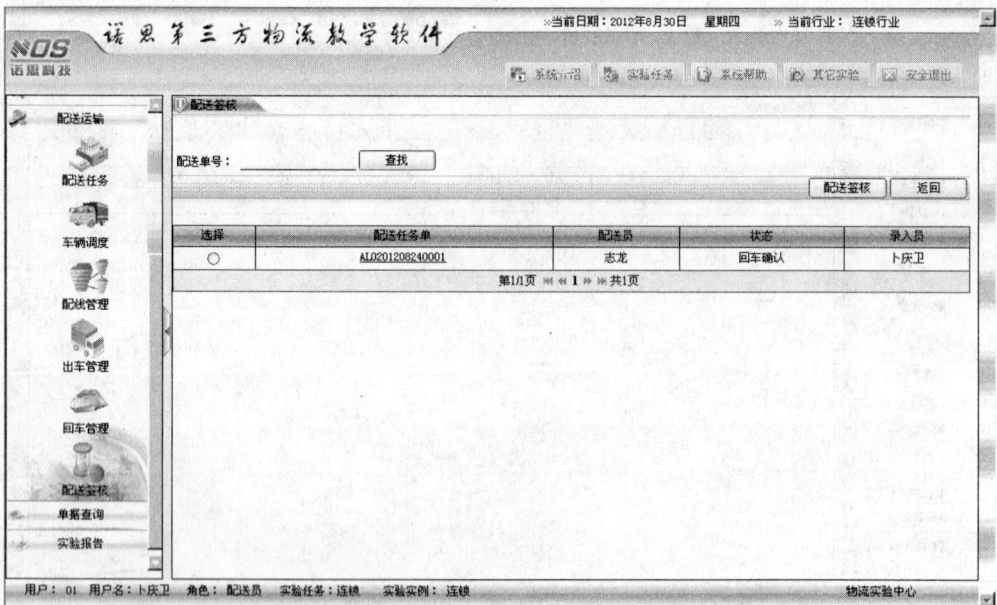

图 5.3.100

图 5.3.101

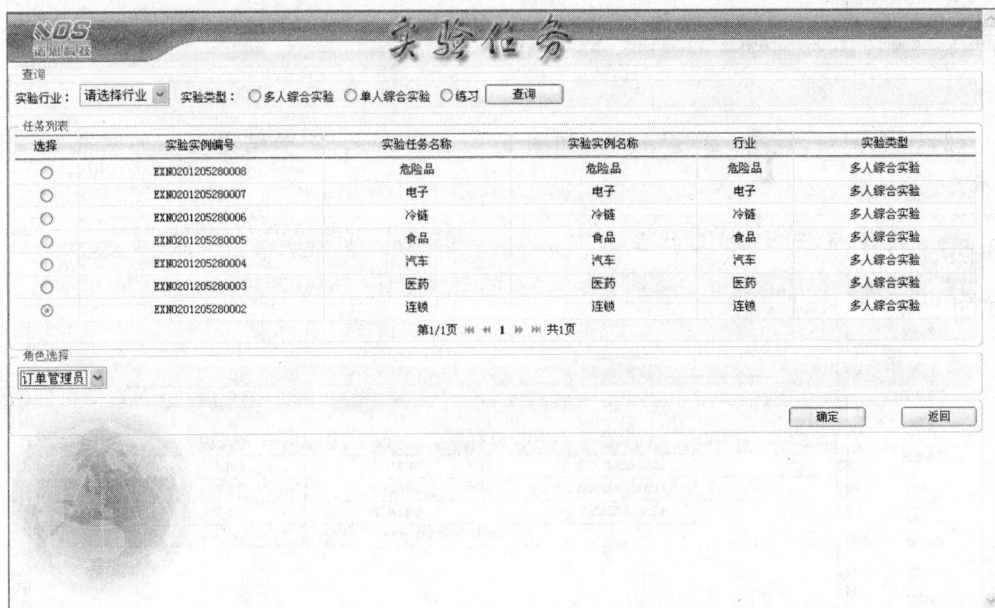

图 5.3.102

（4）点击"开始实验"按钮进入实验。

步骤 2 客户签收

（1）点击"客户服务"下的"客户签收"进入，如图 5.3.103 所示。

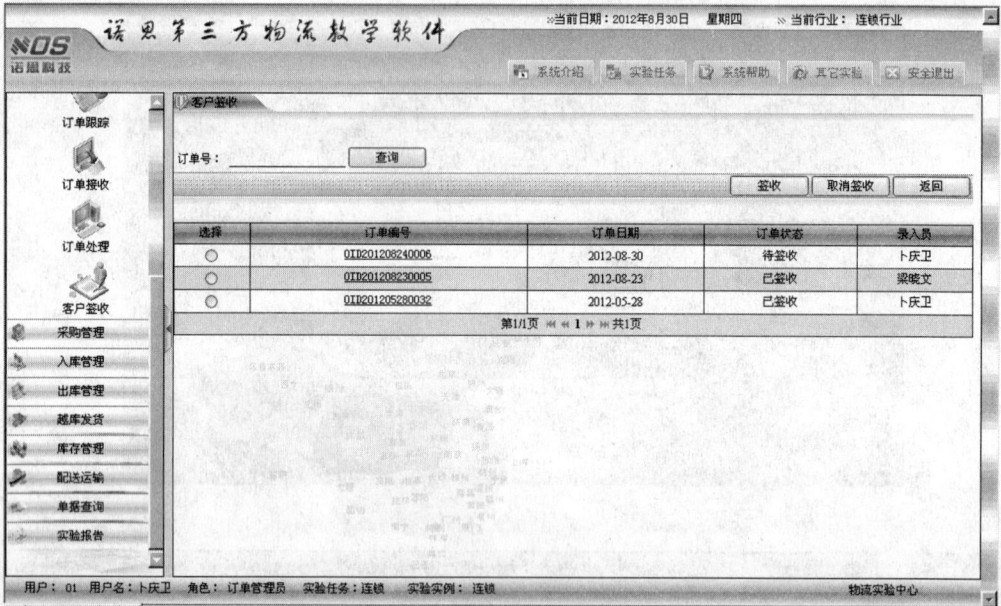

图 5.3.103

(2)选中记录,点击"签收"按钮(如图 5.3.104)所示,实验结果页面如图 5.3.105 所示。

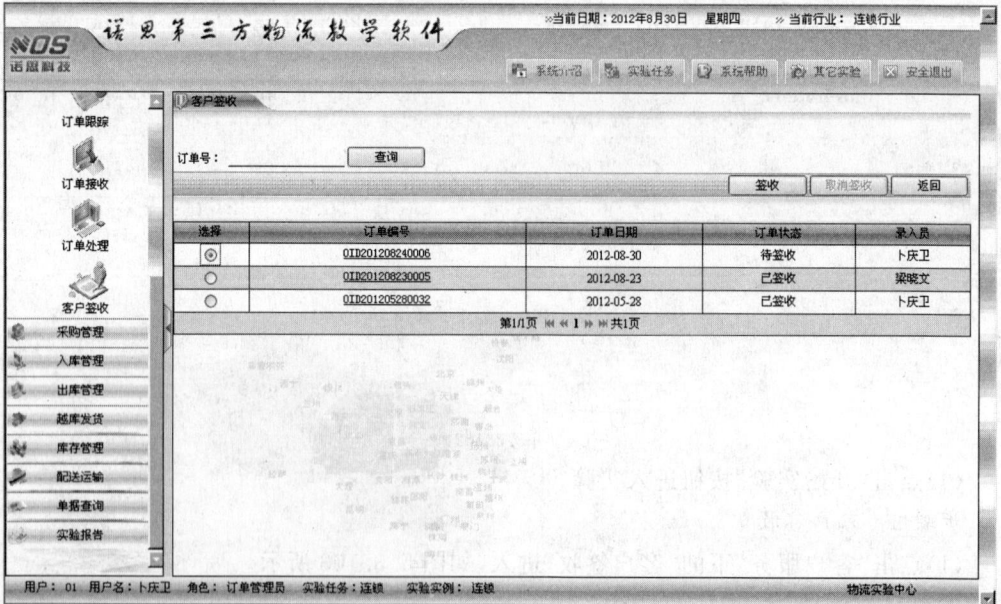

图 5.3.104

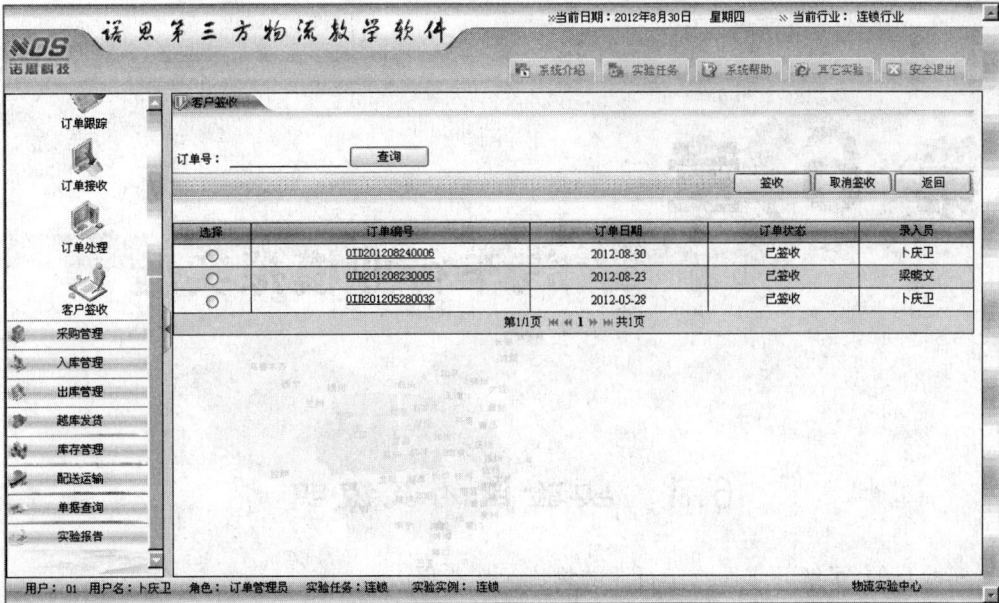

图 5.3.105

订单见表 5.3.17。

表 5.3.17 订单

订单编号	订单日期	订单状态	录入员
OID201208240006	2012-08-30	已签收	卜庆卫

第 **6** 章

汽车行业模拟实验

6.1 实验目的及说明

实验目的:了解并掌握汽车行业的物流运作流程。

实验说明:该实验为国外订单,物流公司库存不足,需经采购,采购后无须进行出入库的处理,直接配送,然后进行报关处理。

建议学时:2学时。

6.2 实验流程

汽车行业物流运作流程如图6.2.1所示。

客户下订单 → 物流公司处理订单 → 物流公司采购物料 → 供应商发货 ↓

客户签收 ← 报关报检处理 ← 物流公司配送货物 ← 物流公司越库发货

图6.2.1 汽车行业物流运作流程

6.3 实验内容

实验1 客户下订单

实验步骤:

步骤1 客户登录

(1)打开IE浏览器,输入http://IP:8090/coreflow,其中的IP是指系统服务器地址,系统首页如图6.3.1所示。

(2)点击"客户管理平台"链接,输入"用户编号"和"密码"进行登录,如图6.3.2所示。

(3)登录后,在"实验任务"页面中选择"汽车"行业的"多人综合实验"或"单人综合实验",然后点击"确定"按钮进入实验,如图6.3.3所示。

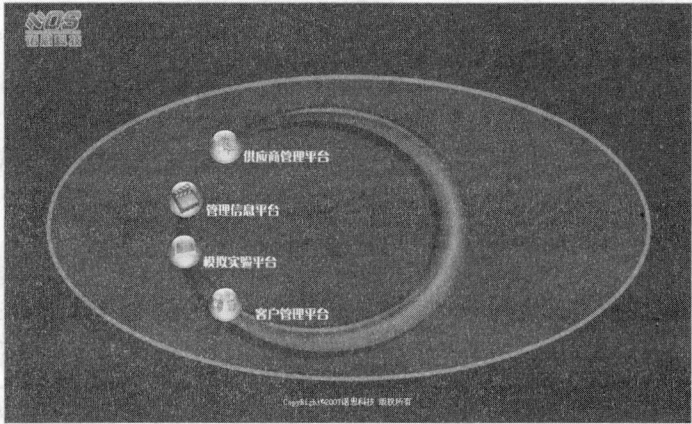

图 6.3.1

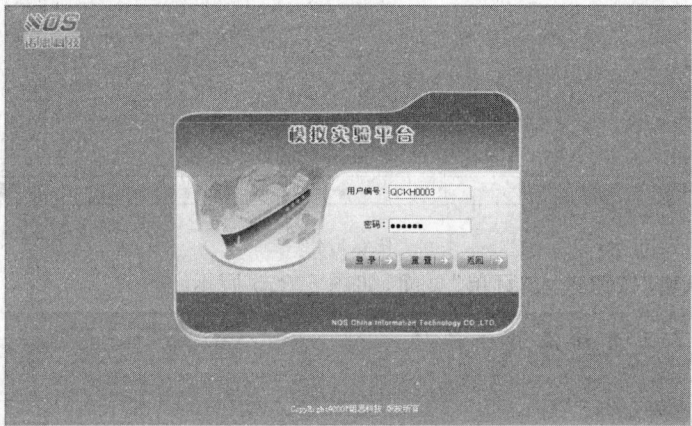

图 6.3.2

图 6.3.3

步骤 2　生成客户订单

（1）点击"客户服务"下的"订单录入"进入，如图 6.3.4 所示。

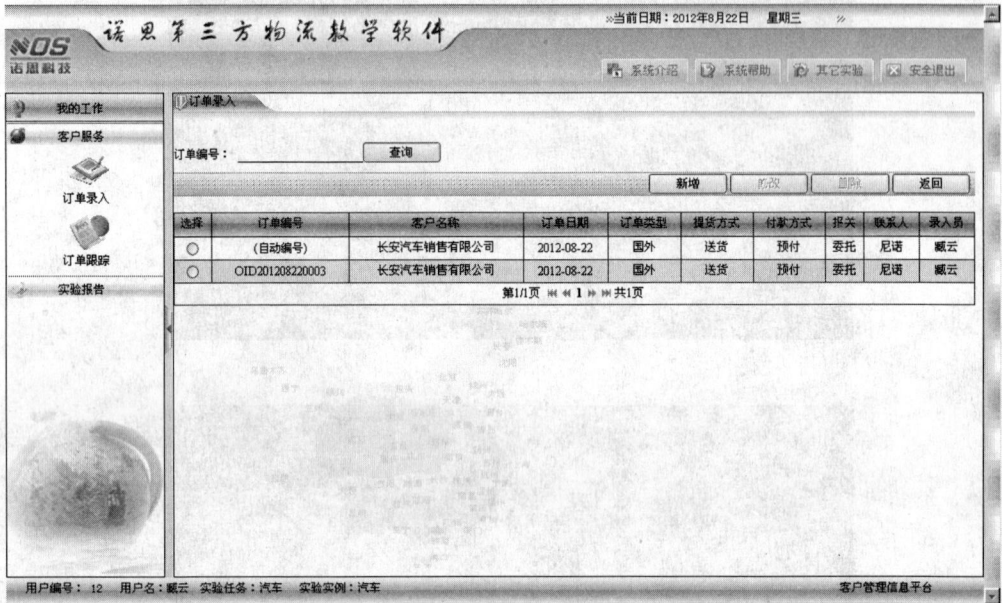

图 6.3.4

（2）点击"新增"按钮进入"订单"页面，如图 6.3.5 所示。

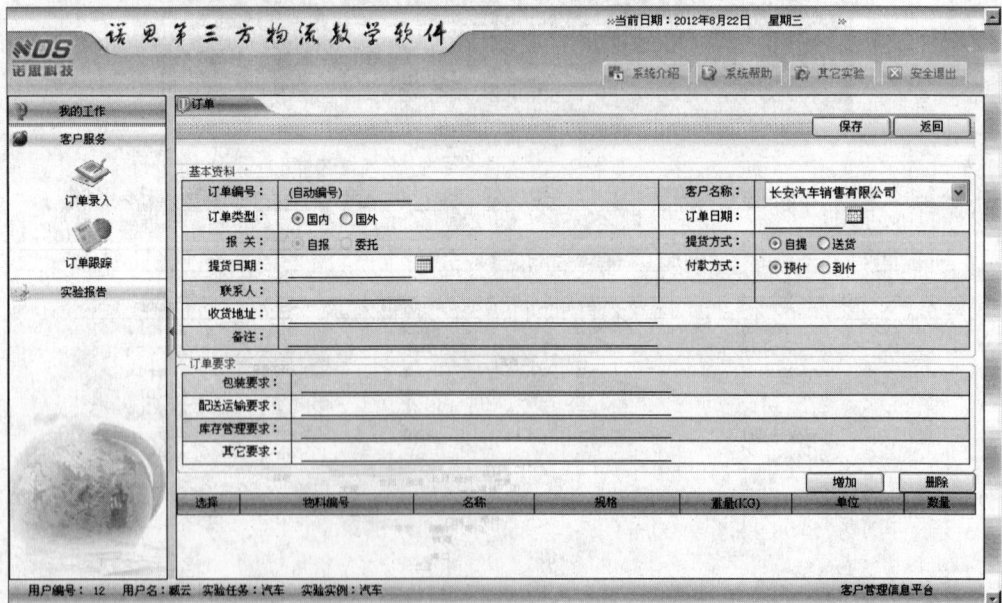

图 6.3.5

（3）输入订单相关信息，其中，"订单类型"为"国外"，"提货方式"为"送货"，"报关方式"为"委托"，"付款方式"为"到付"、"预付"任选其一，然后输入相关的联系人及有关订单的一些要求，如图 6.3.6 所示。

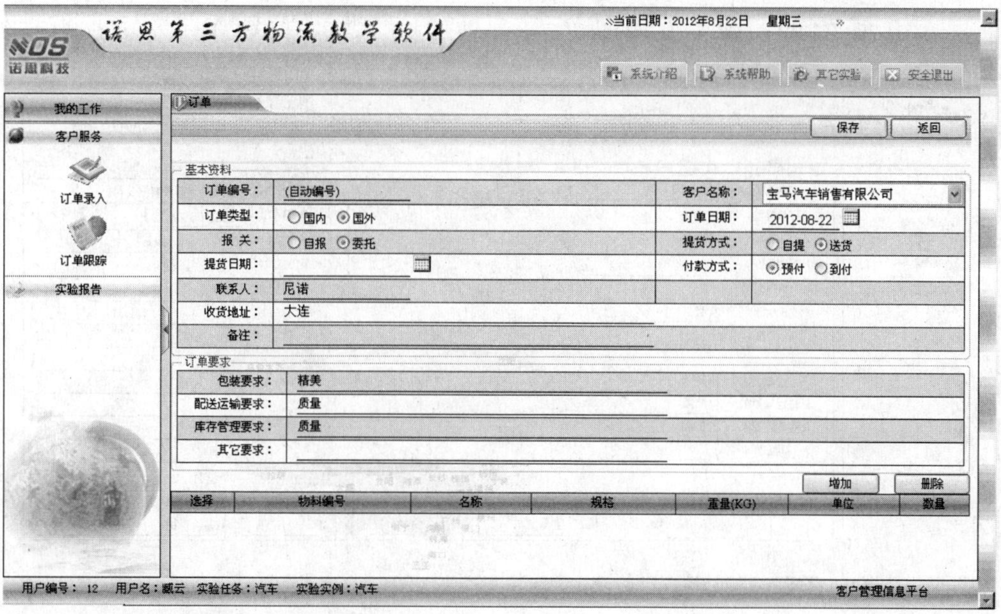

图 6.3.6

（4）增加物料明细。点击"增加"按钮,在生成的页面内,点击"选择"按钮,在弹出的"物料选择"网页对话框内选择物料,然后点击"保存"按钮,如图 6.3.7 所示。

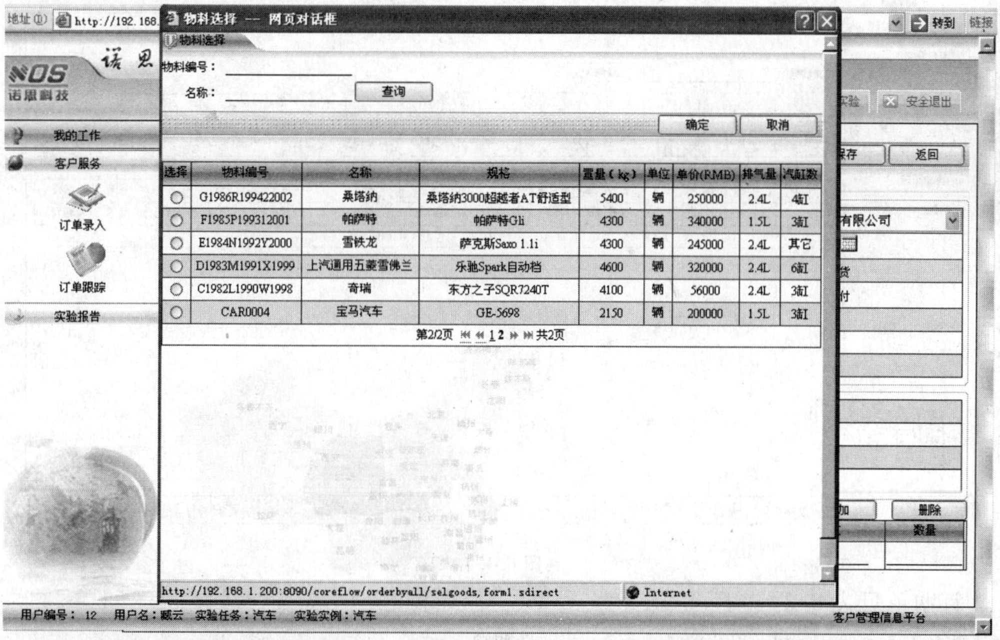

图 6.3.7

（5）输入需要订购物料的"数量",然后点击"保存"按钮,如图 6.3.8 所示。

（6）返回到"订单录入"页面,实验结果页面如图 6.3.9 所示。

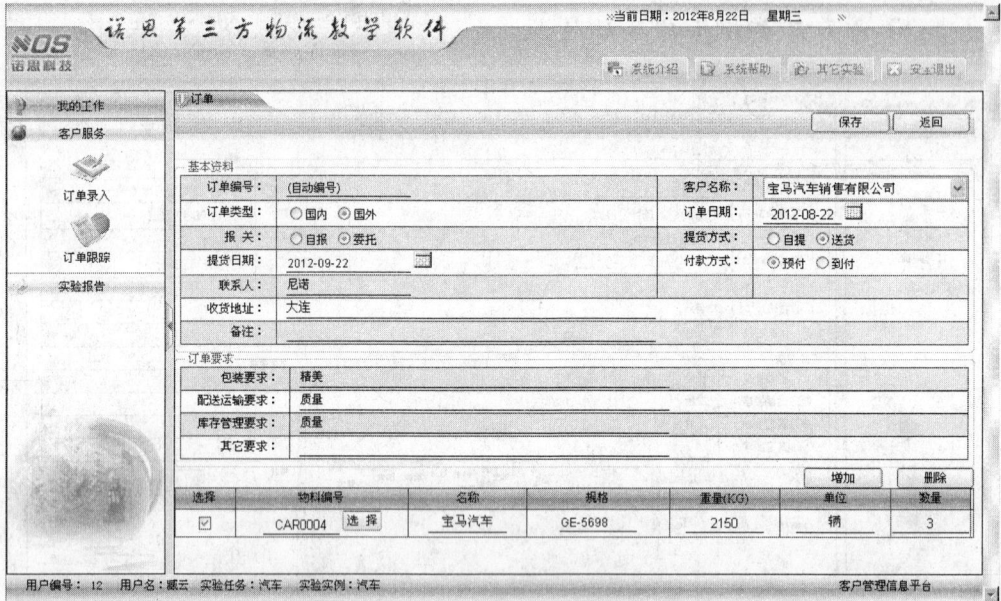

图 6.3.8

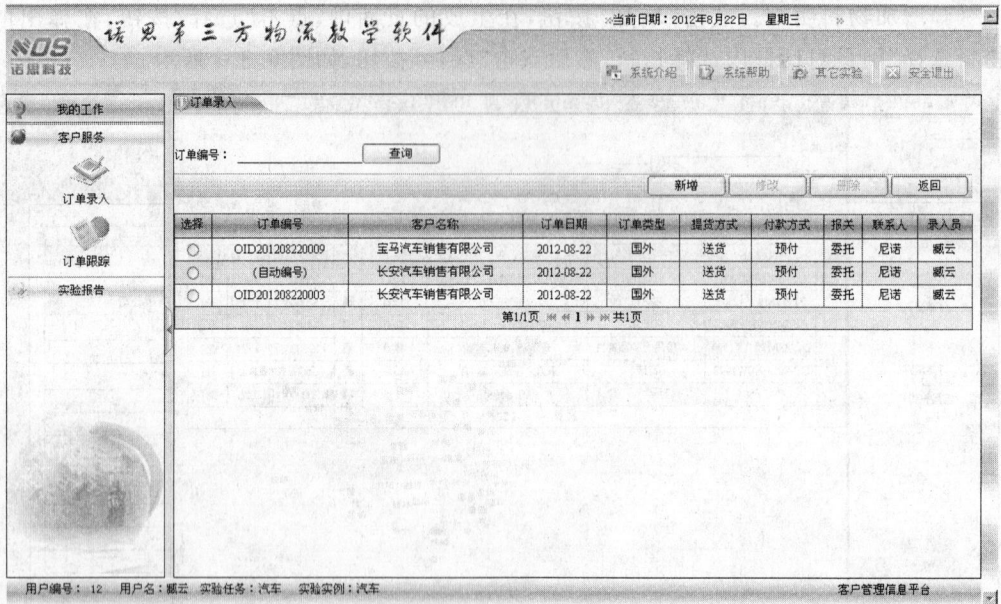

图 6.3.9

订购单见表 6.3.1。

表 6.3.1 订购单

订单编号	客户名称	订单类型	提货方式	付款方式	报关	联系人
OID201208220009	宝马汽车销售有限公司	国外	送货	预付	委托	尼诺
物料编号	名称	规格	重量(kg)	单位	数量	
CAR0004	宝马汽车	GE-5698	2150	辆	3	

实验 2　物流公司处理订单

实验步骤:

步骤 1　登录

(1)打开 IE 浏览器,输入 http://IP:8090/coreflow,其中的 IP 是指系统服务器地址,系统首页如图 6.3.10 所示。

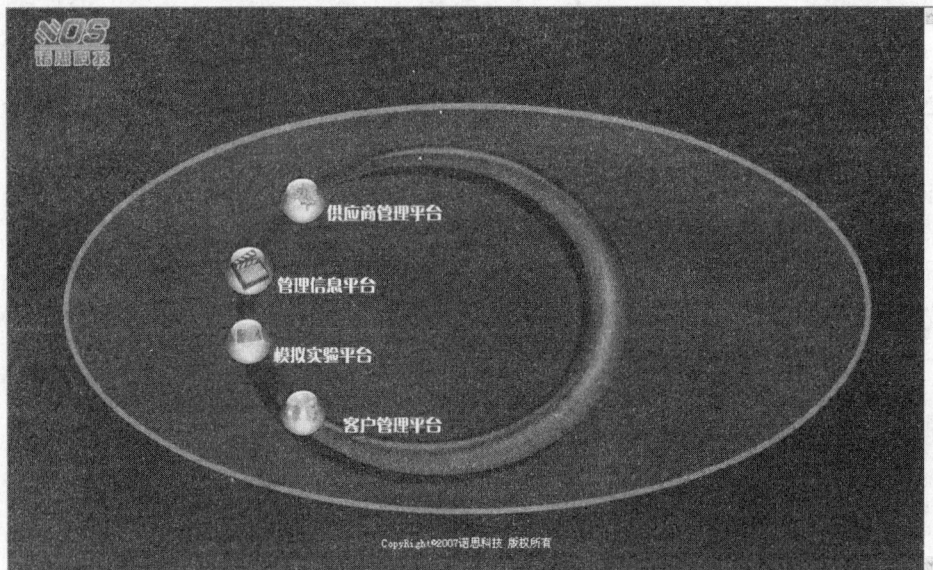

图 6.3.10

(2)点击"模拟实验平台"链接,输入已注册学生的"用户编号"和"密码"进行登录,如图 6.3.11 所示。

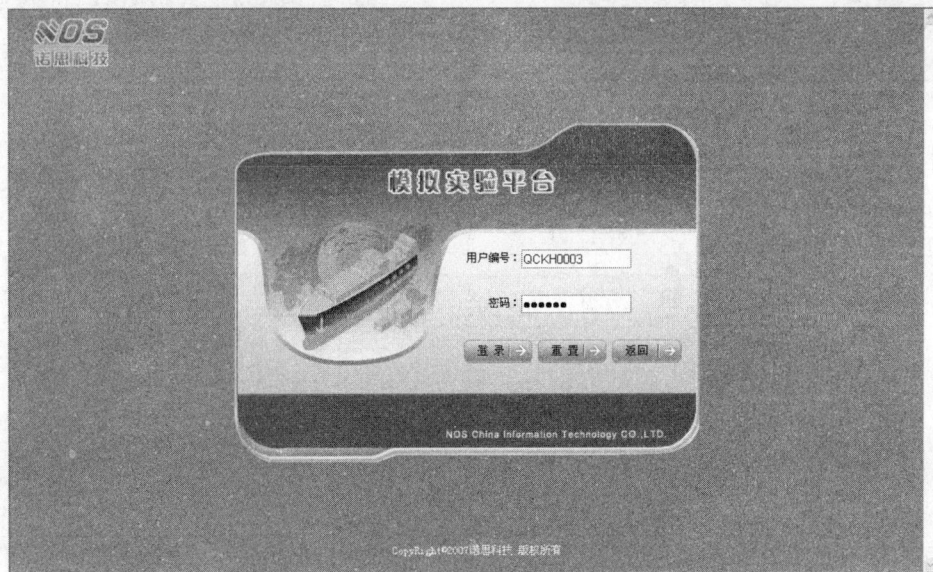

图 6.3.11

（3）在"实验任务"页面中选择"汽车"行业的"多人综合实验"或"单人综合实验"（同实验 1 选择相同）。如果是"多人综合实验"，角色选择为"订单管理员"或"综合管理员"，然后点击"确定"按钮进入，如图 6.3.12 所示；如果是"单人综合实验"，则无须选择，直接进行操作。

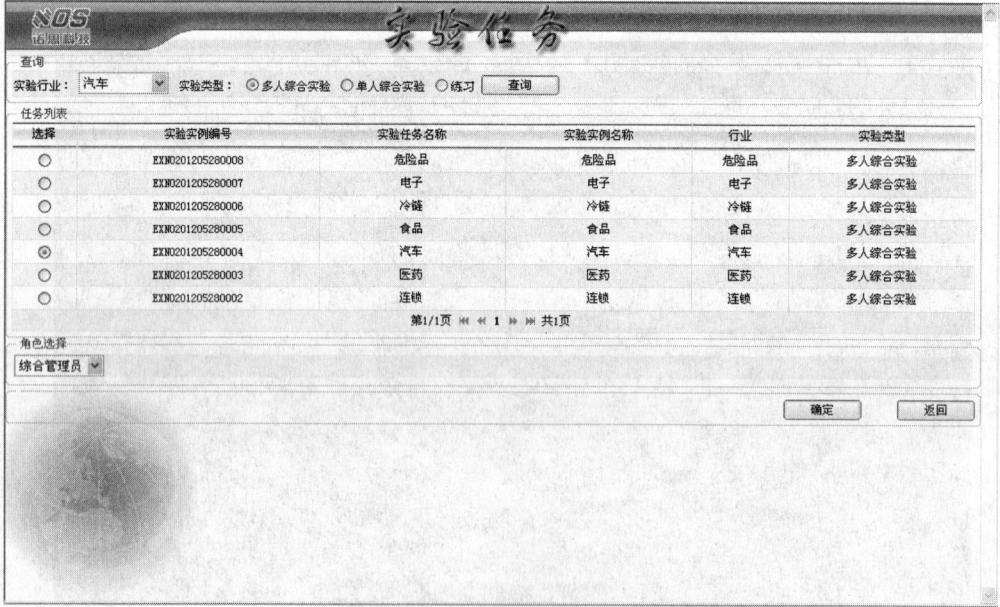

图 6.3.12

（4）点击"确定"按钮进入实验，"模拟实验平台"首页如图 6.3.13 所示。

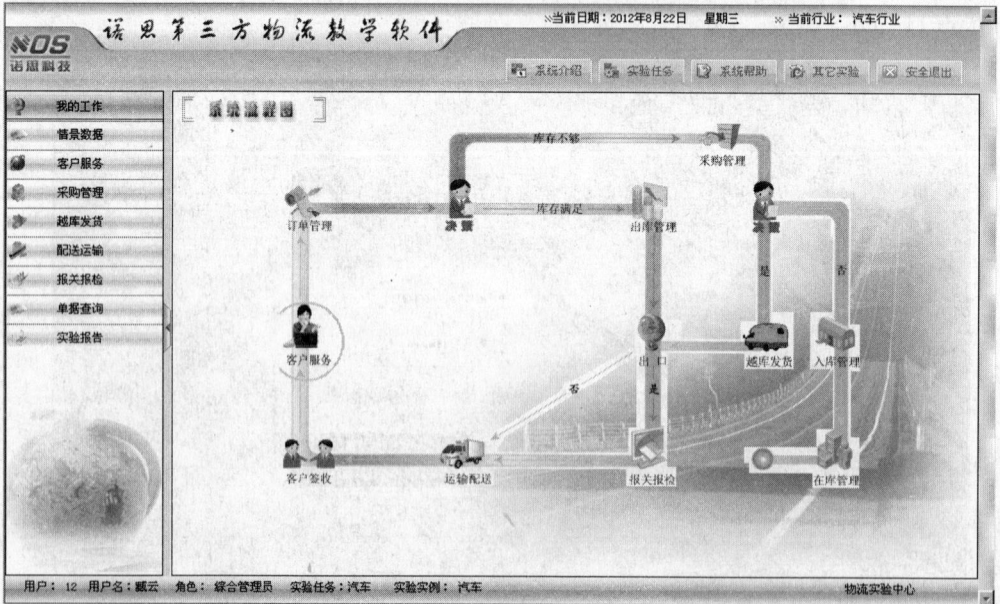

图 6.3.13

步骤2 处理客户订单

(1)点击"客户服务"下的"订单接收"进入,如图6.3.14所示。

图 6.3.14

(2)选中客户名称为"宝马汽车销售有限公司"的记录,点击"查看订单"按钮进入,如图6.3.15所示。

图 6.3.15

(3)选中订单记录,点击"订单接收"按钮,将跳出"订单接收决策"的网页对话框,点击"是"按钮,如图6.3.16所示,接收订单完成。

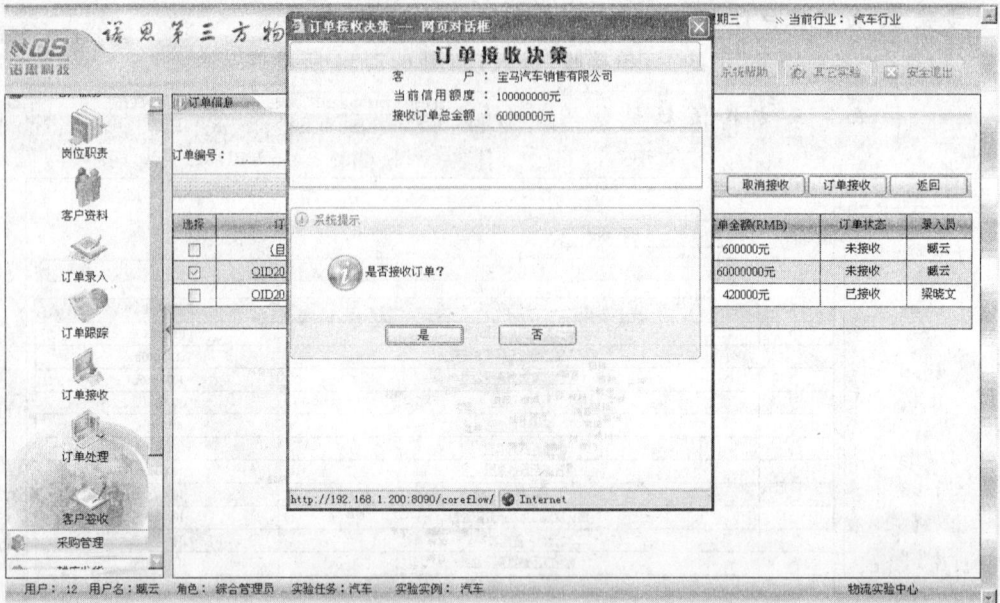

图 6.3.16

（4）点击"客户服务"下的"订单处理"进入，选中要处理的订单记录，然后点击"处理"按钮，将会跳出"订单处理决策"的网页对话框，对话框中将显示物料的相关信息，包括"物料编号"、"规格"、"订单数量"、"库存数量"等，点击"采购申请"按钮，如图 6.3.17 所示。

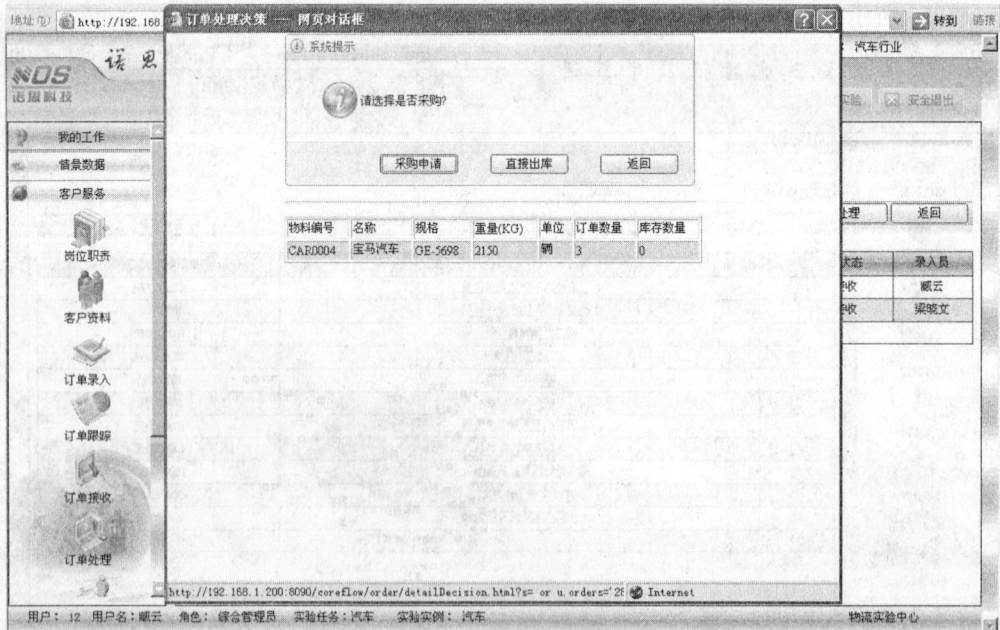

图 6.3.17

（5）处理订单结束，进入物料采购环节。

实验 3　物流公司采购物料

实验步骤:

步骤 1　登录

(1)打开 IE 浏览器,输入 http://IP:8090/coreflow,其中的 IP 是指系统服务器地址,系统首页如图 6.3.18 所示。

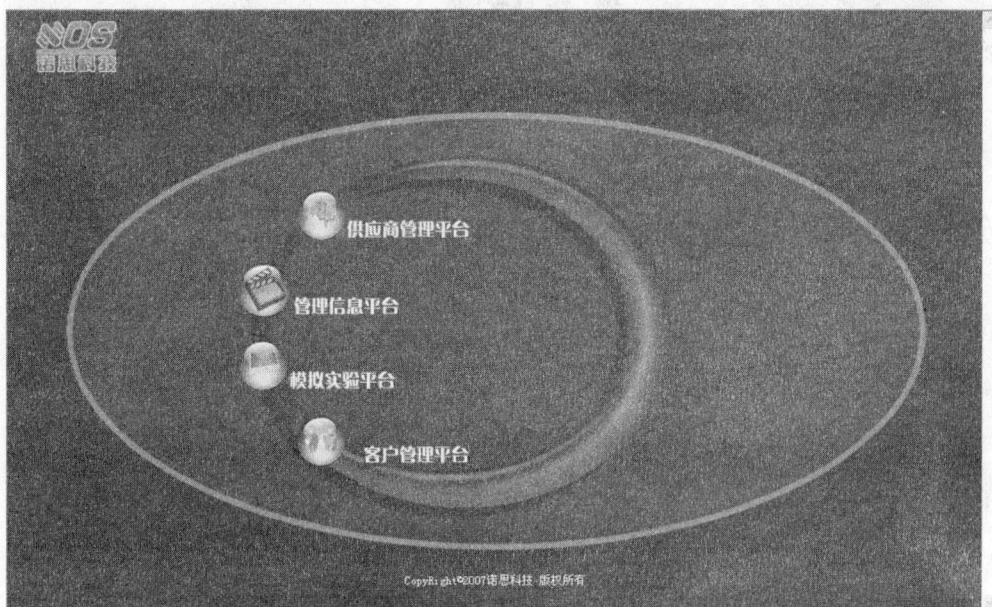

图 6.3.18

(2)点击"模拟实验平台"链接,输入已注册学生的"用户编号"和"密码"进行登录,如图 6.3.19 所示。

图 6.3.19

(3)在"实验任务"页面中选择"汽车"行业的"多人综合实验"或"单人综合实验"(同实验1选择相同)。如果是"多人综合实验",角色选择为"采购员"或"综合管理员",然后点击"确定"按钮进入,如图6.3.20所示;如果是"单人综合实验",完成"实验2 物流公司处理订单"内容后直接进行该步操作。

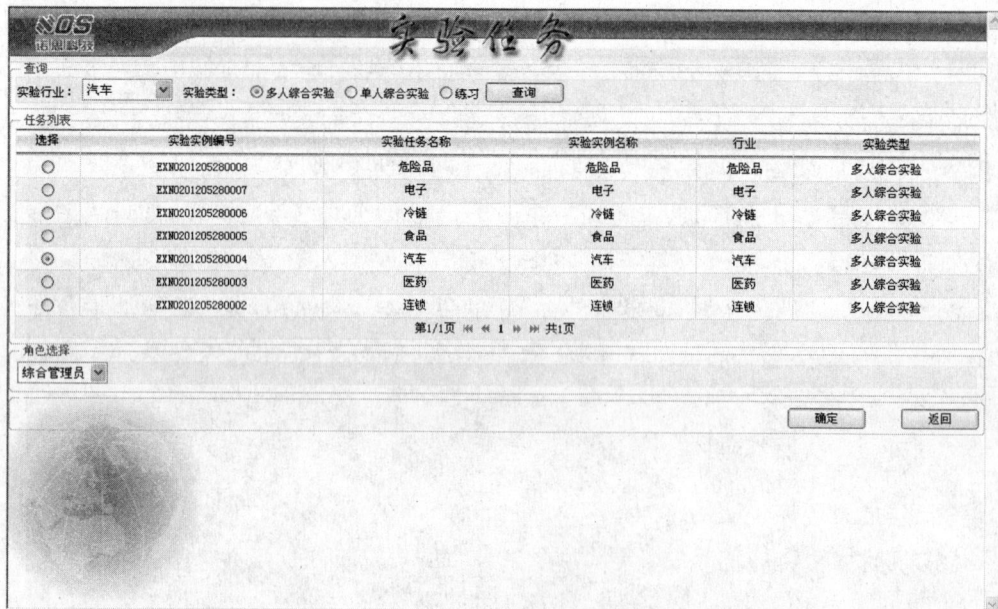

图 6.3.20

(4)点击"开始实验"按钮进入实验,"模拟实验平台"首页如图6.3.21所示。

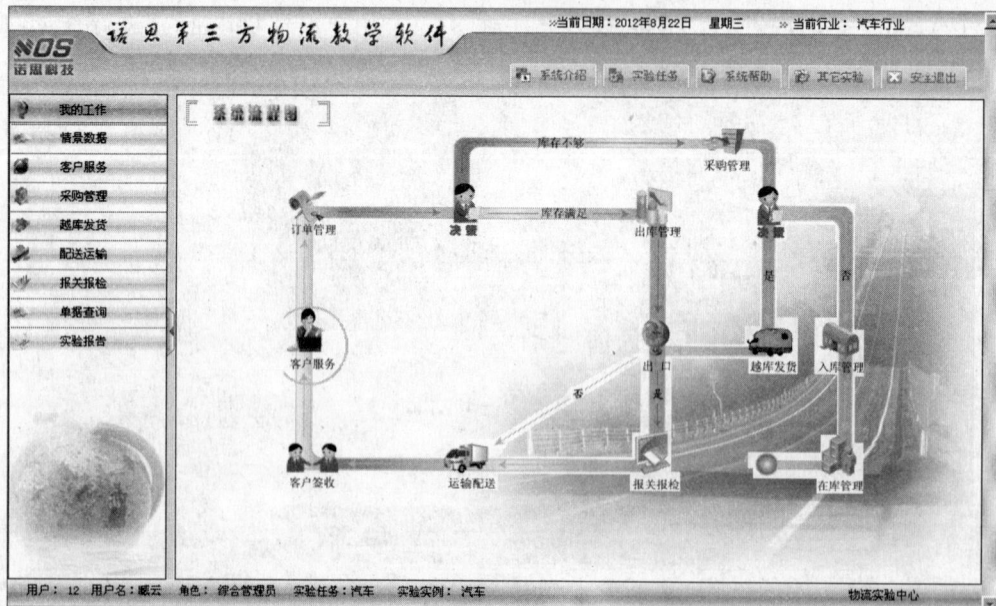

图 6.3.21

步骤2 物料采购

(1)点击"采购管理"下的"采购申请"进入,如图6.3.22所示。

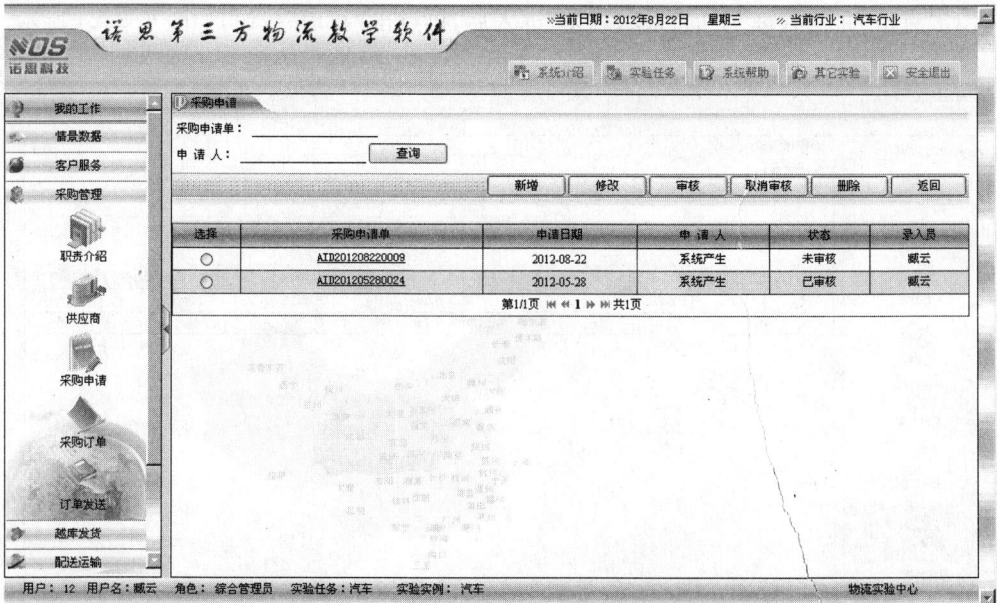

图 6.3.22

(2)选中采购申请单记录,点击"审核"按钮,结果如图 6.3.23 所示。

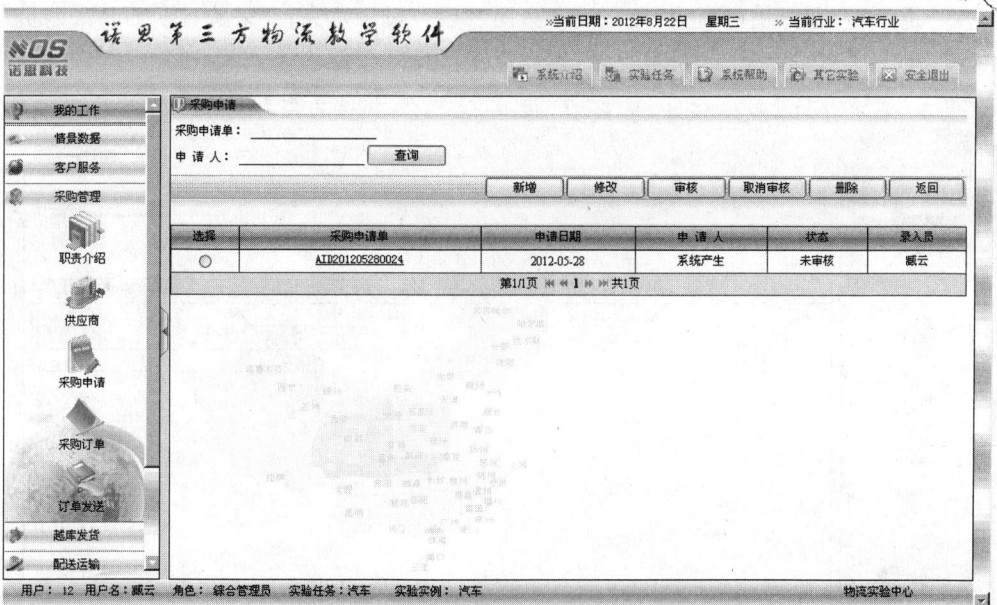

图 6.3.23

采购申请单见表 6.3.2。

表 6.3.2　　　　　　　　　　　　　　采购申请单

采购申请单编号	物料编号	名称	规格	重量(kg)	单位	采购数量
AID201208220009	CAR0004	宝马汽车	GE—5698	2150	辆	3

(3)点击"采购管理"下的"采购订单"进入后，再点击"新增"按钮，如图6.3.24所示。

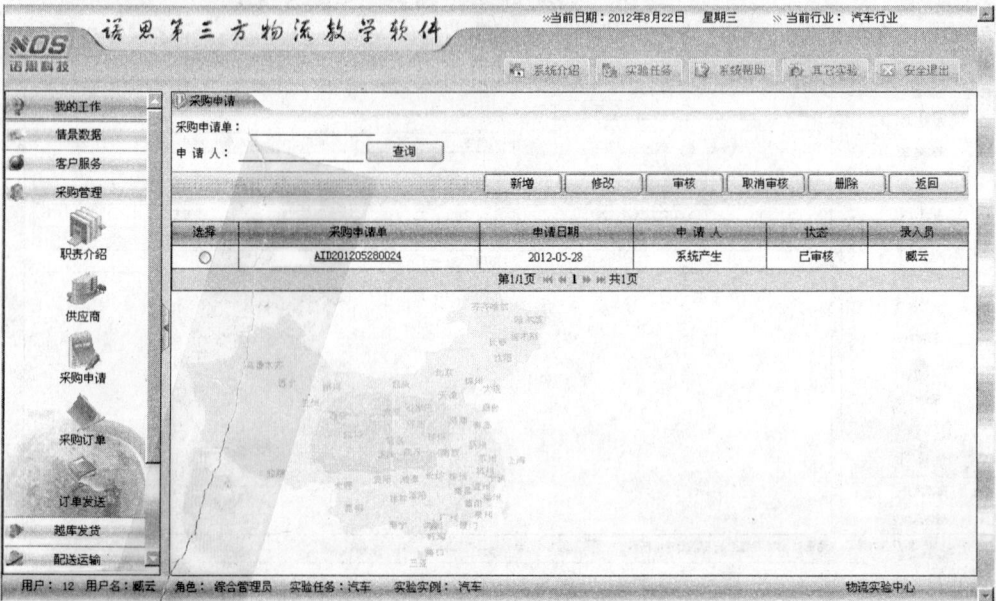

图 6.3.24

(4)进入后，选择供应商为"宝马汽车集团"（后台设置），完善"采购日期"和"采购员"，如图6.3.25所示，选中采购订单记录，然后点击"保存"按钮。

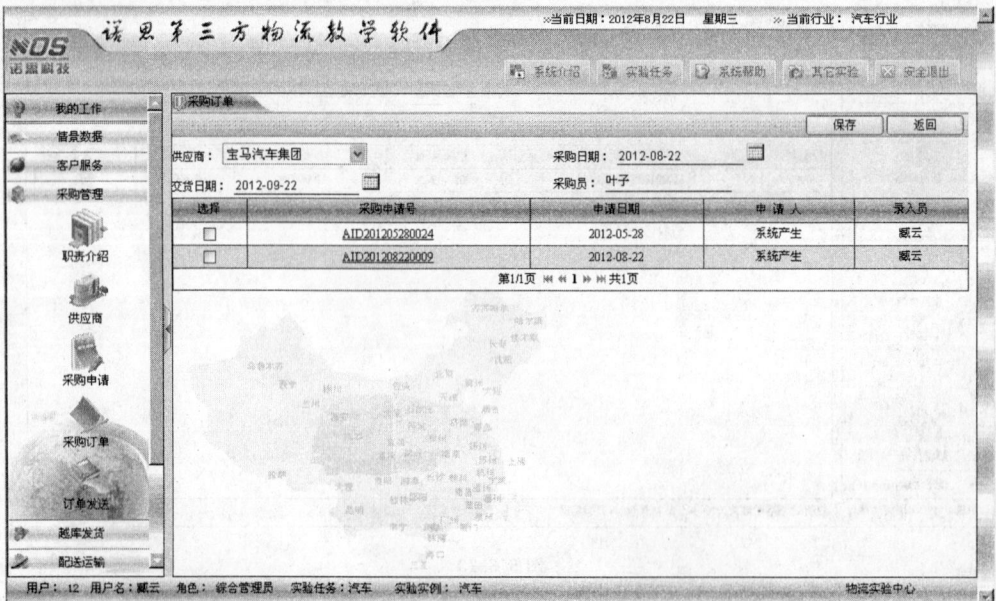

图 6.3.25

(5)结果页面如图6.3.26所示。

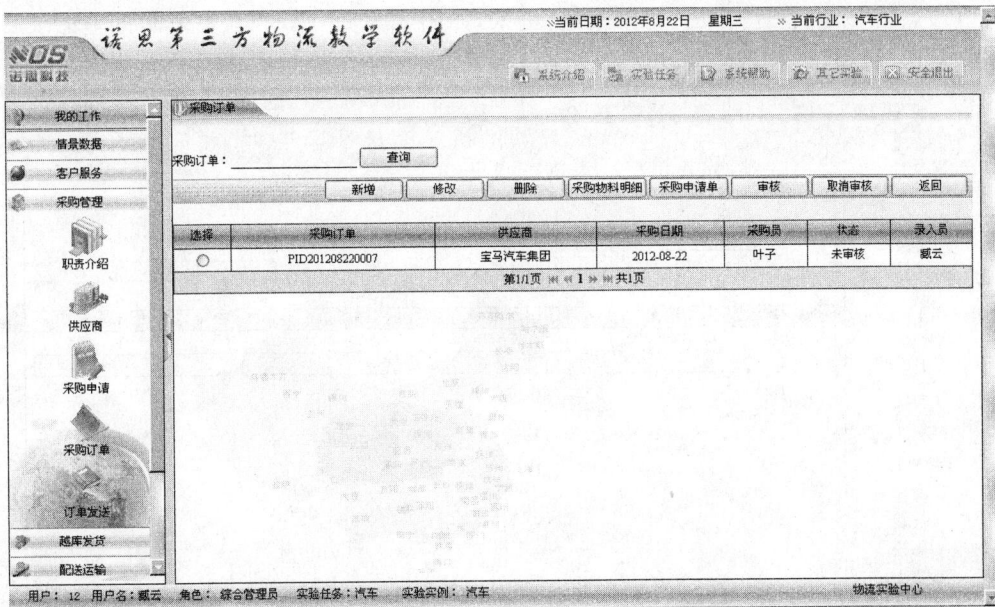

图 6.3.26

采购订单(未审核)见表 6.3.3。

表 6.3.3　　　　　　　　　**采购订单(未审核)**

采购订单	供应商	采购日期	采购员	状态	录入员
PID201208220007	宝马汽车集团	2012-08-22	叶子	未审核	臧云

(6)选中记录,点击"审核"按钮,结果页面如图 6.3.27 所示。

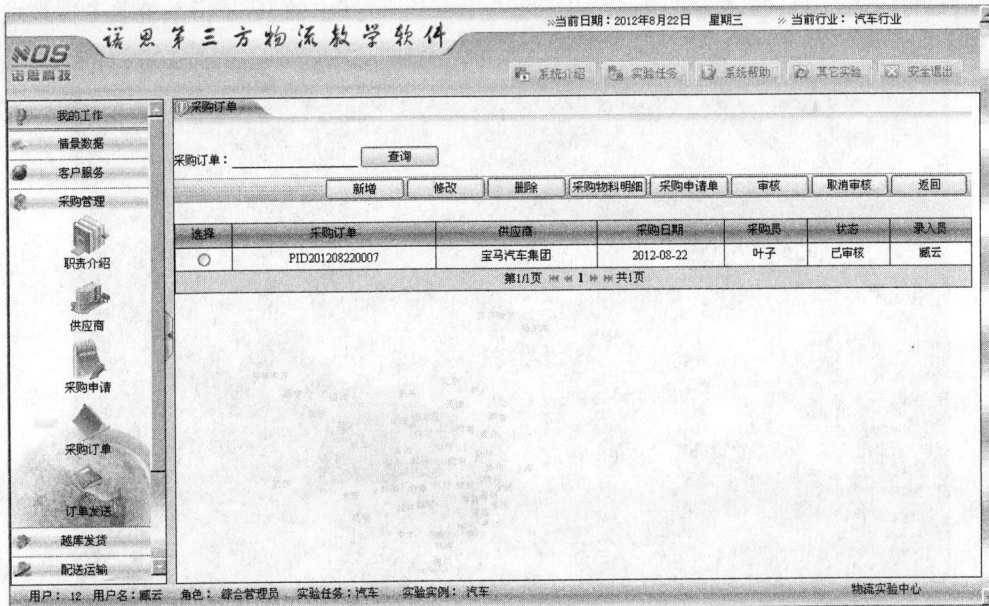

图 6.3.27

（7）点击"采购管理"下的"订单发送"进入，如图 6.3.28 所示，选中采购订单记录后，点击"发送"按钮，订单将自动发送到供应商那里，这里的供应商为"宝马汽车集团"。

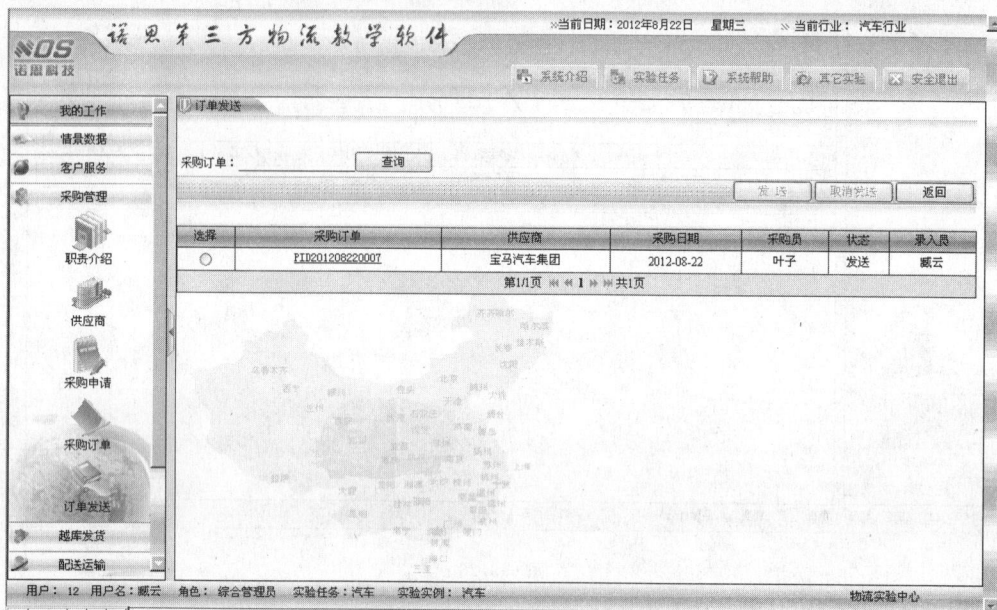

图 6.3.28

（8）发送订单完毕，等待供应商处理。

实验 4　供应商发货

实验步骤：

步骤 1　登录

（1）打开 IE 浏览器，输入 http://IP:8090/coreflow，其中的 IP 是指系统服务器地址，系统首页如图 6.3.29 所示。

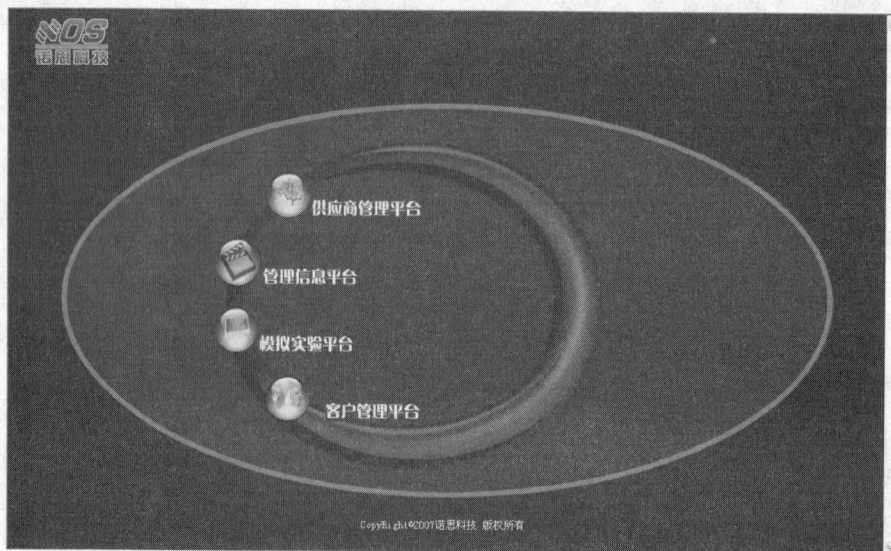

图 6.3.29

（2）点击"供应商管理平台"链接，输入后台设置的供应商的"用户编号"和"密码"进行登录，如图6.3.30所示。

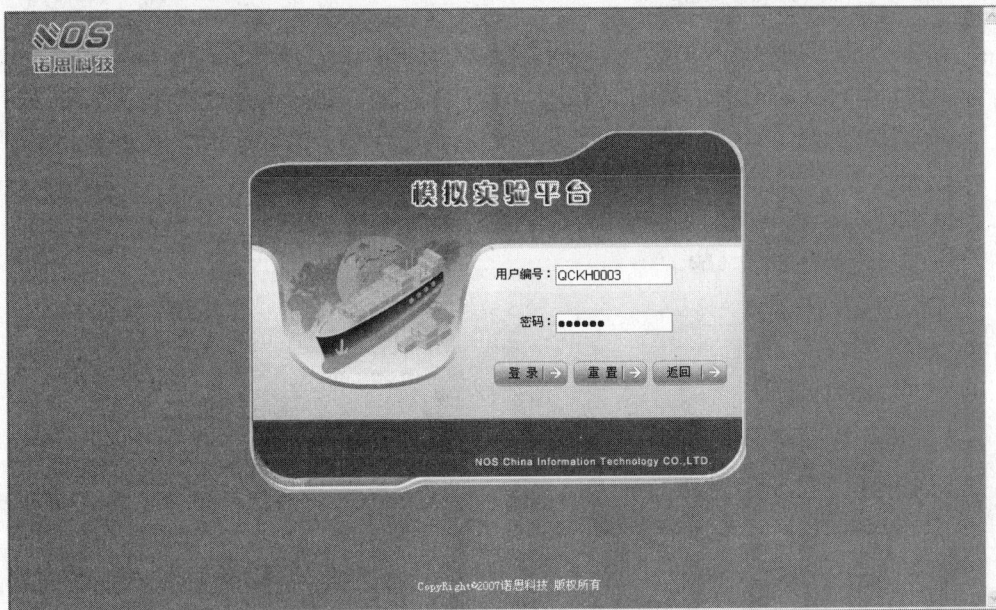

图6.3.30

（3）在"实验任务"页面中选择"汽车"行业的"多人综合实验"或"单人综合实验"，然后点击"确定"按钮进入实验，如图6.3.31所示。

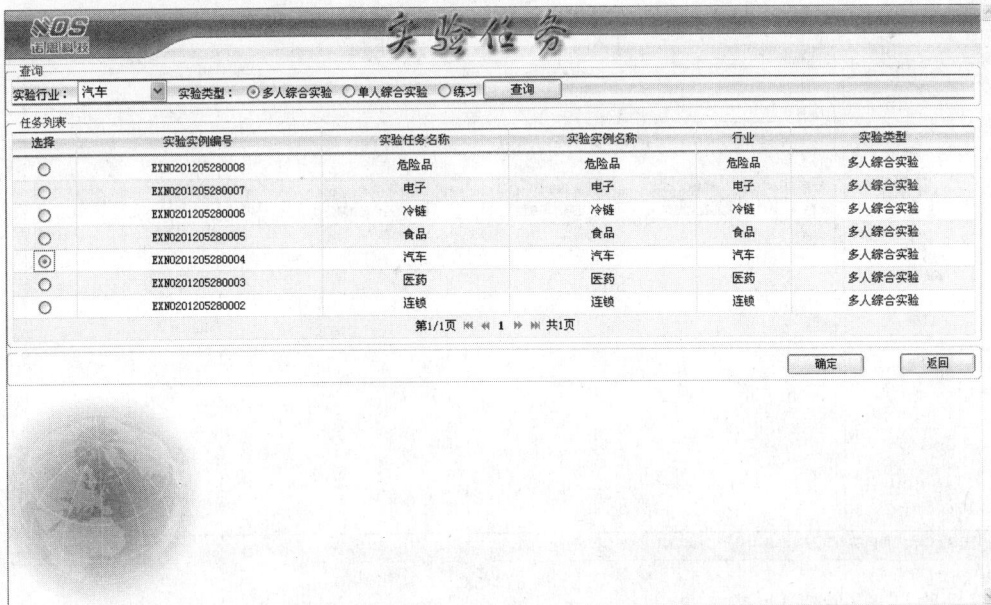

图6.3.31

（4）点击"开始实验"按钮进入实验，"供应商管理平台"首页如图6.3.32所示。

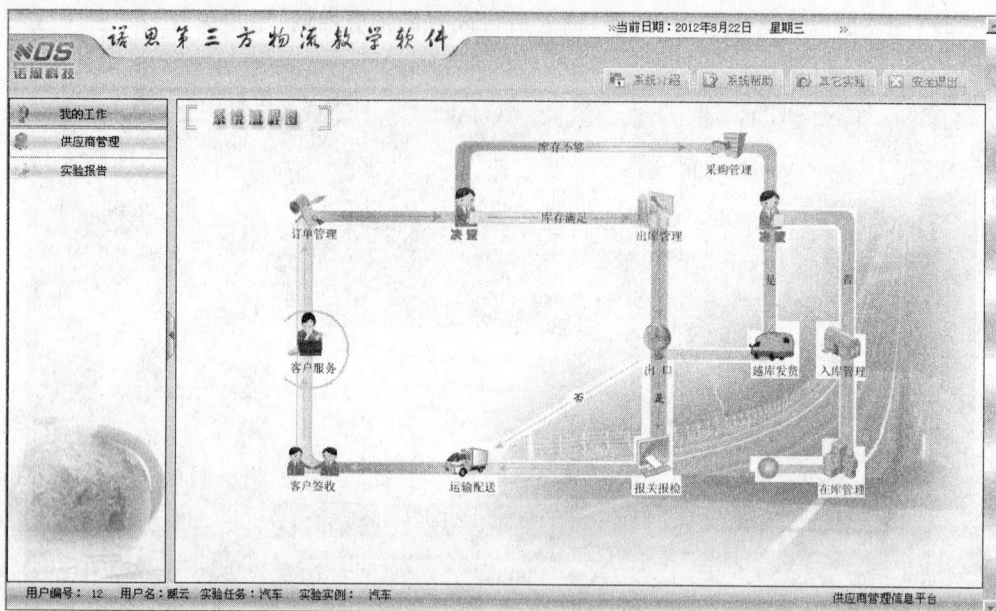

图 6.3.32

步骤 2　供应商备货发货处理

(1)点击"供应商管理"下的"订单接收"进入,物流公司发送的订单将自动显示,如图 6.3.33 所示。

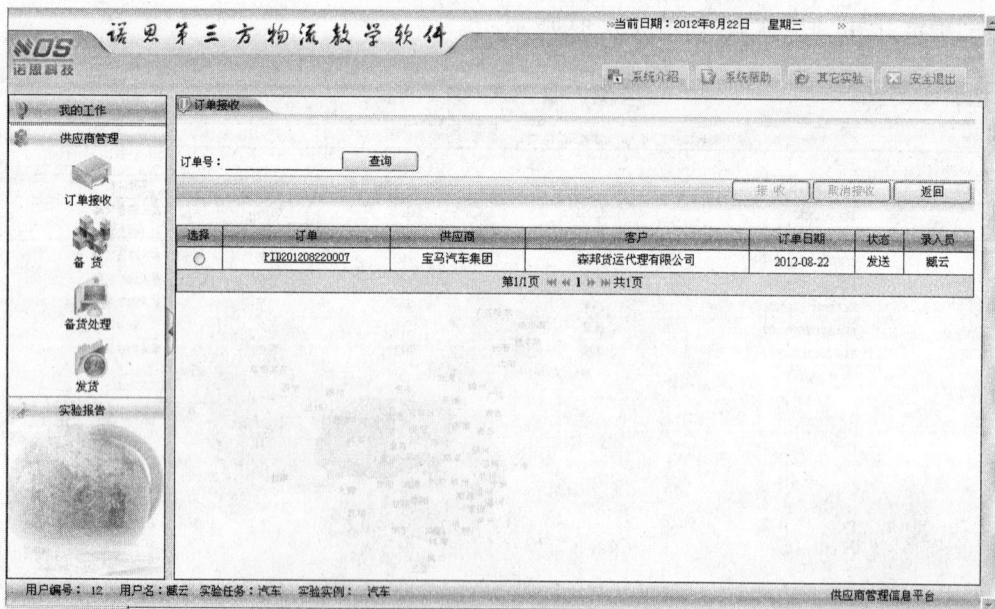

图 6.3.33

采购订单(发送)见表 6.3.4

表 6.3.4　　　　　　　　　　　　采购订单(发送)

订单	供应商	客户	采购日期	状态	录入员
PID201208220007	宝马汽车集团	森帮货运代理有限公司	2012—08—22	发送	臧云

(2)选中记录,点击"接收"按钮,"订单接收"页面如图6.3.34所示。

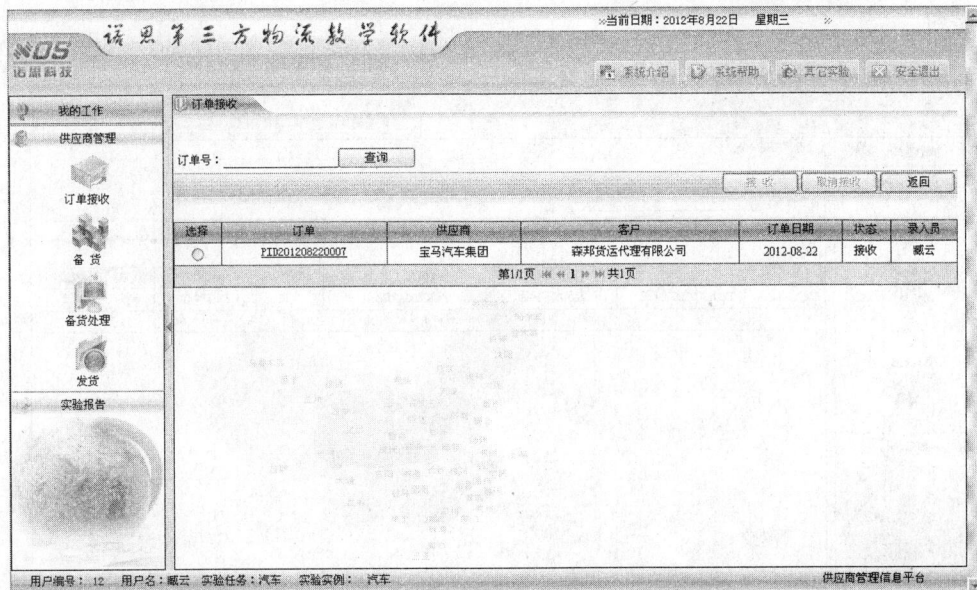

图6.3.34

(3)点击"供应商管理"下的"备货"进入,选中记录,点击"备货"按钮,将进入"订单备货"页面,自动生成"备货单号",完善资料,如图6.3.35所示,然后点击"保存"按钮。

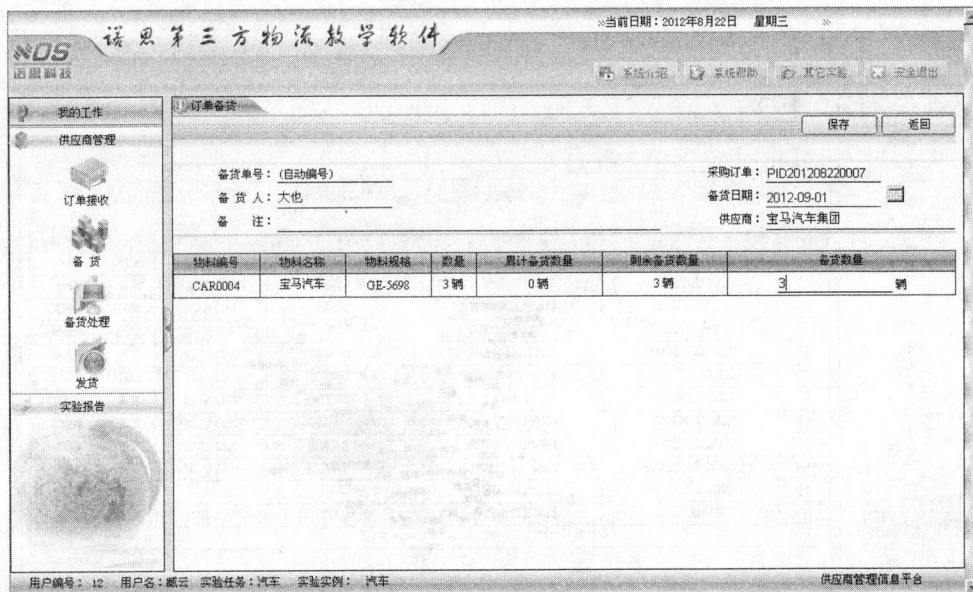

图6.3.35

采购单见表6.3.5。

表6.3.5 采购单

物料编号	物料名称	规格	采购订单	采购数量	备货数量
CAR0004	宝马汽车	GE-5698	PID201208220007	3辆	3辆

（4）点击"供应商管理"下的"备货处理"进入，如图 6.3.36 所示，选中记录，点击"审核"按钮。

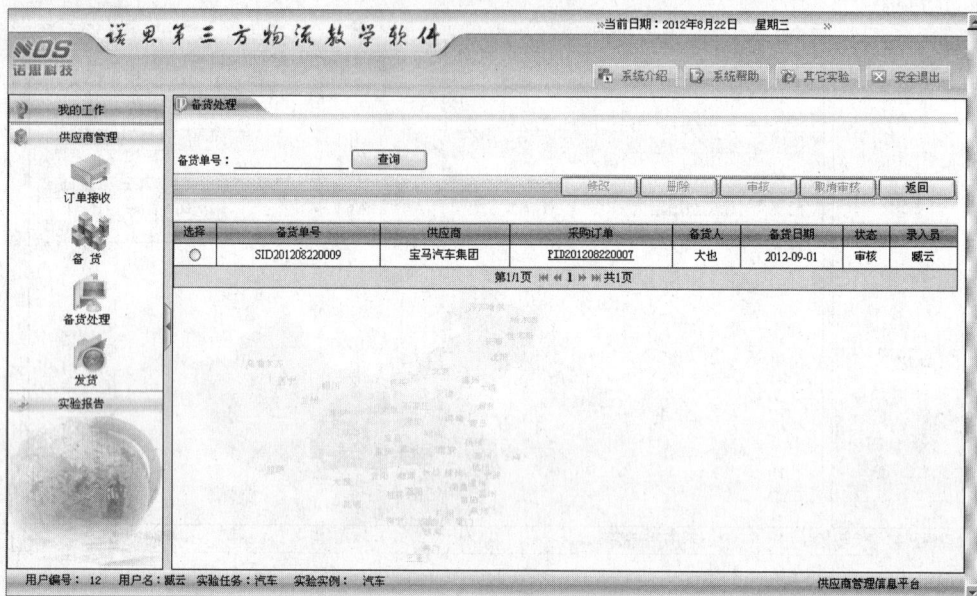

图 6.3.36

（5）点击"供应商管理"下的"发货"进入，如图 6.3.37 所示，选中记录，点击"发货"按钮。

图 6.3.37

备货单见表 6.3.6。

表 6.3.6　　　　　　　　　　　备货单

备货单	采购订单	供应商	备货日期	状态	录入员
SID201208220009	PID201208220007	宝马汽车集团	2012－09－01	发货	臧云

实验5 物流公司越库发货

实验步骤：

步骤1 登录

（1）打开 IE 浏览器，输入 http://IP:8090/coreflow，其中的 IP 是指系统服务器地址，系统首页如图 6.3.38 所示。

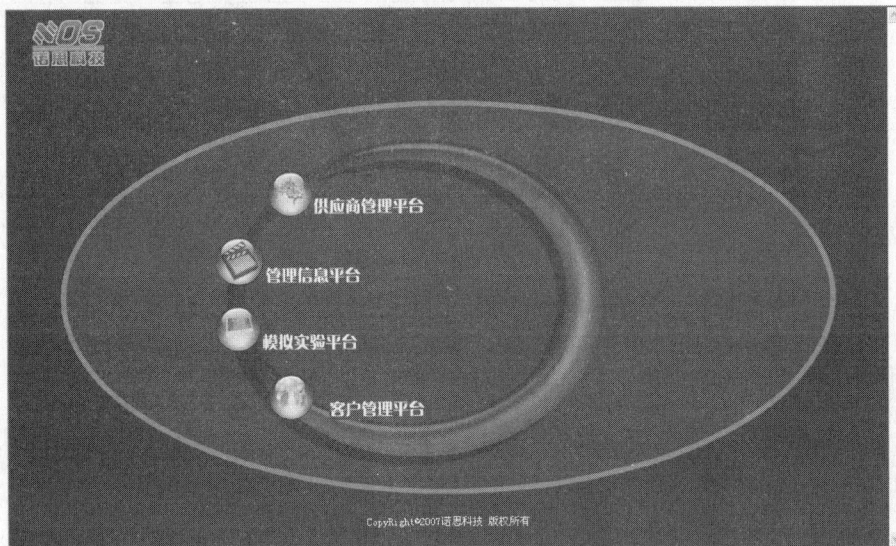

图 6.3.38

（2）点击"模拟实验平台"链接，输入已注册学生的"用户编号"和"密码"进行登录，如图 6.3.39 所示。

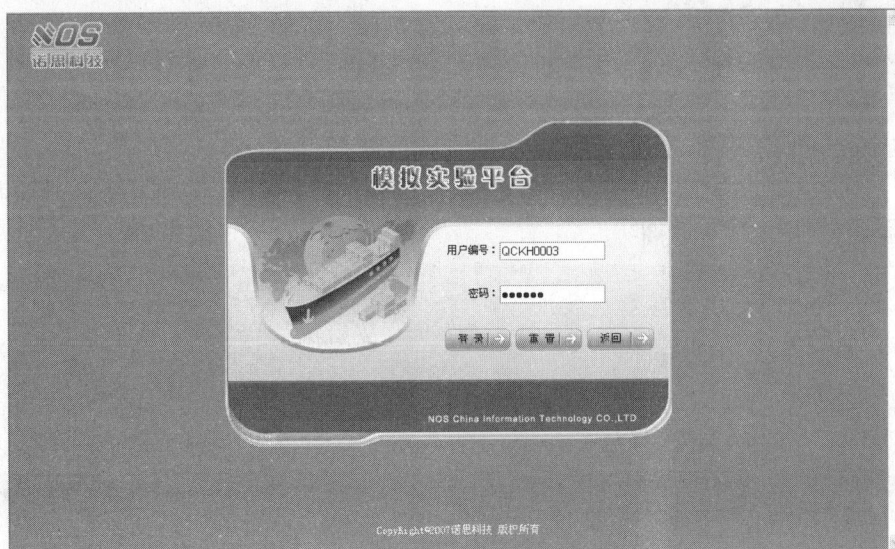

图 6.3.39

（3）在"实验任务"页面中选择"汽车"行业的"多人综合实验"或"单人综合实验"（同实验1选择相同）。如果是"多人综合实验"，角色选择为"仓管员"或"综合管理员"，然后点击"确定"按钮进入,如图 6.3.40 所示;如果是"单人综合实验",完成"实验 4 供应商发货"内容后直接进行该步操作。

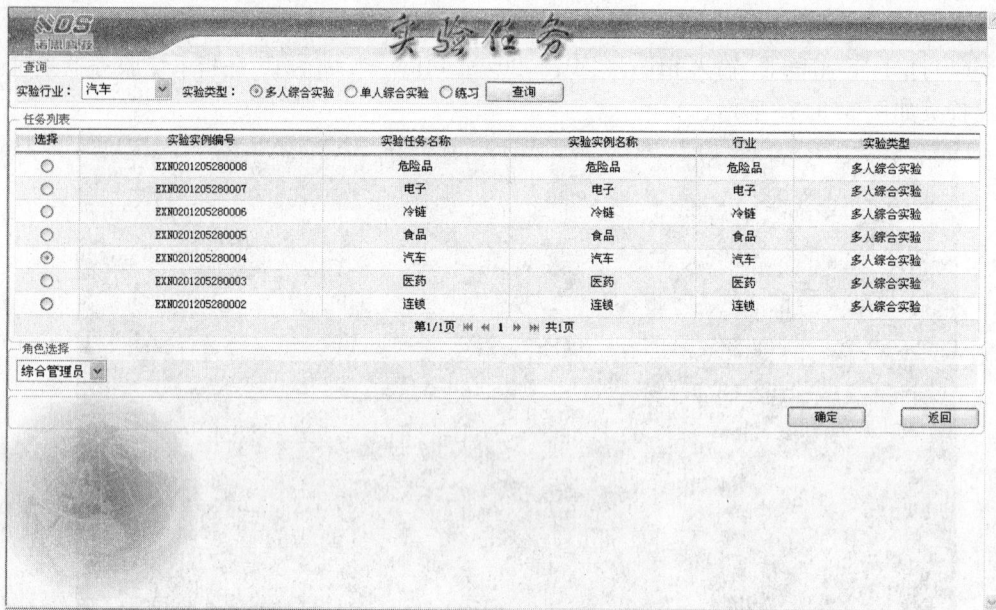

图 6.3.40

(4)点击"开始实验"按钮进入实验,"模拟实验平台"首页如图 6.3.41 所示。

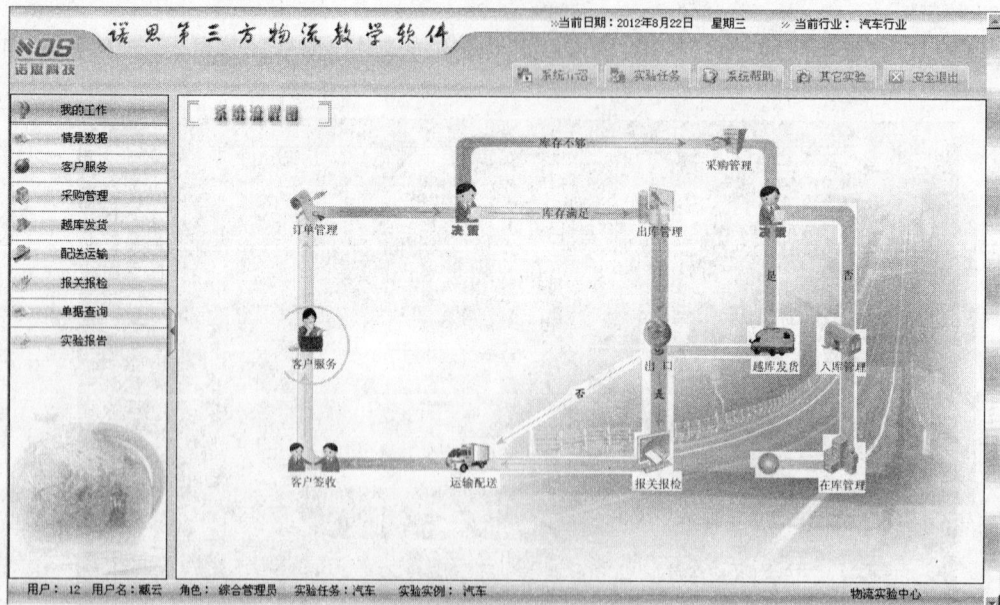

图 6.3.41

步骤2 越库发货

(1)点击"越库发货"下的"出库接单",进入"出库接单"页面,如图6.3.42所示。

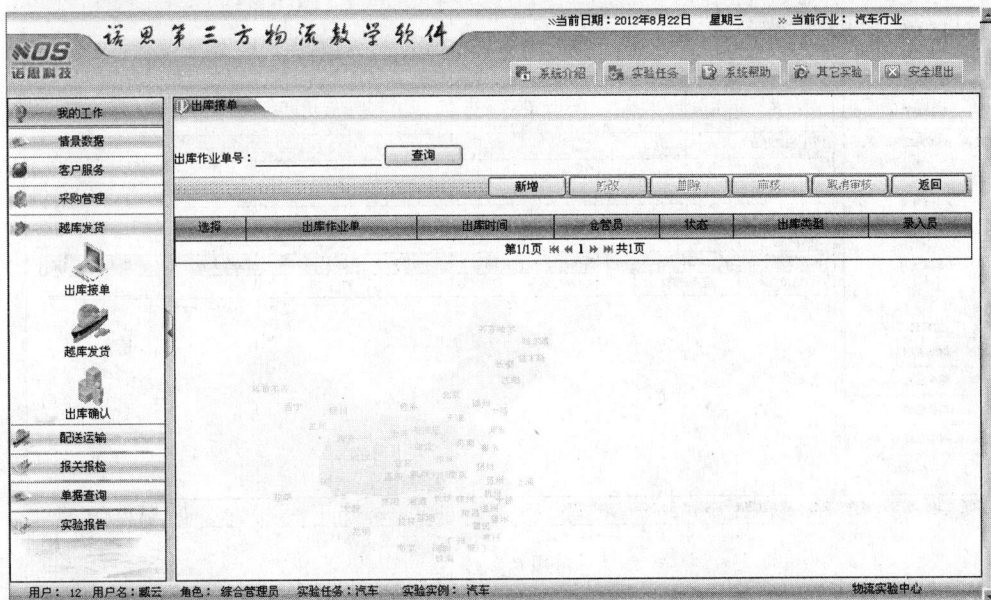

图 6.3.42

(2)点击"新增"按钮,进入"出库作业"页面,如图6.3.43所示。

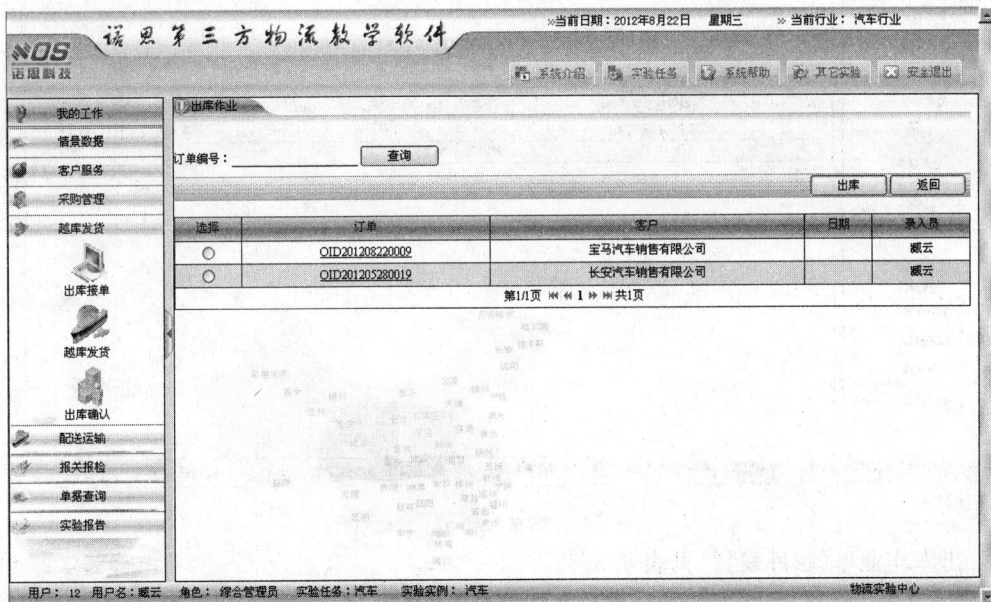

图 6.3.43

(3)选择在"采购管理"模块生成的已到货的订单,点击"出库"按钮,完善相关信息,如图6.3.44所示,然后点击"保存"按钮。

(4)返回"出库接单"页面,如图6.3.45所示,选择出库作业单的记录,点击"审核"按钮。

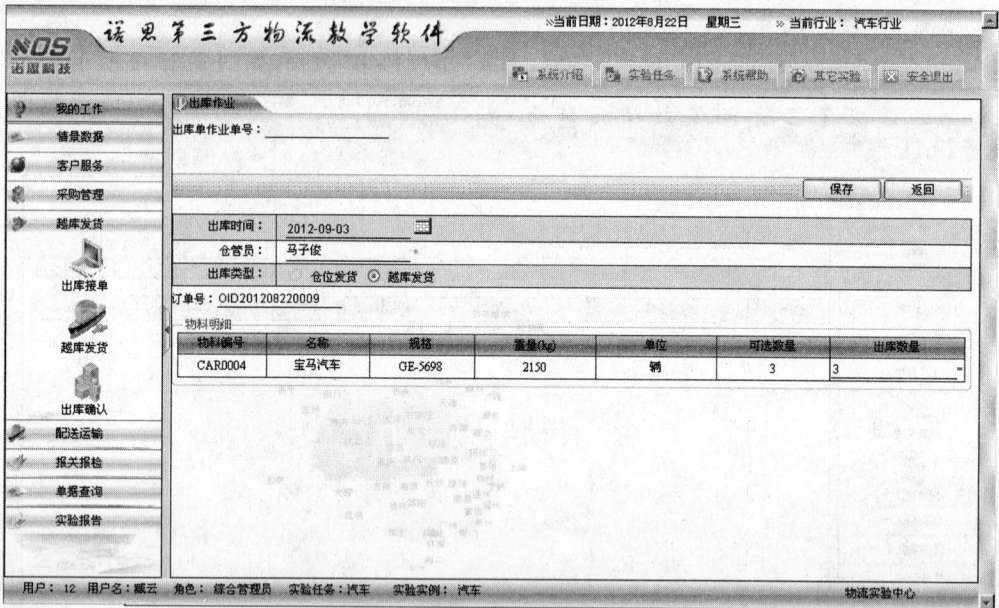

图 6.3.44

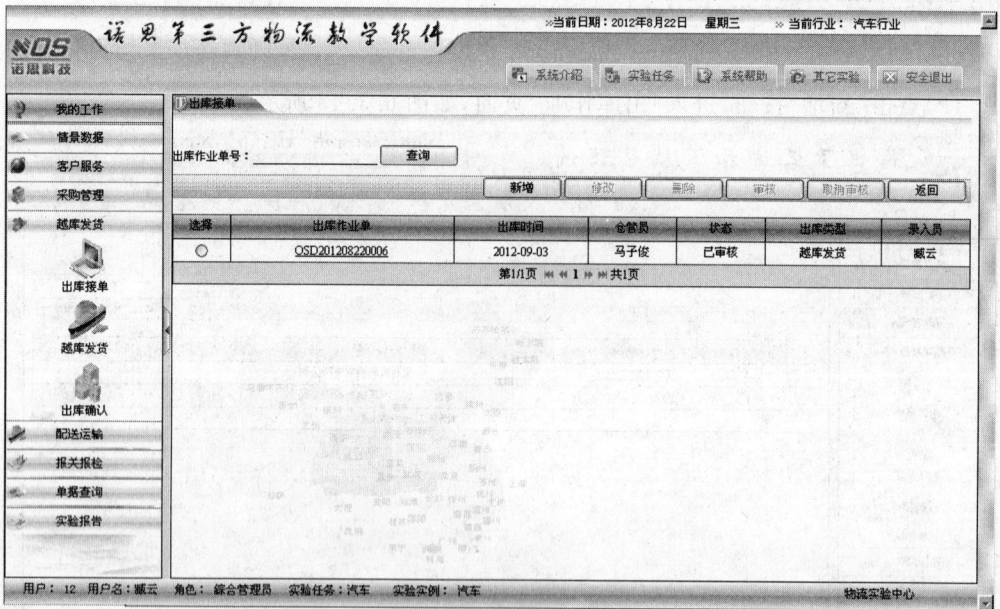

图 6.3.45

出库作业单(越库发货)见表 6.3.8。

表 6.3.8 　　　　　　　　**出库作业单(越库发货)**

出库作业单	出库时间	仓管员	状态	出库类型	录入员
OSD201208220006	2012-09-03	马子俊	已审核	越库发货	臧云

(5)点击"越库发货"下的"越库发货"进入,选择出库作业单,点击"越库发货"按钮,如图 6.3.46 所示。

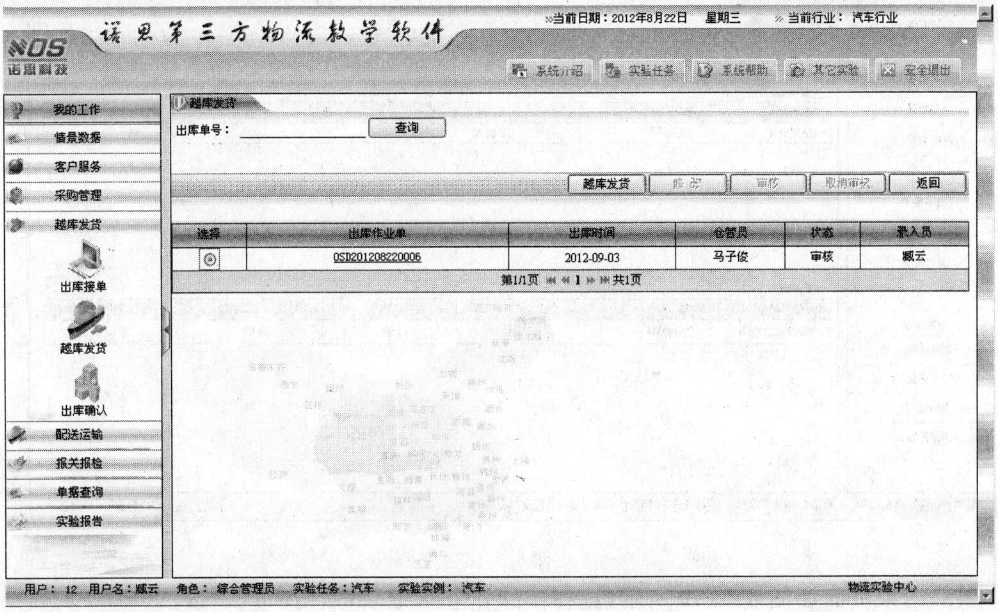

图 6.3.46

(6)进入出库作业单的明细页面,如图 6.3.47 所示。

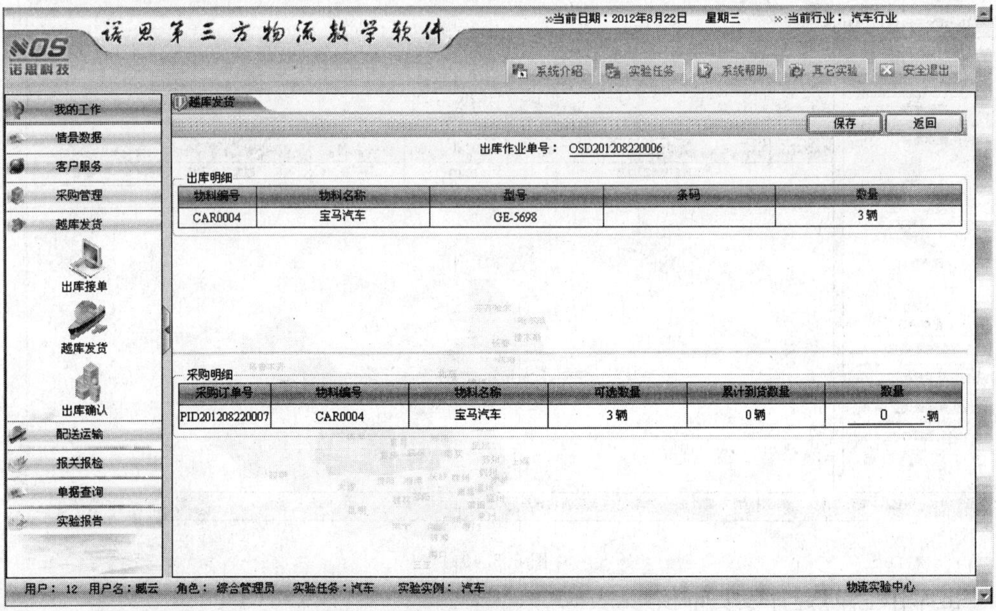

图 6.3.47

(7)根据"出库明细",完善"采购明细"里的内容,即填入数量,然后点击"保存"按钮,如图 6.3.48 所示。

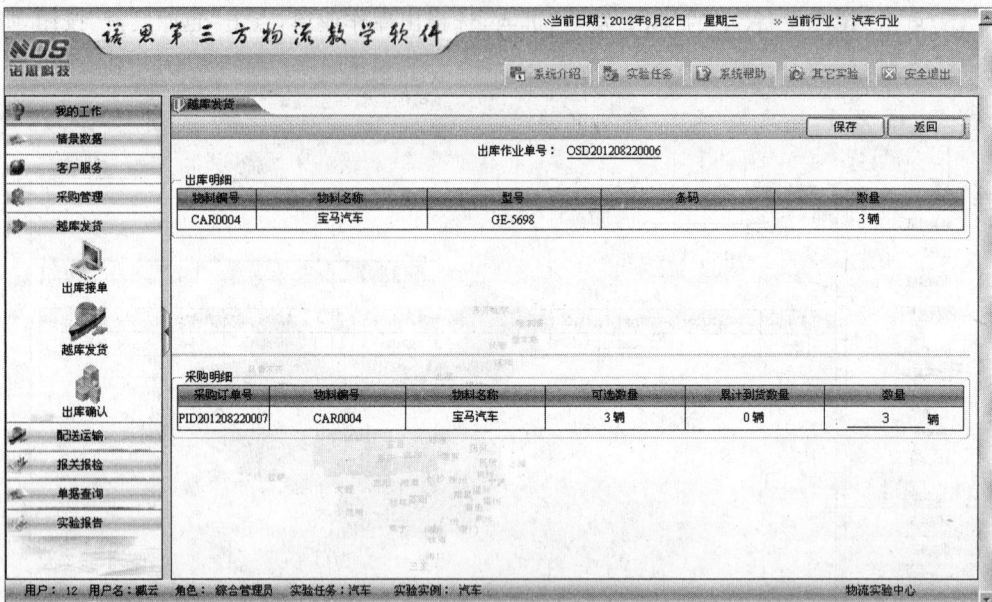

图 6.3.48

(8)结果页面如图 6.3.49 所示,选择出库作业单记录,点击"审核"按钮。

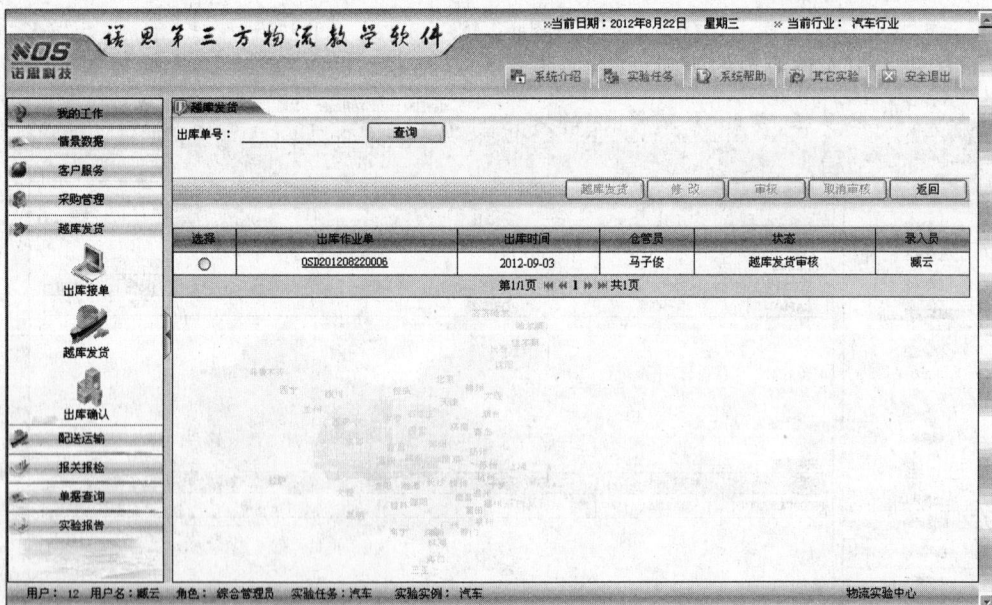

图 6.3.49

出库作业单(越库发货审核)见表 6.3.9。

表 6.3.9   **出库作业单(越库发货审核)**

出库作业单	出库时间	仓管员	状态	录入员
OSD201208220006	2012—09—03	马子俊	越库发货审核	臧云

(9)点击"越库发货"下的"出库确认"进入,如图 6.3.50 所示,选择出库作业单记录,点击"出库确认"按钮。

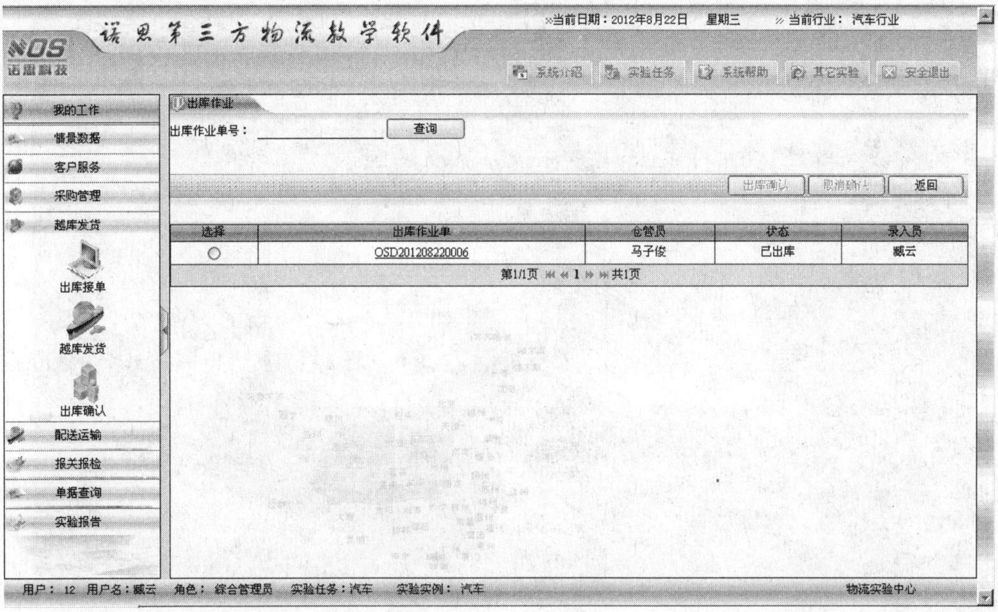

图 6.3.50

实验6 物流公司配送货物

实验步骤:

步骤1 登录

(1)打开 IE 浏览器,输入 http://IP:8090/coreflow,其中的 IP 是指系统服务器地址,系统首页如图 6.3.51 所示。

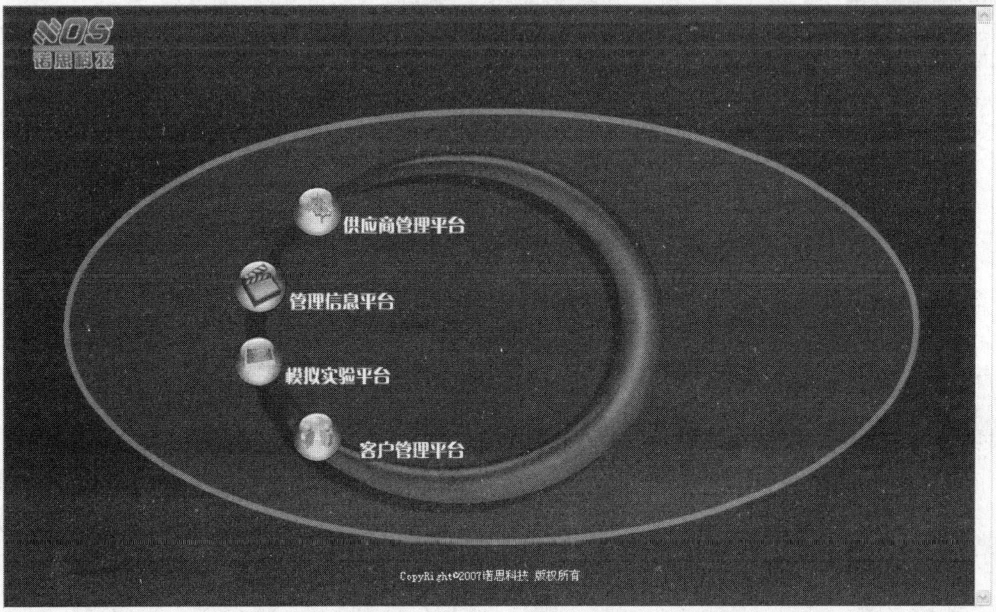

图 6.3.51

（2）点击"模拟实验平台"链接，输入已注册学生的"用户编号"和"密码"进行登录，如图 6.3.52 所示。

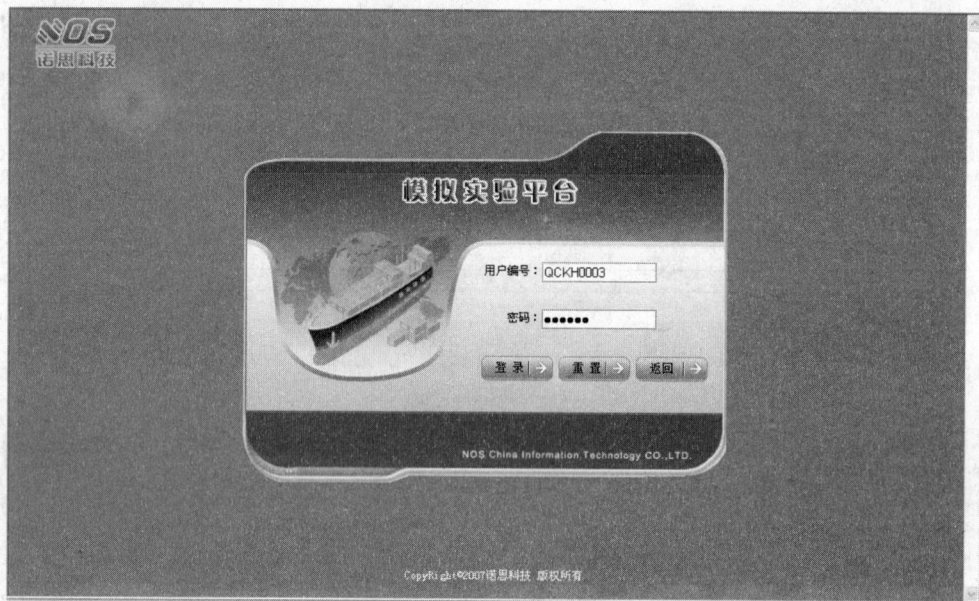

图 6.3.52

（3）在"实验任务"页面中选择"汽车"行业的"多人综合实验"或"单人综合实验"（同实验 1 选择相同）。如果是"多人综合实验"，角色选择为"配送员"或"综合管理员"，然后点击"确定"按钮进入，如图 6.3.53 所示；如果是"单人综合实验"，完成"实验 5　物流公司越库发货"内容后，直接进行该步操作。

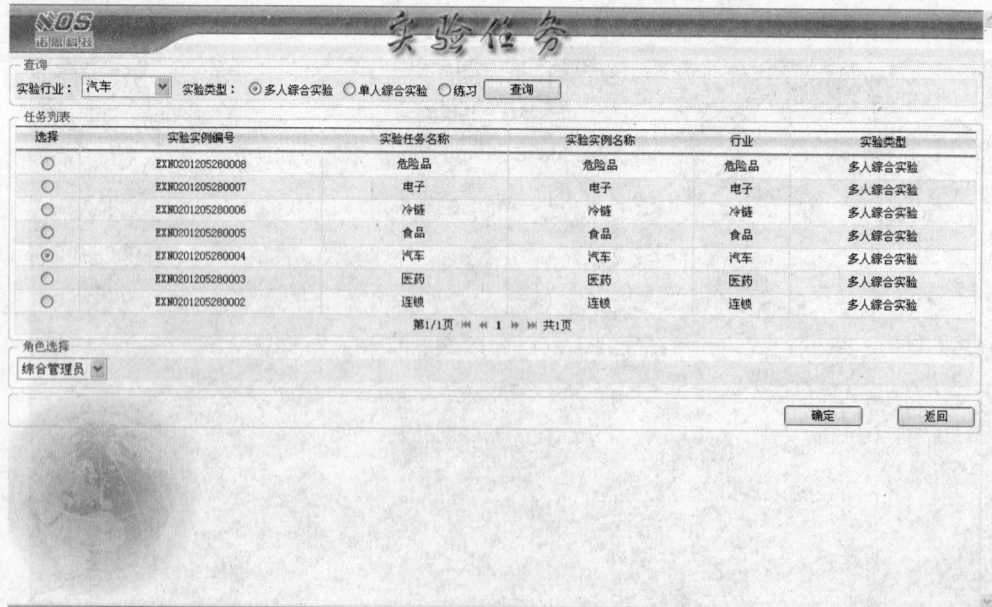

图 6.3.53

（4）点击"开始实验"按钮进入实验，"模拟实验平台"首页如图 6.3.54 所示。

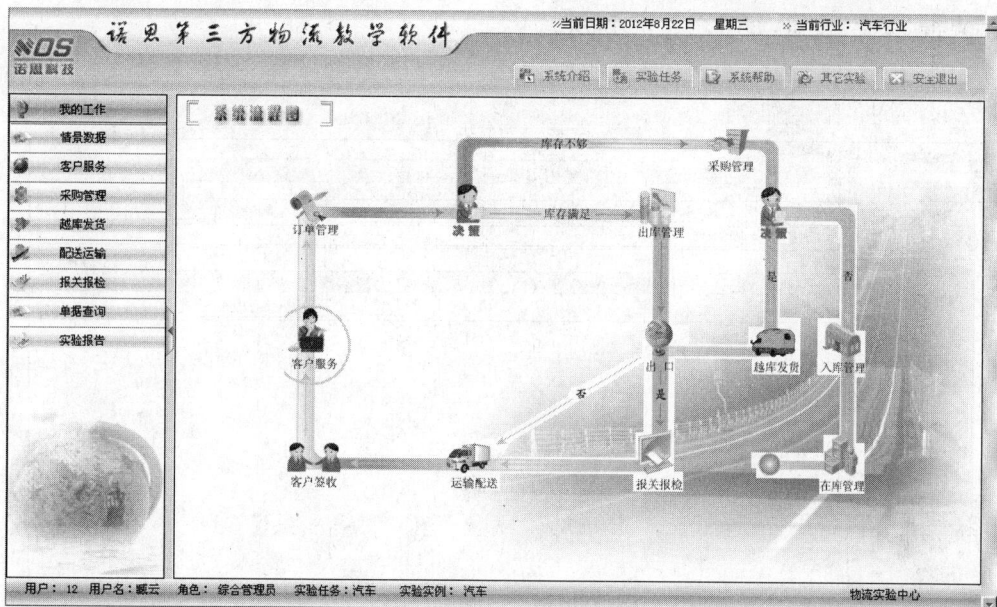

图 6.3.54

步骤 2　配送管理

（1）点击"配送运输"下的"配送任务"，进入"配送作业单"页面，如图 6.3.55 所示。

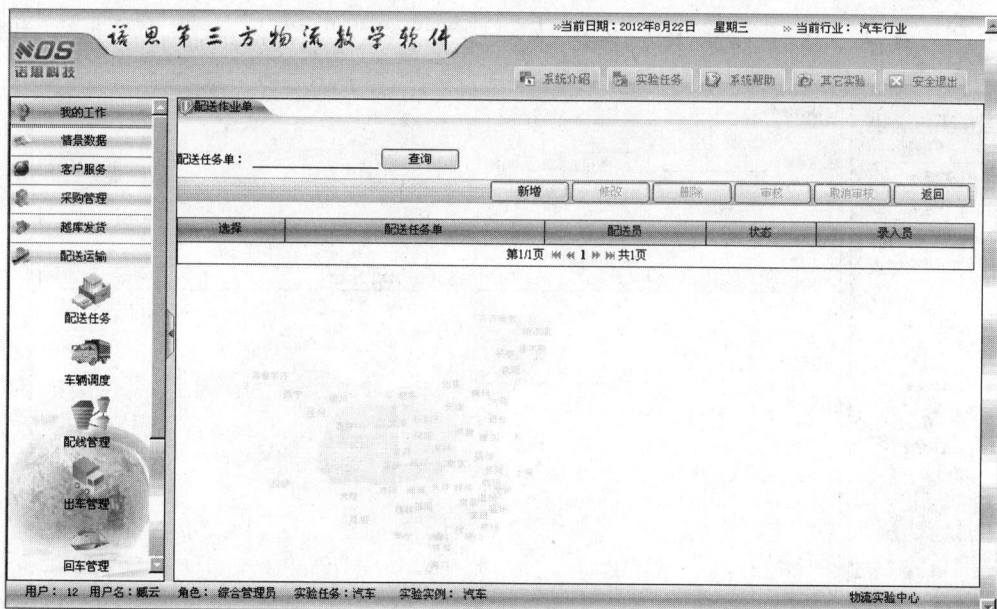

图 6.3.55

(2)点击"新增"按钮进入,完善相关资料后,点击"新增"按钮,选择要配送的出库单,然后点击"保存"按钮,如图6.3.56所示。

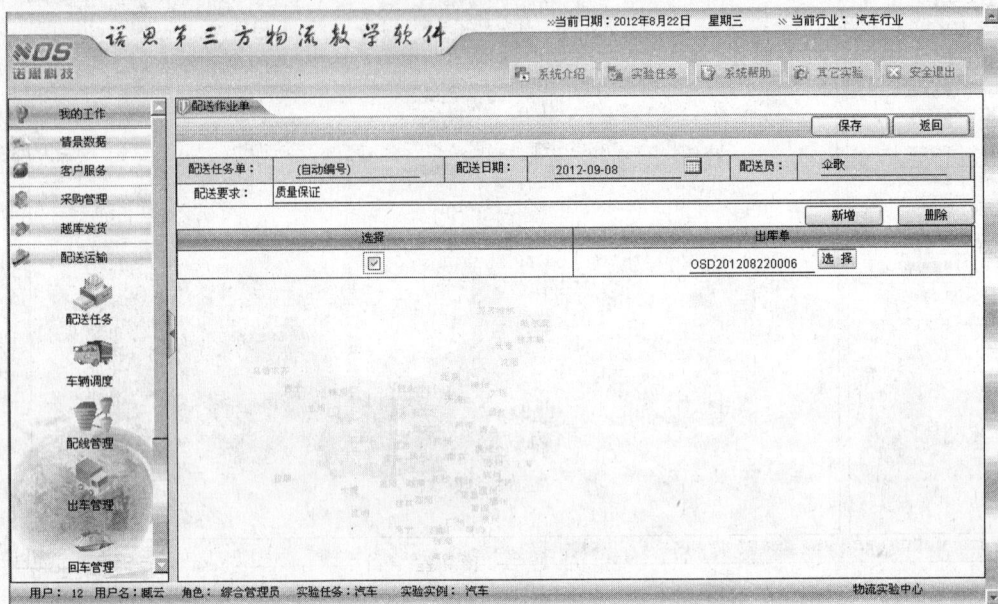

图 6.3.56

(3)返回,如图6.3.57所示,选中记录,点击"审核"按钮。

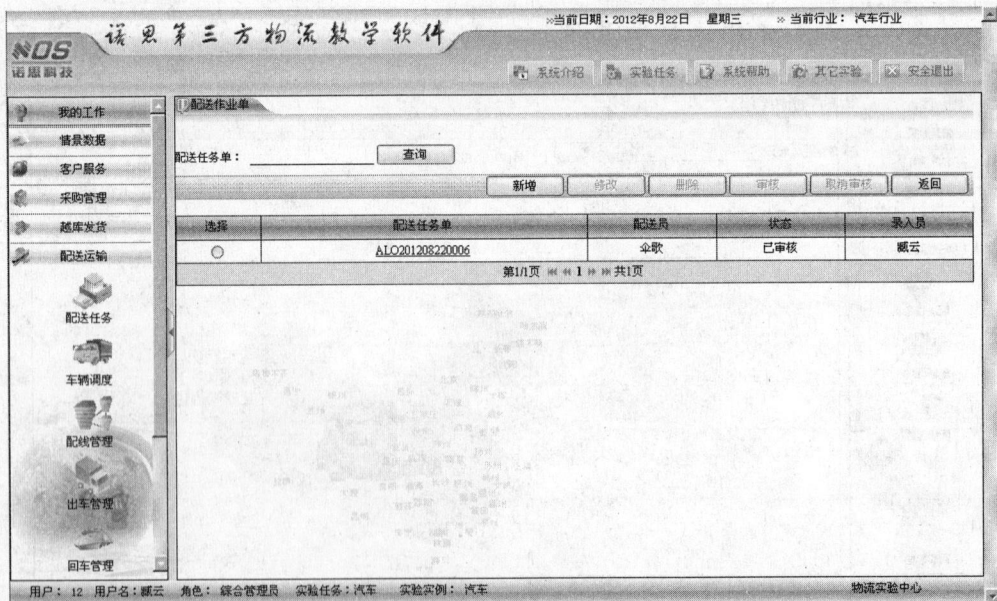

图 6.3.57

（4）点击"配送运输"下的"车辆调度"进入，选中记录，然后点击"调度配载"按钮进入，如图 6.3.58 所示。

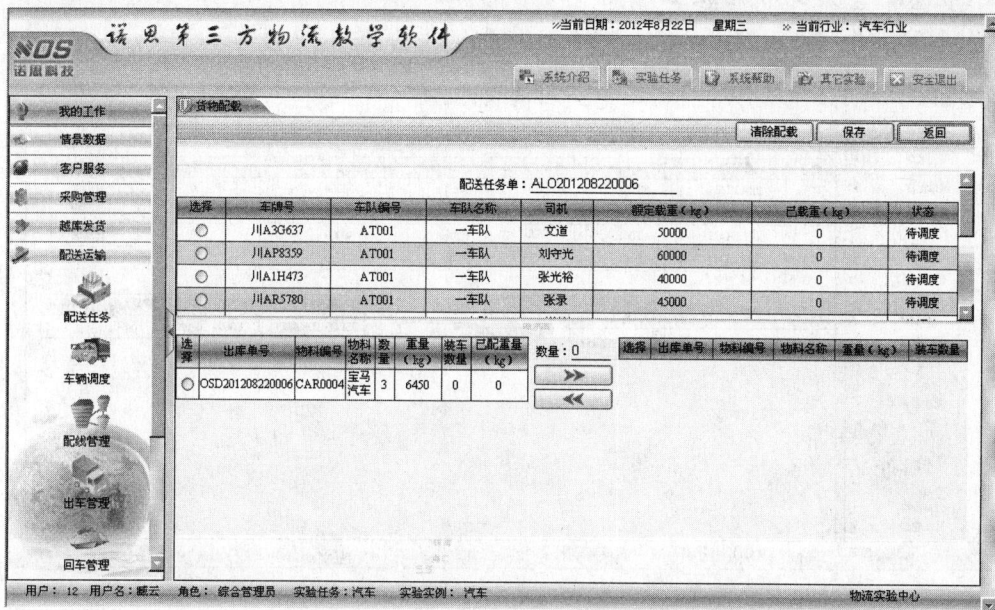

图 6.3.58

（5）从左边的订单待配物料明细中选择物料，如图 6.3.59 所示。

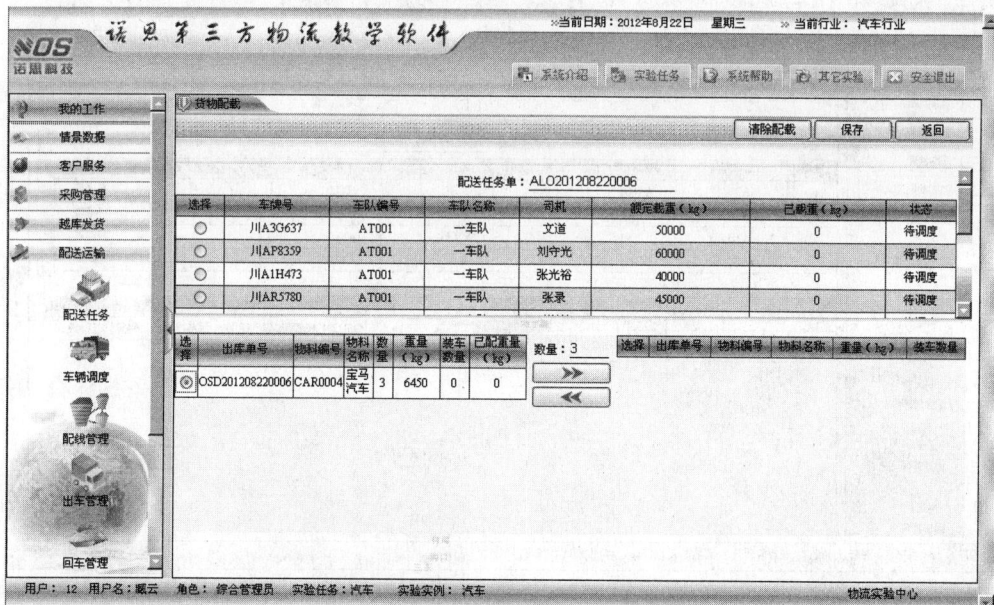

图 6.3.59

（6）点击"向右移"按钮，结果如图 6.3.60 所示。

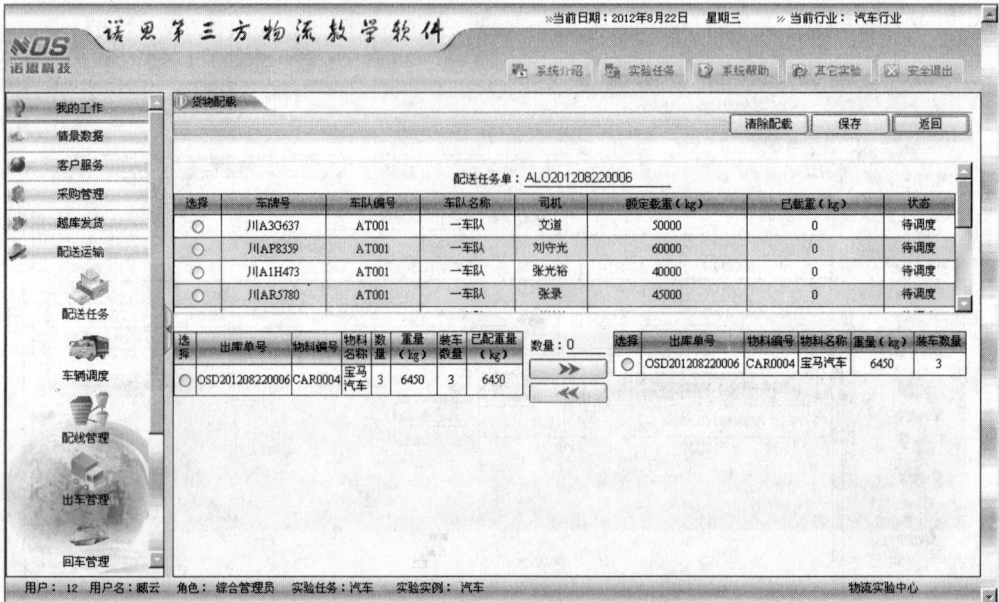

图 6.3.60

（7）点选车辆，如图 6.3.61 所示。

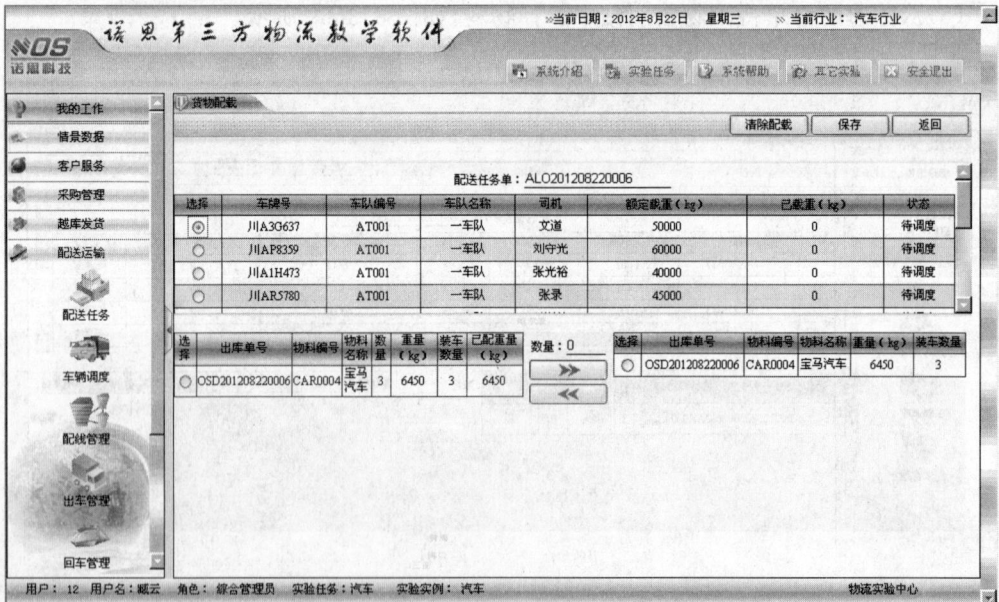

图 6.3.61

（8）点击"保存"按钮，返回"车辆调度"页面，如图6.3.62所示。

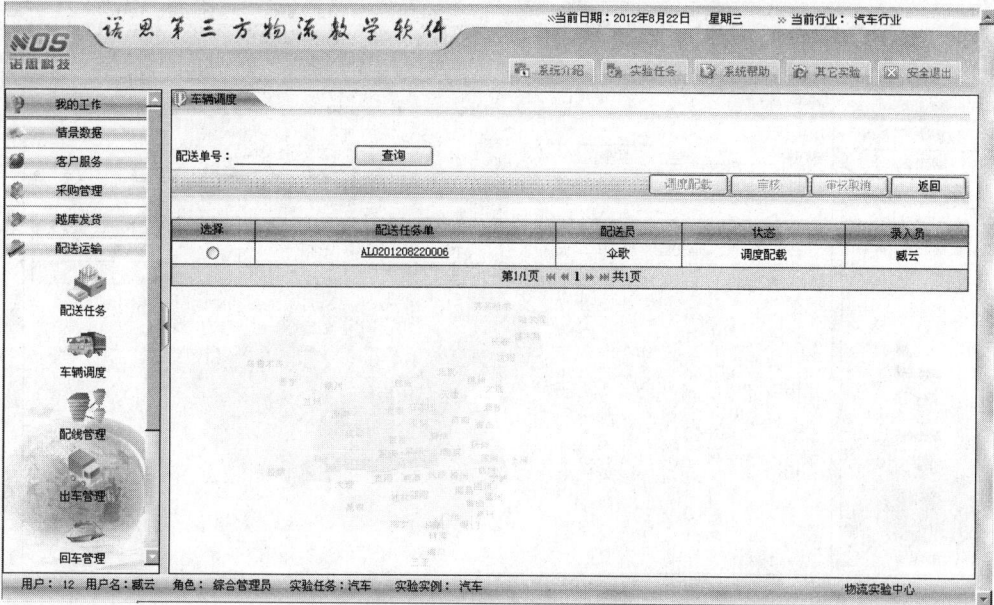

图6.3.62

（9）选择当前配送任务单记录，再点击"审核"按钮，结果如图6.3.63所示。

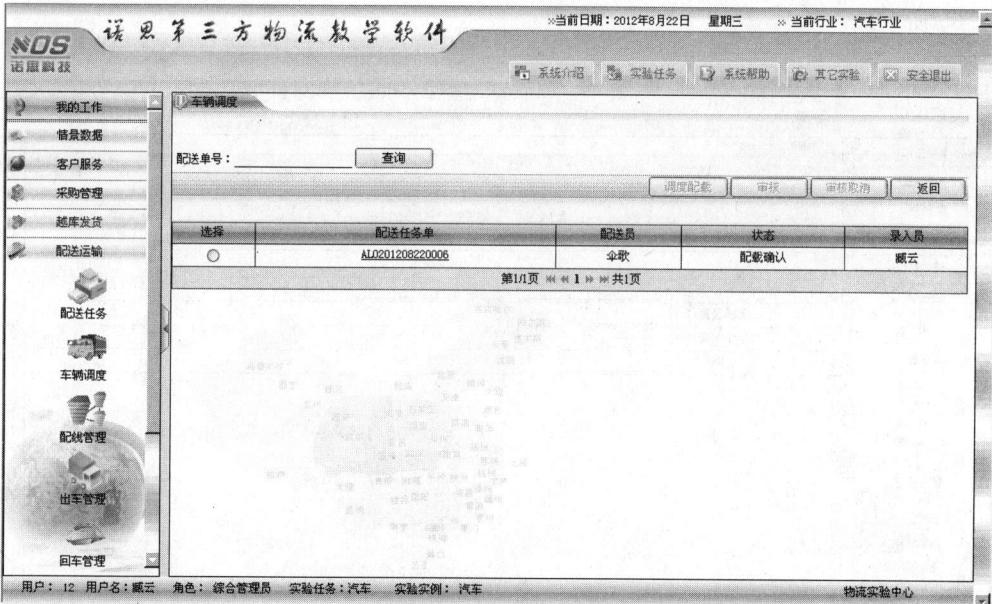

图6.3.63

配送任务单（配载确认）见表6.3.10。

表6.3.10　　　　　　　　　　　　配送任务单（配载确认）

配送任务单	配送员	状态	录入员
ALO201208220006	伞歌	配载确认	臧云

(10)点击"配送运输"下的"配线管理"进入,如图 6.3.64 所示。

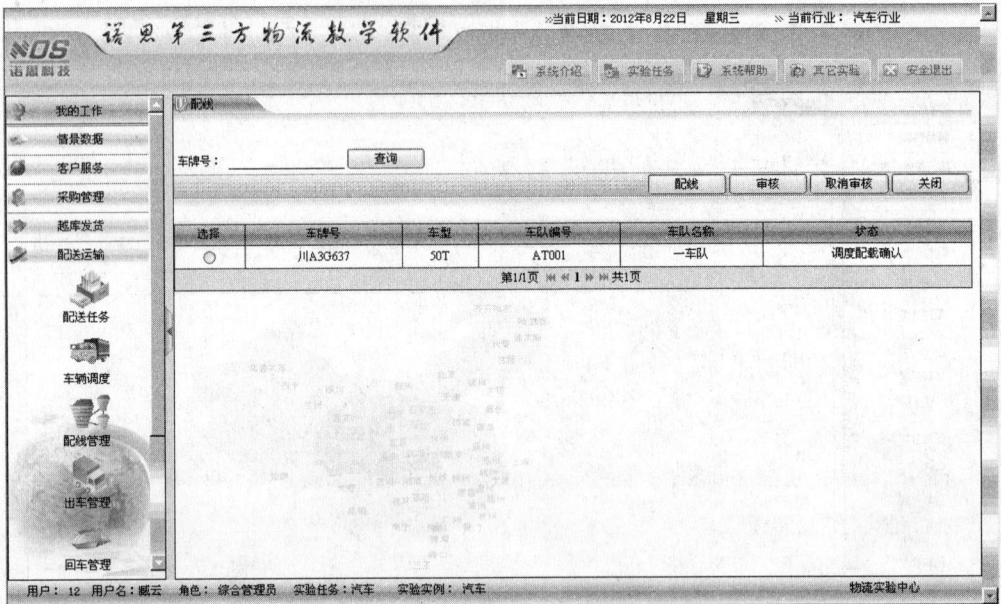

图 6.3.64

(11)选择当前配送任务单的配载车辆记录,再点击"配线"按钮,结果页面如图 6.3.65 所示。

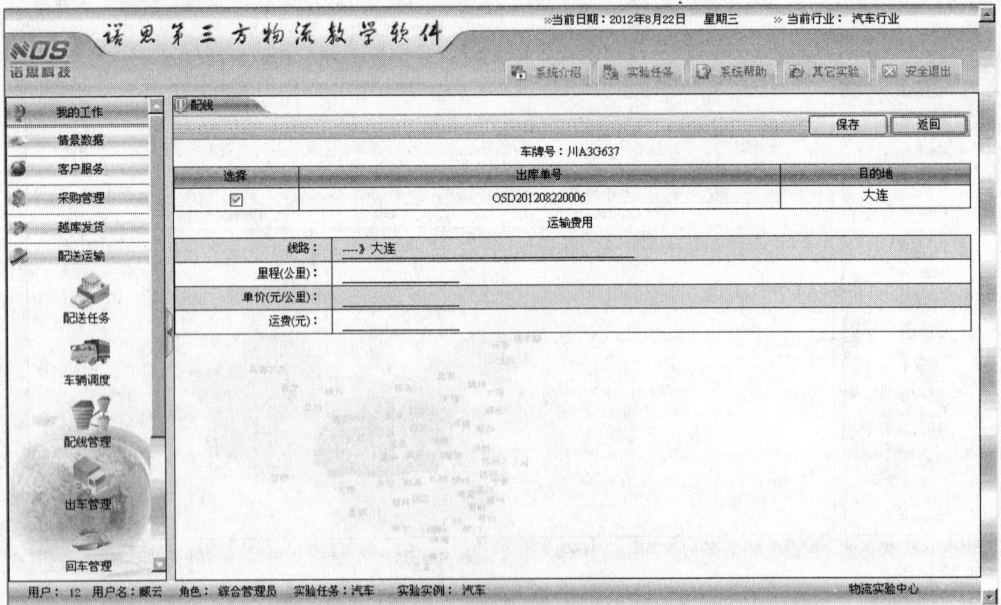

图 6.3.65

(12)选择配送任务单,输入"里程"和"单价"等信息,如图 6.3.66 所示。

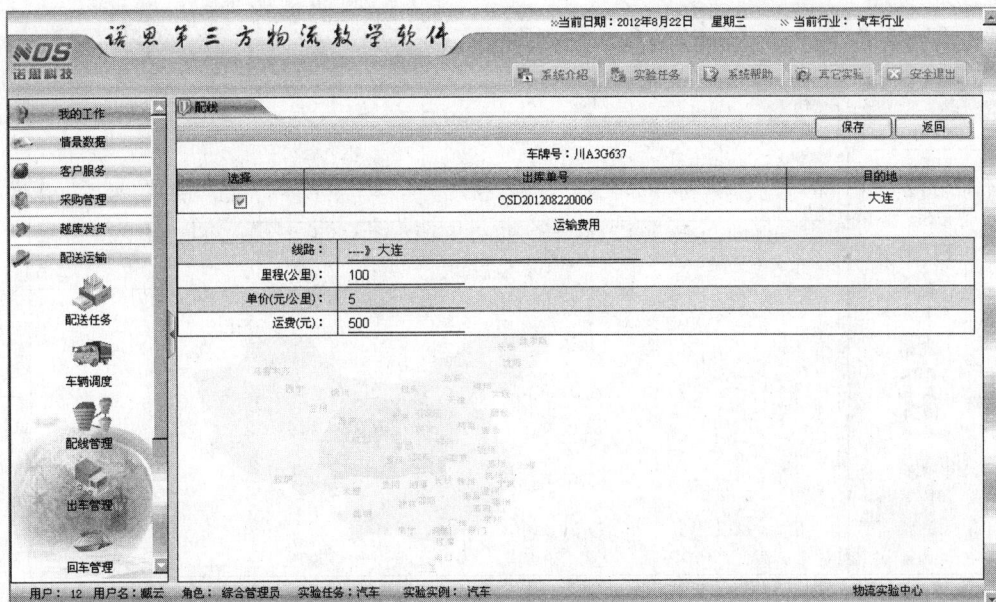

图 6.3.66

(13)点击"保存"按钮,结果页面如图 6.3.67 所示。

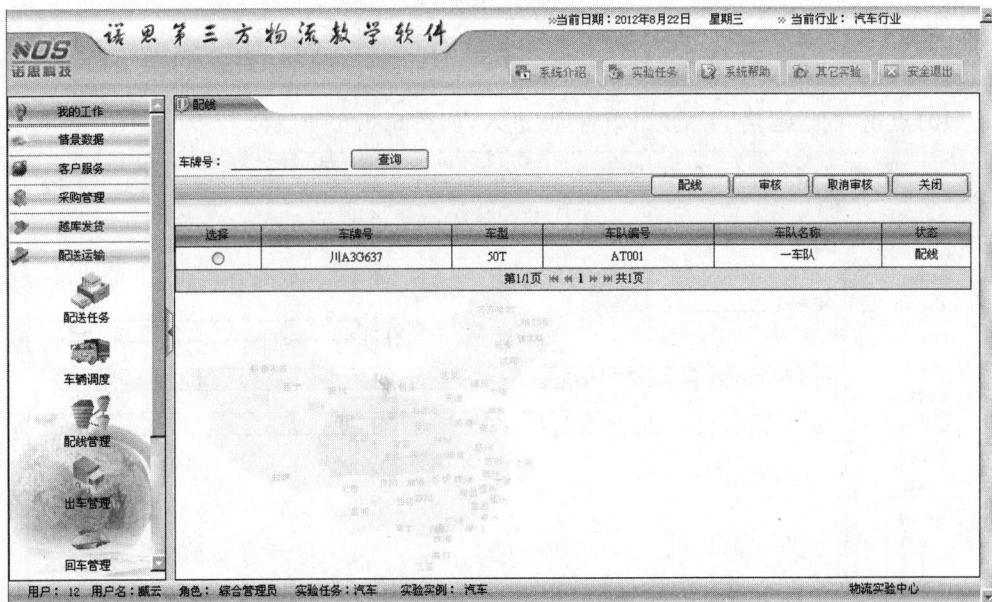

图 6.3.67

(14)点选当前的调度车辆,点击"审核"按钮,"配线"页面如图 6.3.68 所示。

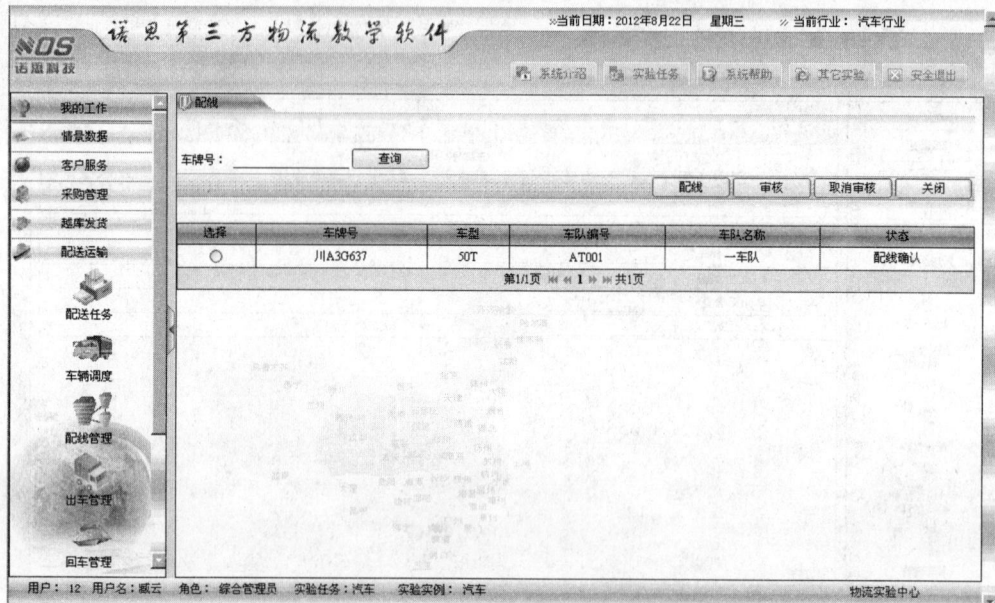

图 6.3.68

调度车辆表见表 6.3.11。

表 6.3.11 调度车辆表

车牌号	车型	车队编号	车队名称	状态
川 A3G637	50T	AT001	一车队	配线确认

(15)点击"配送运输"下的"出车管理"进入,如图 6.3.69 所示。

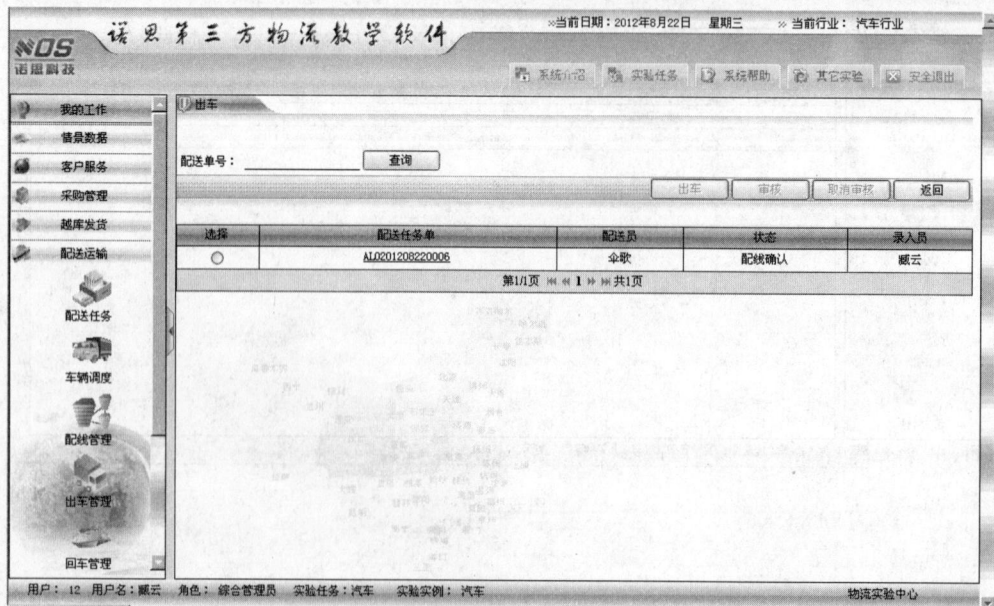

图 6.3.69

（16）点选当前配送任务单记录，再点击"出车"按钮，如图6.3.70所示。

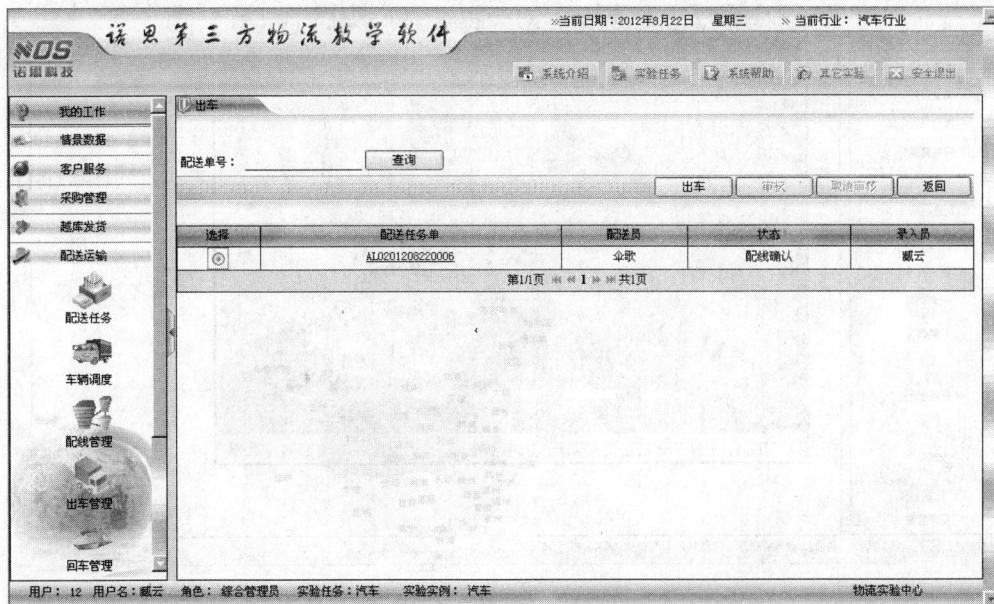

图 6.3.70

（17）在"出车"页面输入"出车时间"和"随车人员"，如图6.3.71所示，点击"保存"按钮，弹出"配送"的网页对话框，如图6.3.72所示。

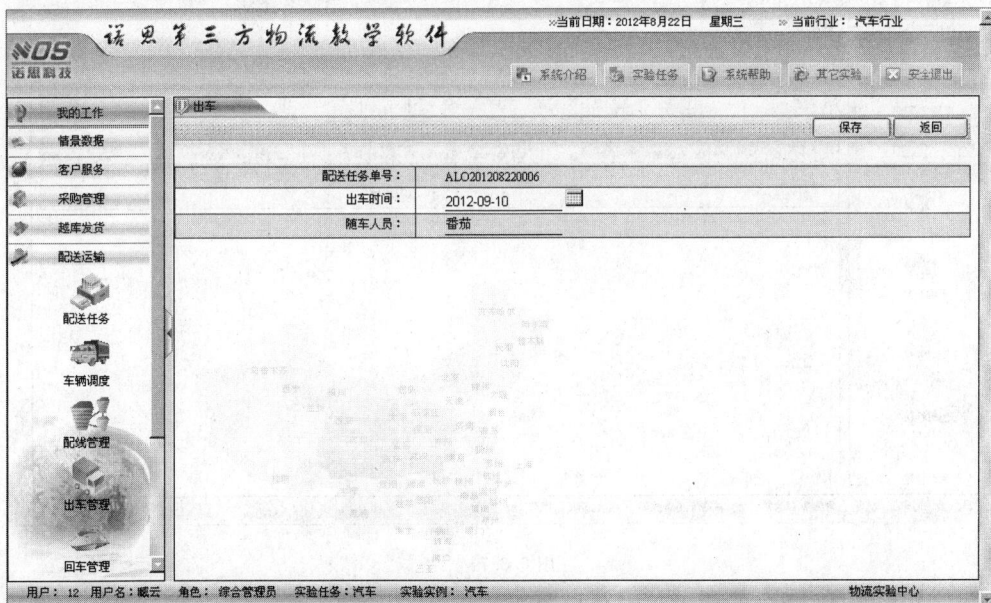

图 6.3.71

图 6.3.72

(18)选择当前配送任务单记录,再点击"审核"按钮,结果如图 6.3.73 所示。

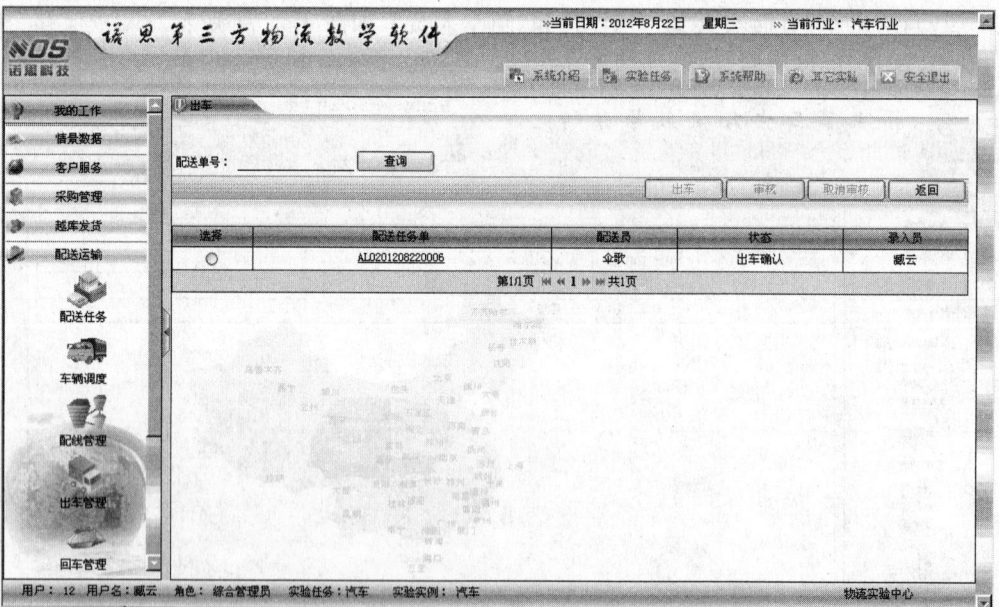

图 6.3.73

配送任务单(出车确认)见表 6.3.12。

表 6.3.12   配送任务单(出车确认)

配送任务单	配送员	状态	录入员
ALO201208220006	伞歌	出车确认	臧云

(19)点击"配送运输"下的"回车管理"进入，点选配送任务单记录，再点击"回车"按钮，如图 6.3.74 所示。

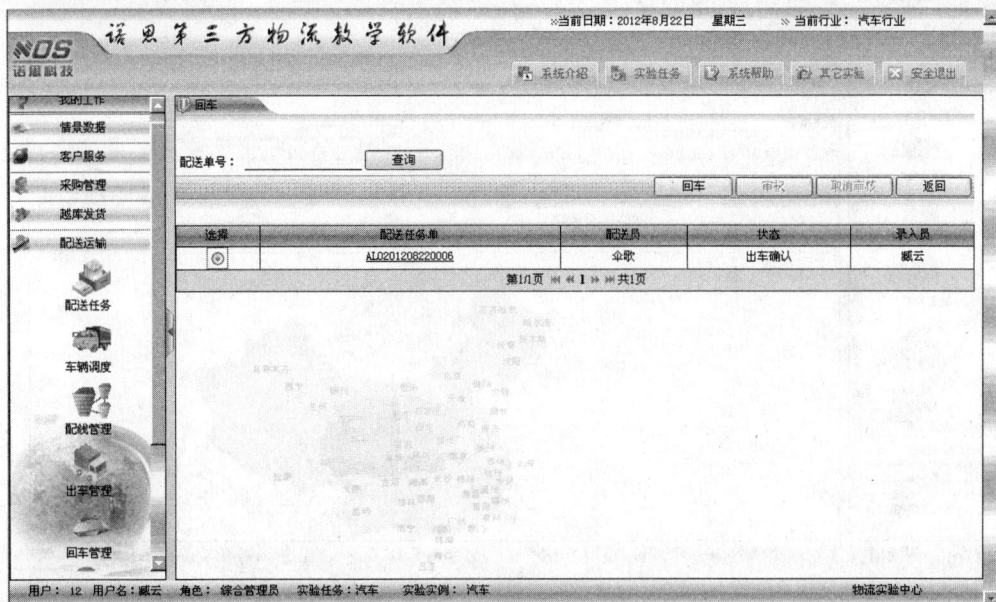

图 6.3.74

(20)在"回车"页面输入"回车时间"，点击"保存"按钮，如图 6.3.75 所示。

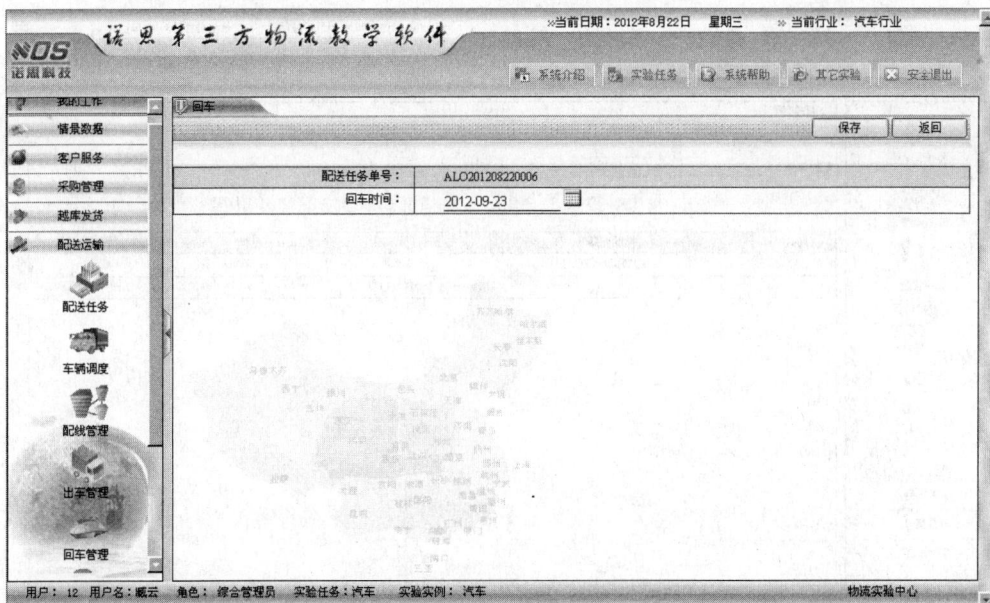

图 6.3.75

(21)选择配送任务单,再点击"审核"按钮,结果如图 6.3.76 所示。

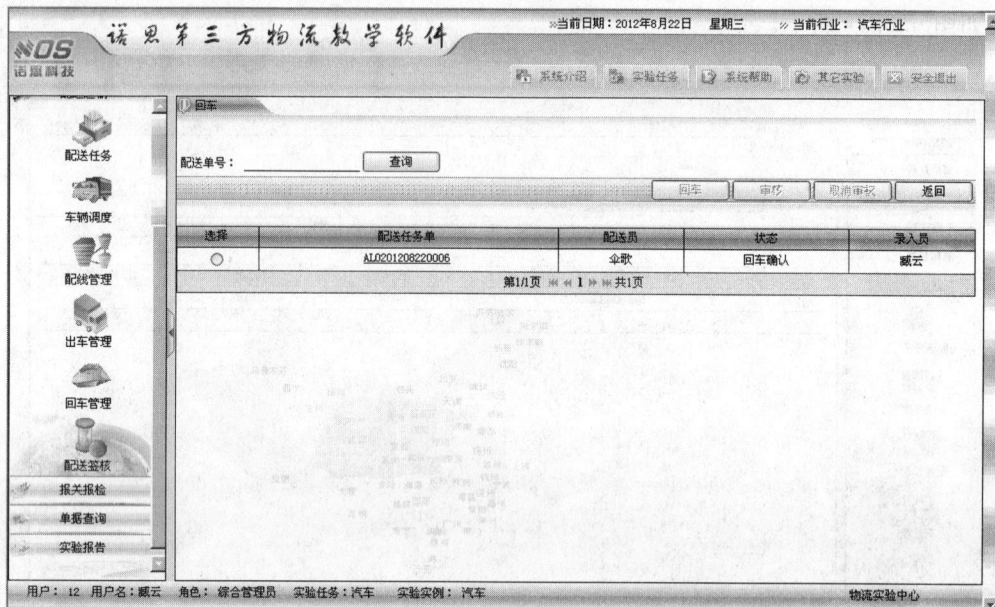

图 6.3.76

(22)点击"配送运输"下的"配送签核"进入,点选配送任务单记录,再点击"配送签核"按钮,如图 6.3.77 所示。

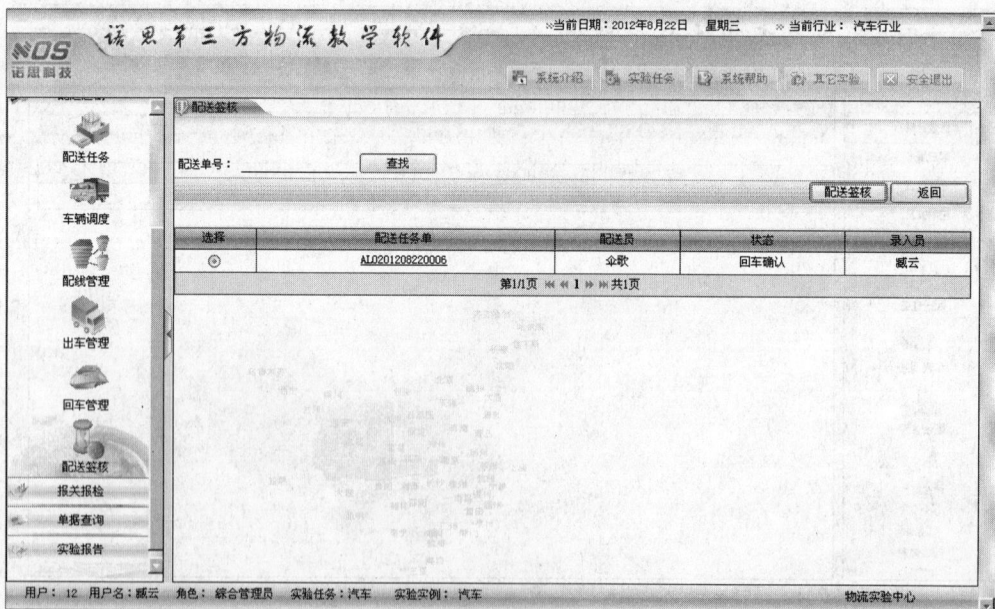

图 6.3.77

实验7 报关报检处理

实验步骤:

步骤1 登录

(1)打开 IE 浏览器,输入 http://IP:8090/coreflow,其中的 IP 是指系统服务器地址,系统首页如图6.3.78所示。

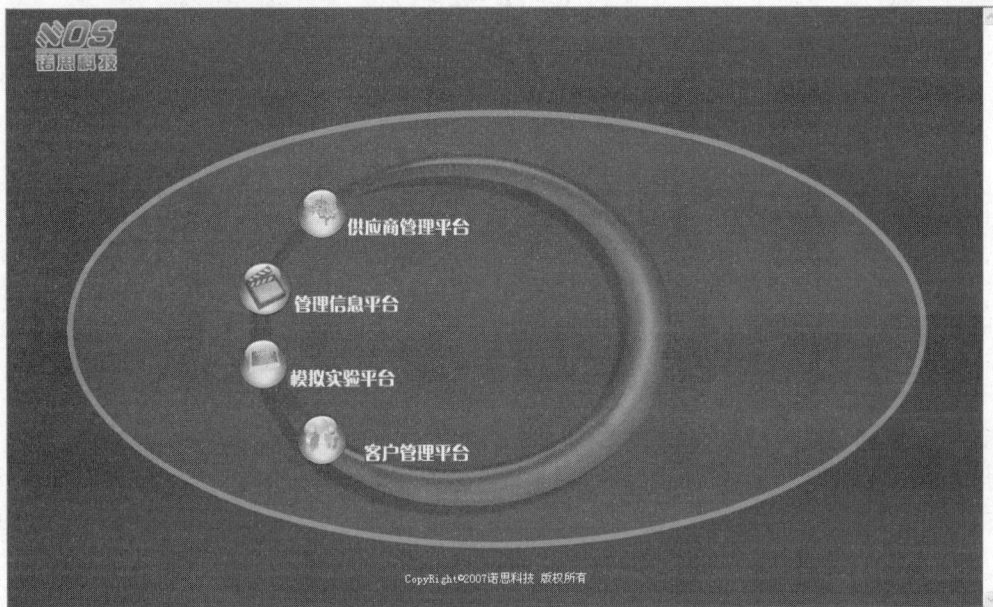

图6.3.78

(2)点击"模拟实验平台"链接,输入已注册学生的"用户编号"和"密码"进行登录,如图6.3.79所示。

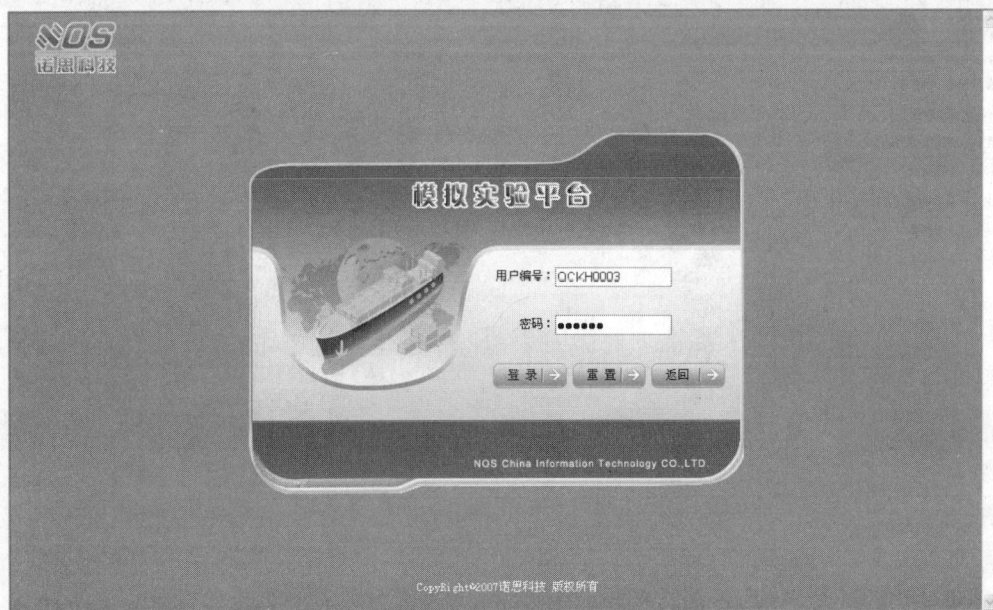

图6.3.79

（3）在"实验任务"页面中选择"汽车"行业的"多人综合实验"或"单人综合实验"（同实验1选择相同）。如果是"多人综合实验"，角色选择为"报关员"或"综合管理员"，然后点击"确定"按钮进入，如图6.3.80所示；如果是"单人综合实验"，完成"实验6 物流公司配送货物"内容后，直接进行该步操作。

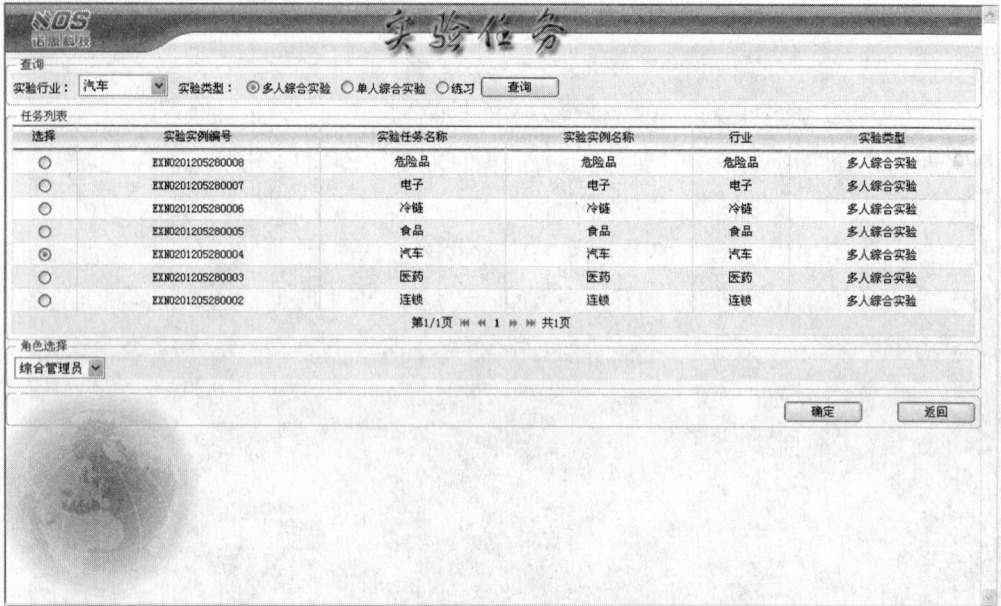

图 6.3.80

（4）点击"开始实验"按钮进入实验，"模拟实验平台"首页如图6.3.81所示。

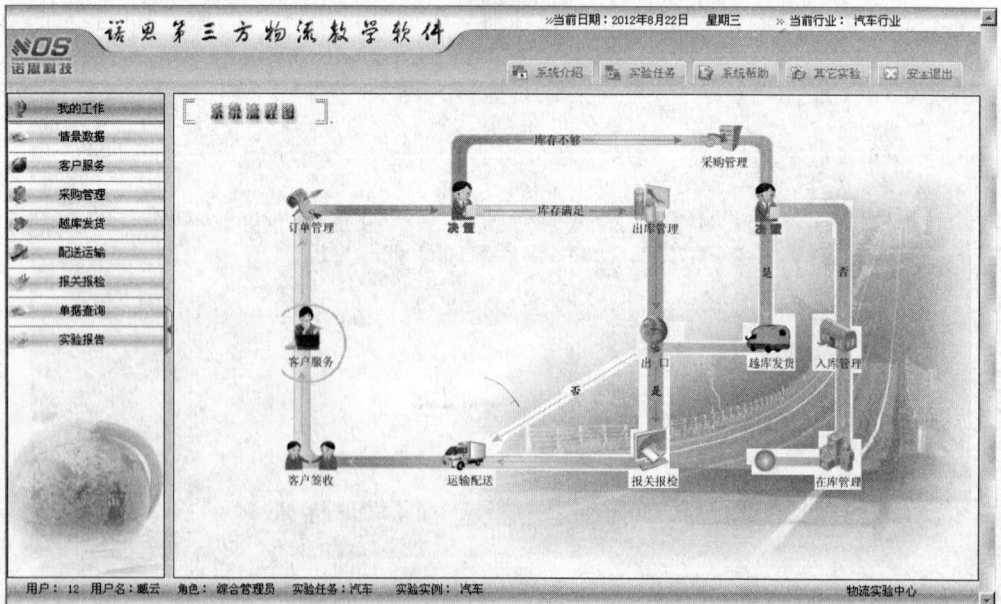

图 6.3.81

步骤2　报关报检

(1)点击"报关报检"下的"报关单"进入,如图6.3.82所示。

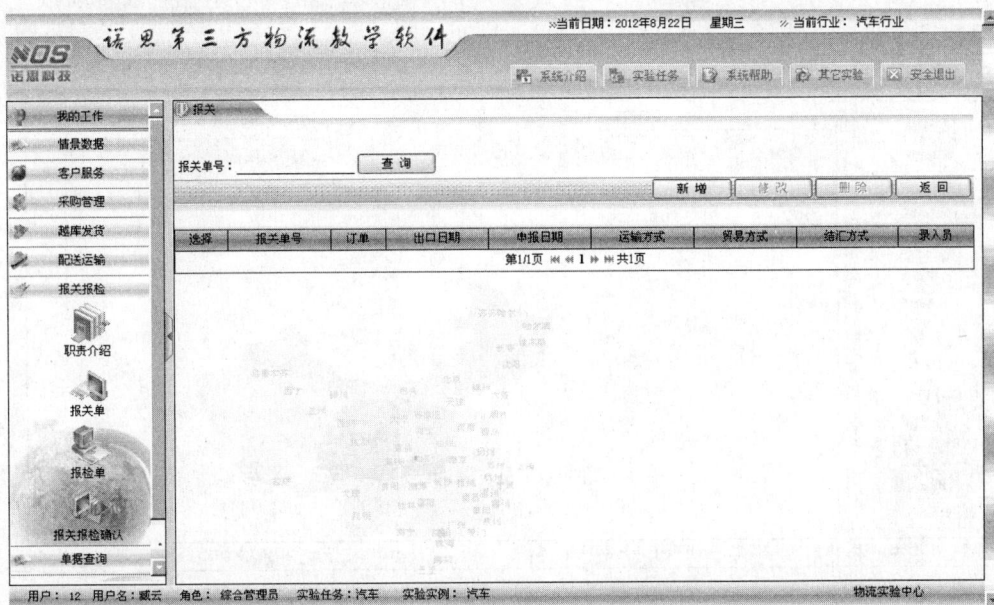

图6.3.82

(2)点击"新增"按钮,结果页面如图6.3.83所示。

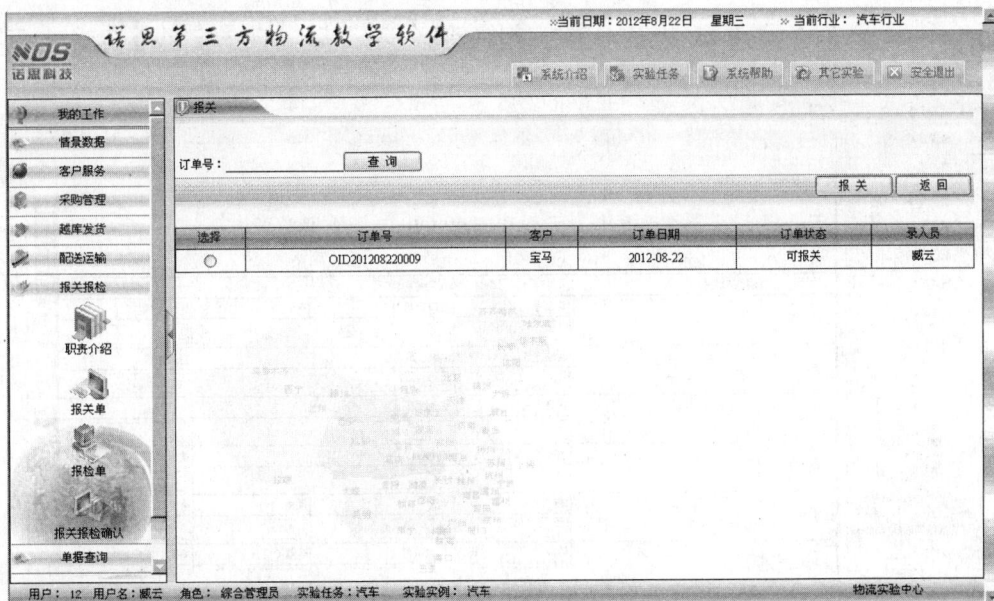

图6.3.83

（3）点选订单的记录，如图 6.3.84 所示。

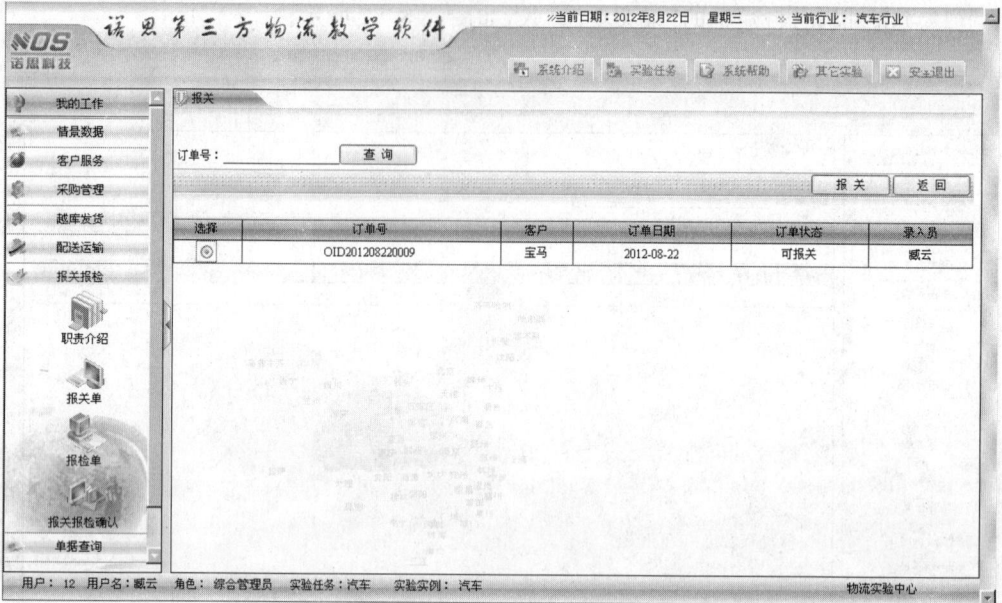

图 6.3.84

（4）点击"报关"按钮，结果页面如图 6.3.85 所示。

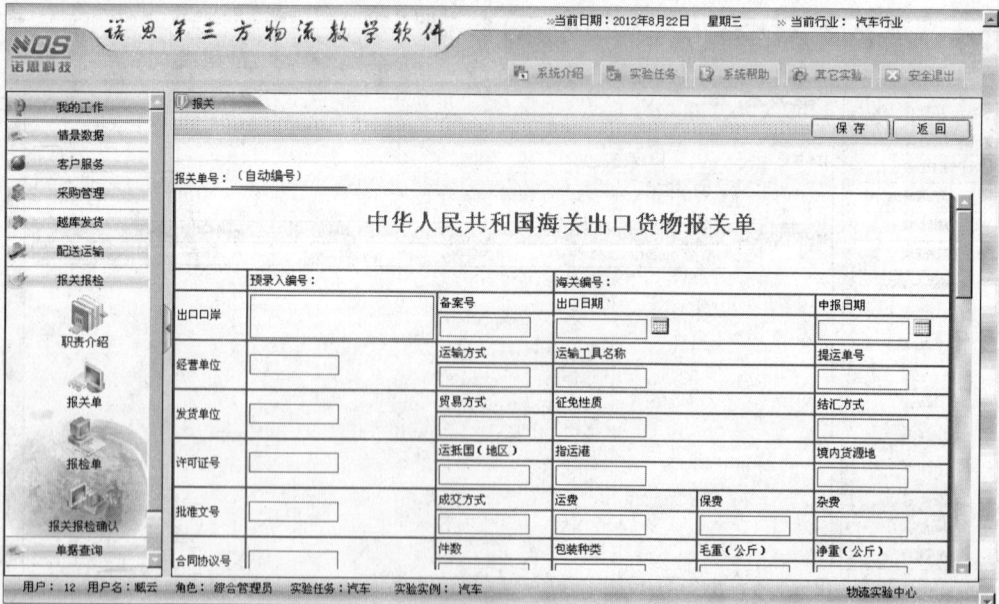

图 6.3.85

（5）根据"报关"页面提示输入相关信息，如图 6.3.86 所示。

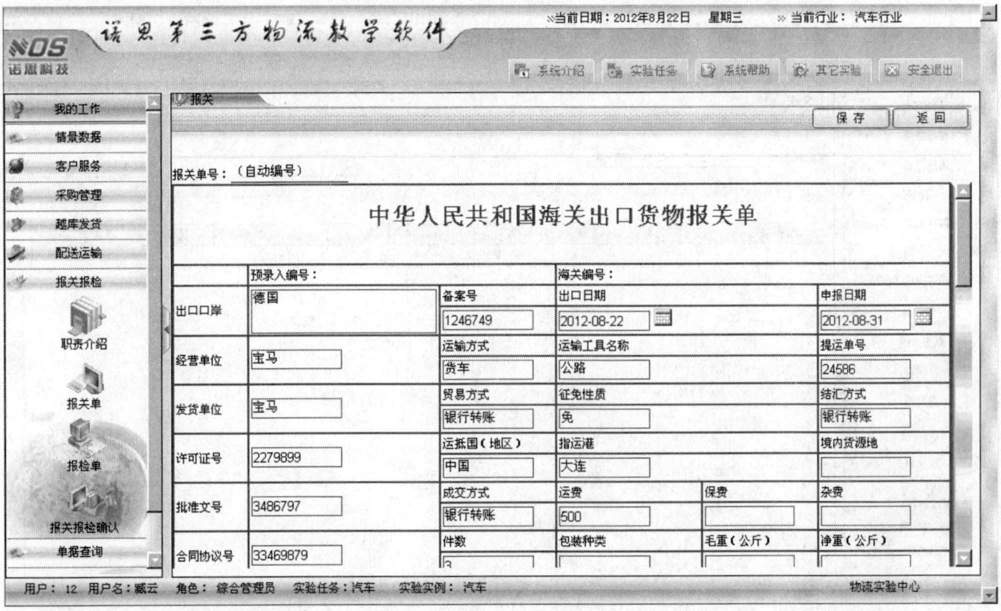

图 6.3.86

（6）点击"保存"按钮，结果如图 6.3.87 所示。

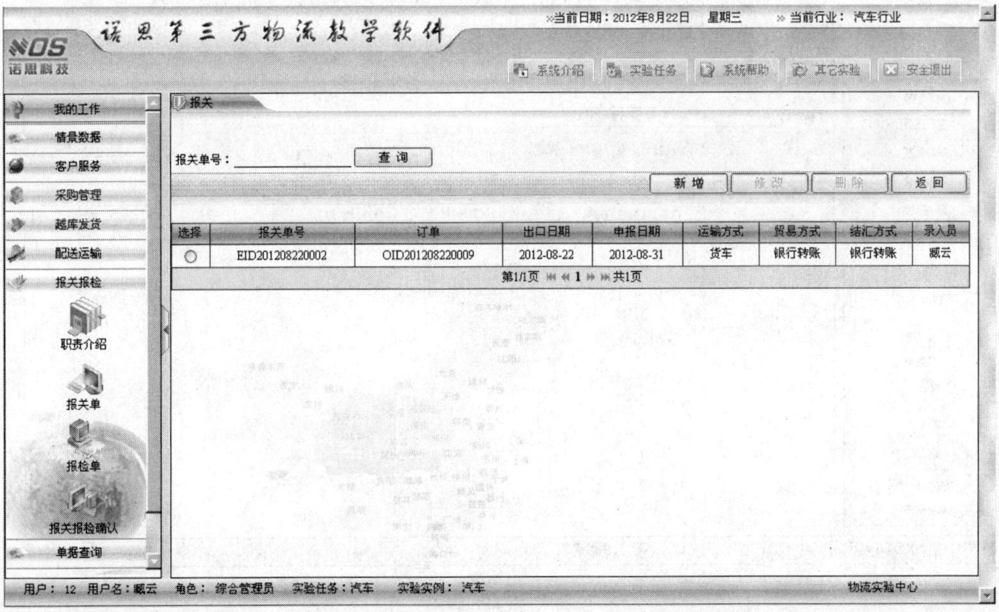

图 6.3.87

(7)点击"报关报检"下的"报检单"进入,如图 6.3.88 所示。

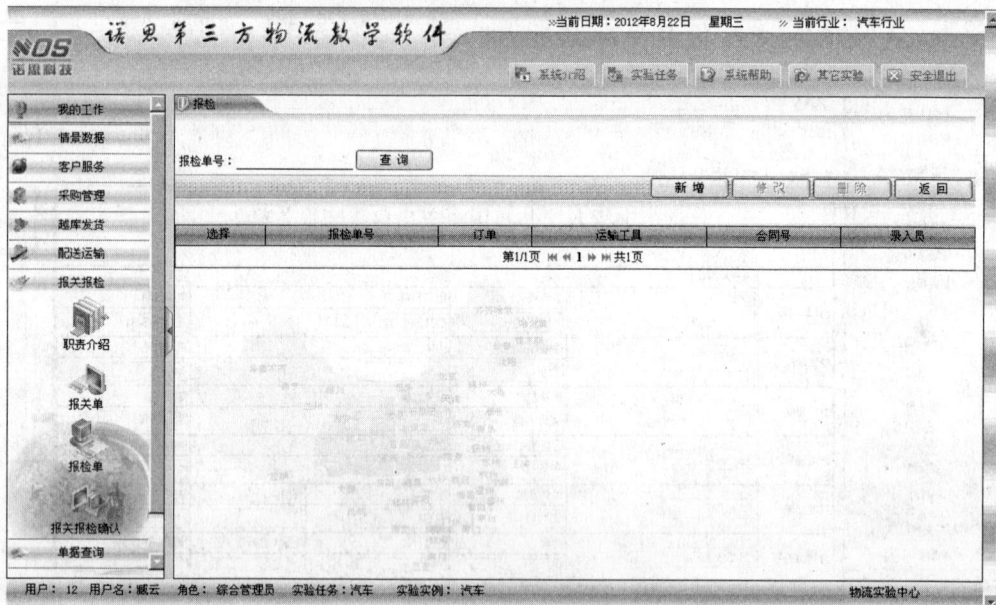

图 6.3.88

(8)点击"新增"按钮,结果页面如图 6.3.89 所示。

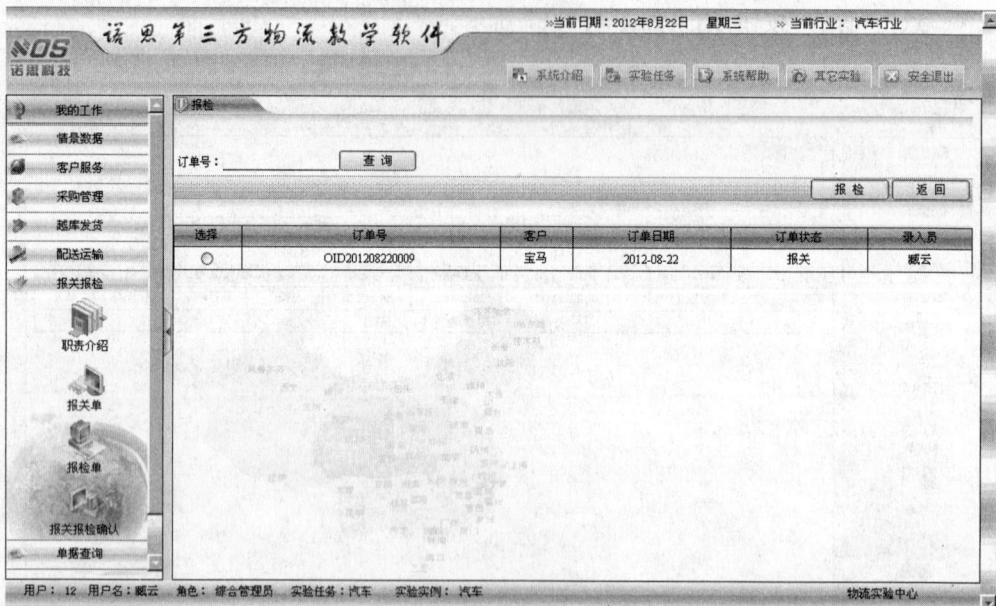

图 6.3.89

(9)点选"订单状态"为"报关"的记录,如图6.3.90所示。

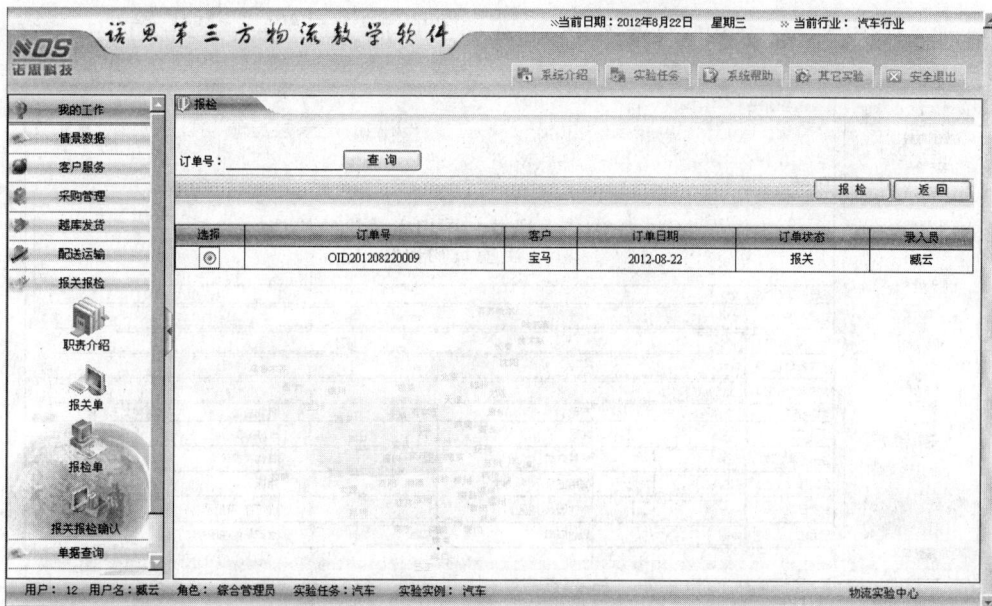

图 6.3.90

(10)点击"报检"按钮,进入"检验检疫报验单"页面,如图6.3.91所示。

图 6.3.91

(11)根据报检单填写提示输入相关信息,如图 6.3.92 所示。

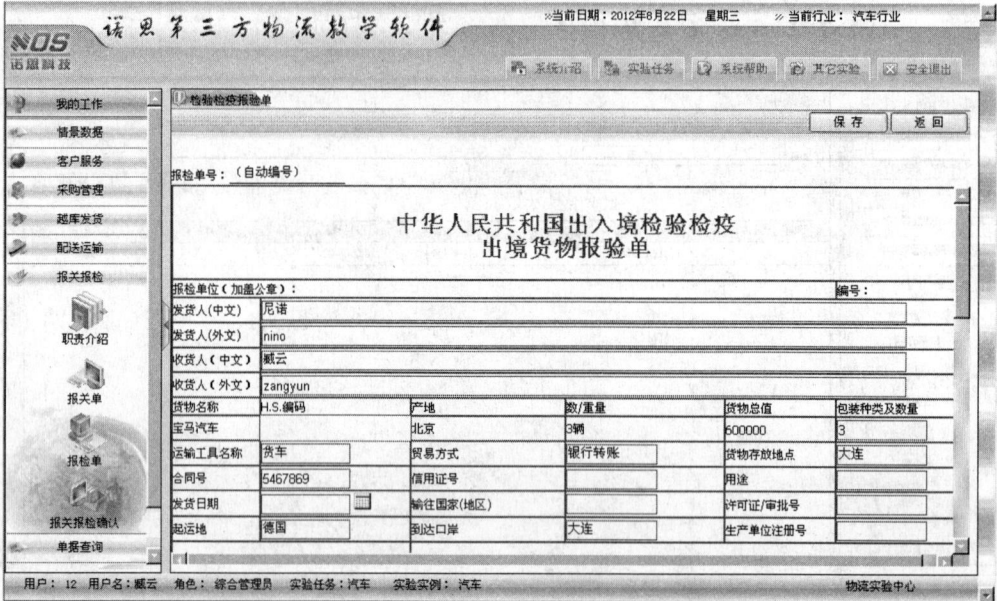

图 6.3.92

(12)点击"保存"按钮,返回"报检"页面,如图 6.3.93 所示。

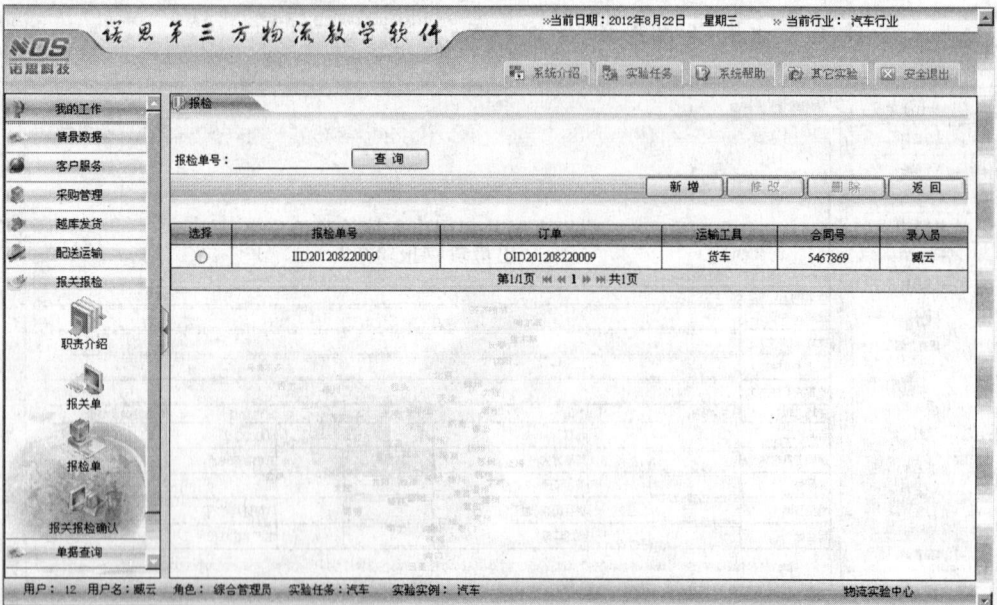

图 6.3.93

（13）点击"报关报检"下的"报关报检确认"进入，如图 6.3.94 所示。

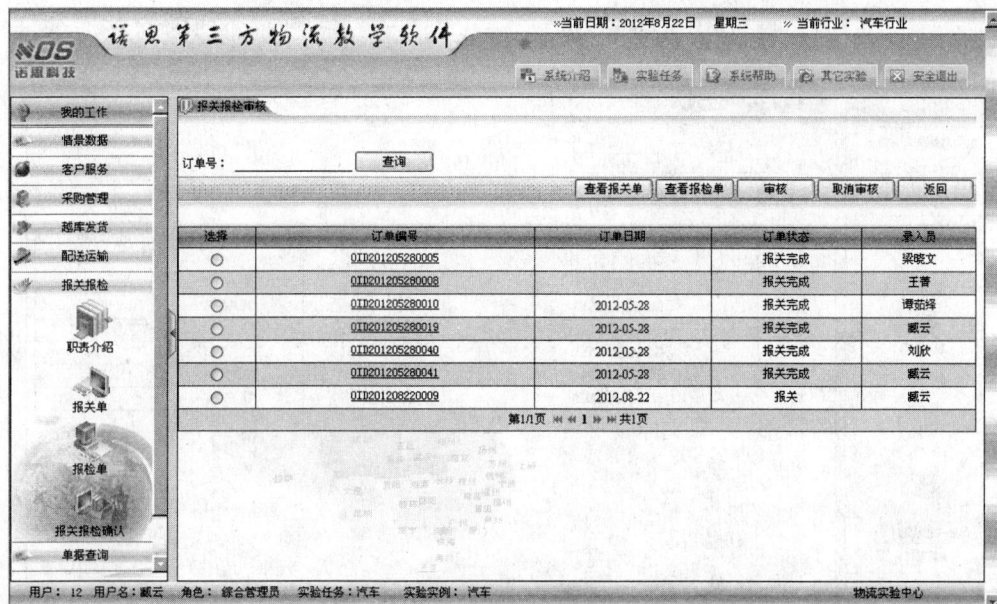

图 6.3.94

（14）点选"订单状态"为"报关"的订单记录，如图 6.3.95 所示。

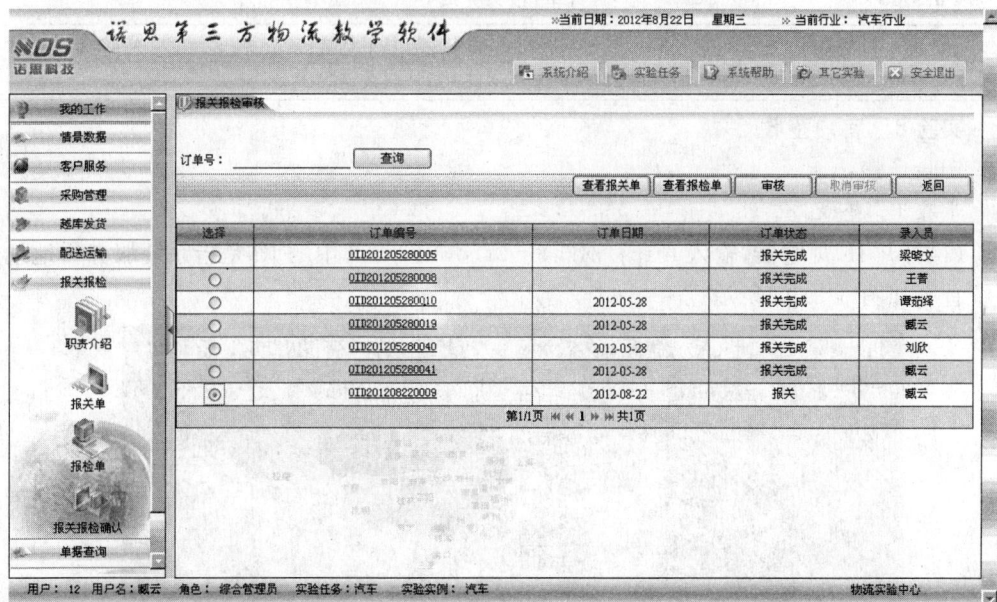

图 6.3.95

（15）点击"审核"按钮，则"报关报检审核"页面如图 6.3.96 所示。

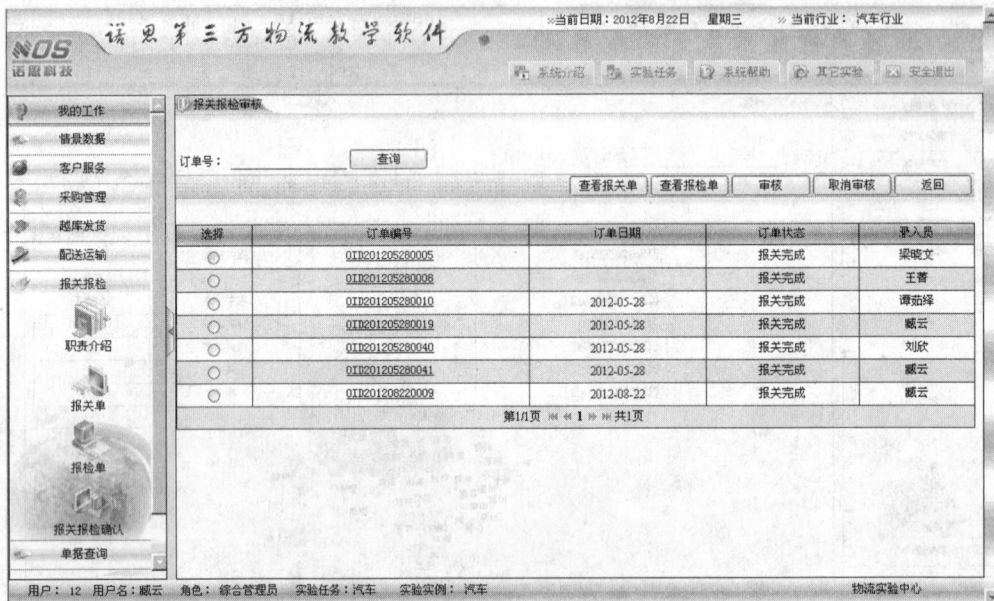

图 6.3.96

订单（报关完成）见表 6.3.13。

表 6.3.13 订单（报关完成）

订单编号	订单日期	订单状态	录入员
OID201208220009	2012—08—22	报关完成	臧云

实验 8 客户签收

实验步骤：

步骤 1 登 录

（1）打开 IE 浏览器，输入 http://IP:8090/coreflow，其中的 IP 是指系统服务器地址，系统首页如图 6.3.97 所示。

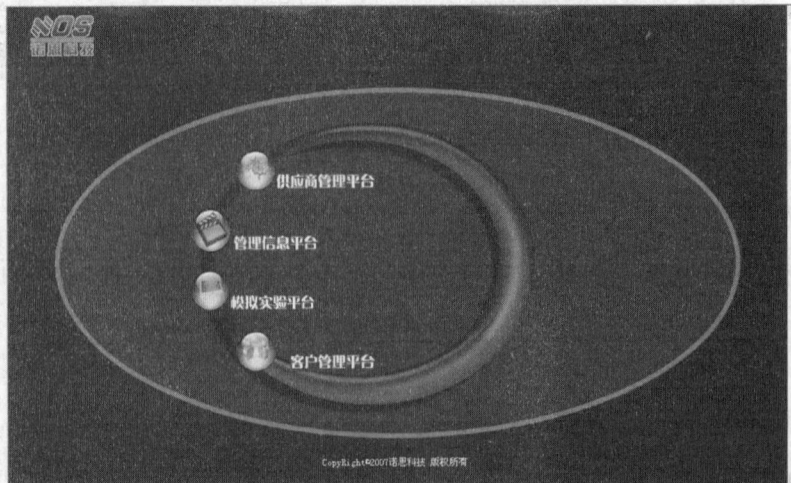

图 6.3.97

(2)点击"模拟实验平台"链接,输入已注册学生的"用户编号"和"密码"进行登录,如图 6.3.98 所示。

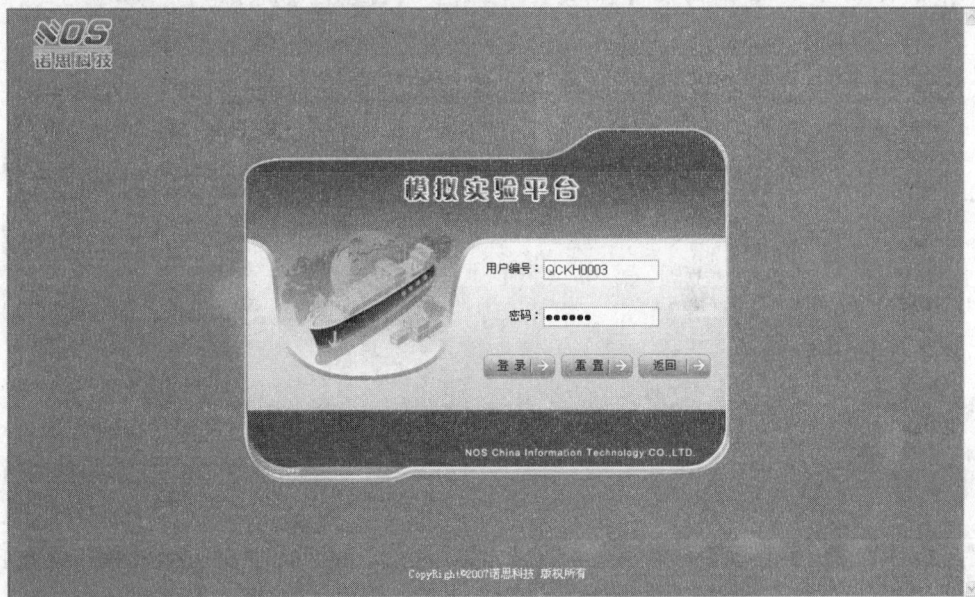

图 6.3.98

(3)在"实验任务"页面中选择"汽车"行业的"多人综合实验"或"单人综合实验"(同实验 1 选择相同)。如果是"多人综合实验",角色选择为"订单管理员"、"客服员"或"综合管理员",然后点击"确定"按钮进入,如图 6.3.99 所示;如果是"单人综合实验",完成"实验 7 报关报检处理"内容后,直接进行该步操作。

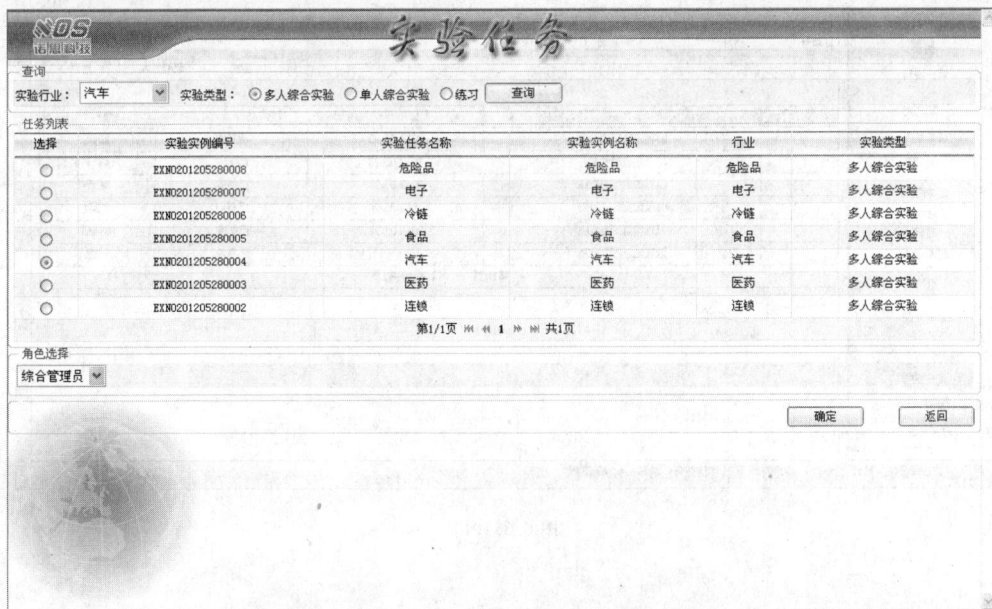

图 6.3.99

（4）点击"开始实验"按钮进入实验，"模拟实验平台"首页如图 6.3.100 所示。

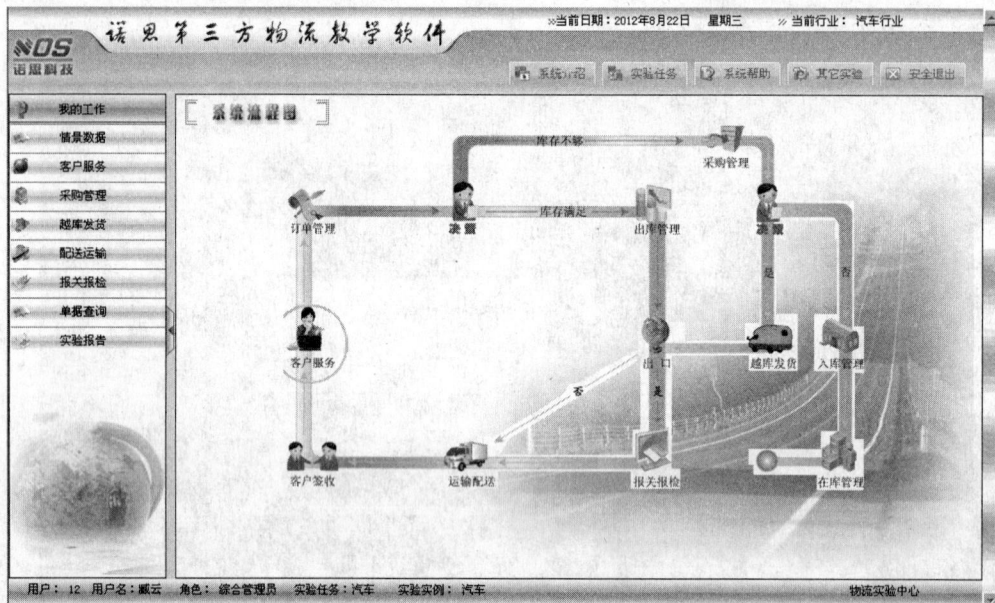

图 6.3.100

步骤 2　客户签收

（1）点击"客户服务"下的"客户签收"进入，如图 6.3.101 所示。

图 6.3.101

（2）选中记录，点击"签收"按钮，进行签收确认，结果页面如图6.3.102所示。

图6.3.102

订单（已签收）见表6.3.13。

表6.3.13 **订单（已签收）**

订单编号	订单日期	订单状态	录入员
OID201208220009	2012－08－22	已签收	臧云

实践及思考题

对以上几种物流配送模式进行比较，你认为各自的优缺点是什么？各适用于什么样的场合？

第 **7** 章

单元练习及综合实验

前面讲述的是不同行业的综合模拟实验或角色扮演实验,本章将说明如何分行业、分单元进行模拟实训。并根据实验任务设计和完成实验。

进行单元练习之前,教师需要在后台设置实验任务,任务类型为练习。

实验步骤:

(1)学生根据教师所提供的系统访问地址,进入主界面,点击"模拟实验平台"按钮,进入登录窗口,如图 7.1 所示。

图 7.1

(2)输入分配的"用户名"及"初始密码",登录系统,"实验任务"页面如图 7.2 所示。

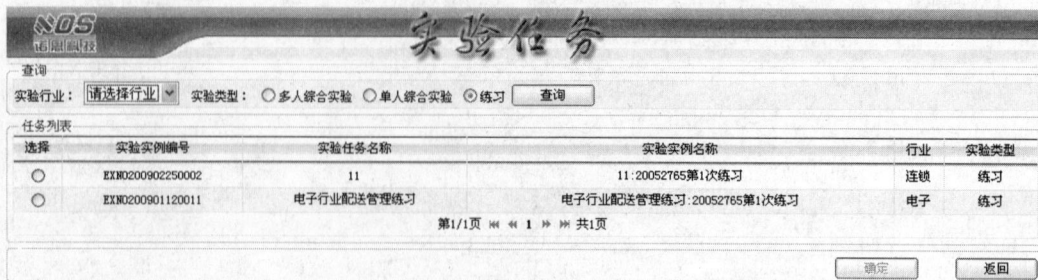

选择	实验实例编号	实验任务名称	实验实例名称	行业	实验类型
○	EXNO200902250002	11	11:20052765第1次练习	连锁	练习
○	EXNO200901120011	电子行业配送管理练习	电子行业配送管理练习:20052765第1次练习	电子	练习

第1/1页 ‹‹ ‹ 1 › ›› 共1页

图 7.2

（3）选择教师要求的练习记录，如图 7.3 所示。

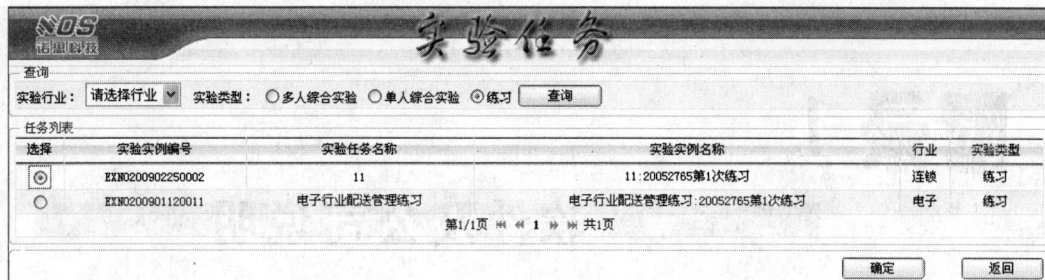

图 7.3

（4）点击"确定"按钮进入练习。

附录 1

软件及公司说明

附录 A 德意电子商务实验室

北京德意通信息技术有限责任公司以自主研发的德意通软件系列产品的国内营销和服务业务为主营业务。系列产品由协同办公软件、网管软件和系列实验室等软件组成。

德意电子商务实验室是北京德意通数码技术有限责任公司根据全国各地电子商务专业教学和实验的要求,研发的一个电子商务教学实验软件。该软件涵盖了电子商务教学中的众多知识点,如三种电子商务交易模式(B2B、B2C、C2C)、网络营销、电子支付、EDI等,还包含师生信息管理、考试与实验管理等实用的教学辅助功能,是师生们进行电子商务教学和实验的好帮手。

附录 B 诺思第三方物流教学软件

深圳市中诺思资讯科技有限公司(简称"中诺思")是一家专业从事物流行业信息化研发、物联网研发、物流系统集成、物流职业认证培训、物流资源平台整合与咨询方案的高新技术企业。

中诺思在 2010 年荣获教育部"全国职业院校技能大赛高职组物流赛事指定大赛软件和器材供应商"称号;同时中诺思是行业内首家通过国际软件 CMMI2 级认证、ISO9001国际标准质量管理体系认证和高新技术认证的企业。中诺思,在教育领域,已有全国 600多所高等院校用户,建设成 200 多个物流实训室,10000 余名物流教师、近 20 万物流人才、数百名专家受益于中诺思一体化专业解决方案。在企业领域,先后为中国粮食集团、中国石化集团、香港天纬货运、深圳市国电物流等多家大型企业提供过专业化的产品与服务。

本实验室是第三方物流核心流程的模拟实验平台,教师可设置实验流程及实验情景,分配实验角色,学生依照角色进行实验,教师可给予实验评定,还有丰富的情景数据供实验使用,学生最少可完成 46 个单元实验,并且可以导出实验报告。教师对整个实验过程可进行监控,并可对实验进行评价及组织学生对实验过程进行分析。

模拟物流业务流程涵盖了连锁、医药、汽车、食品、冷链、电子和危险品 7 大行业,并可根据各行业业务运作模式的特点进行组合,形成可定制的业务流程。实验任务实行实例化管理模式,提供了丰富的情景数据供实验使用。

附录 2

电子商务模拟系统说明

附录 A　系统运行环境说明

1. 硬件环境

服务器一台：P4 1G/10.3G/512M 以上配置。如果是规模较大的实验教学网络，建议分设 WWW 服务器、数据库服务器各一台。

2. 软件环境

服务器操作系统：Windows 2000 Professional 以上版本。

数据库服务器：SQL Server 2000。

3. 网络环境

(1)本软件可以单机运行。

(2)互联的局域网、广域网或者对等网。

附录 B　模块登录说明

本软件的登录身份分别为教师、学生、系统管理员。

1. 教师

教师需由系统管理员为其分配账号和设置密码，本软件已经为教师提供了一个初始账号和密码（均为 teacher）。教师的主要工作是为学生设置学号，协助系统管理员管理本系统，使用本系统进行教学和指导学生实验。

2. 学生

学生需由教师为其分配学号和设置密码，本软件已经为学生提供了一个初始的学号（20001001）和密码（2000）。学生日常的操作是使用本软件进行实验。软件允许学生使用各个功能模块的前台部分。如果学生需要进入某些功能模块的后台部分（如 B2C、B2B）进行实验，则需由教师在"教学管理→实验管理→角色分配管理"中为其设置权限。

3. 系统管理员

本软件为系统管理员提供了一个初始账号（admin）和密码（admin）。系统管理员的主要工作是维护软件的正常运行、备份和恢复系统的重要数据及教师账号和密码设定。

因为系统管理员的工作极为重要,权限极高,所以要妥善保管该角色账号和密码。建议在首次使用本软件时,更改系统管理员的初始账号和密码。

附录 C 注册和模块初始化说明

1. 注册

本软件不论使用什么模块,都需要注册身份。

(1) B2C 身份注册

B2C 需要注册两个身份,学生可以扮演两个角色:一个角色是商户,一个角色是购买商品的客户。在商户注册前,商户必须去"电子银行"的"申请 B2C 特约商户"模块注册银行用户以获得银行账号。商户注册成功后,要进行初始化,商户初始化就是先要进行期初商品,完成期初后才能进行商户管理。购买商品的客户要注册后才能购买 B2C 网站商户的商品。

(2) C2C 身份注册

C2C 需要注册一个会员身份,只有会员才能参与网上交易。会员要去"电子银行"模块申请个人网上银行账号,便于网上购物的电子支付。

(3) B2B 身份注册

B2B 需要注册两个身份,采购商和供应商。注册前,要去"电子银行"的"企业网上银行"模块申请账号。

(4) 物流身份注册

物流模块需要注册一个物流商的身份。

(5) 网络营销会员注册

网络营销模块使用前要注册会员。

(6) 电子邮件注册

教师在新增学生学号的同时,系统自动生成一个以该学号为用户名,密码为"123456"的电子信箱。例如,如果该学生学号为"100100",则他拥有一个用户名为"100100@eblab.com"的电子信箱,如果他还需要其他信箱,可以去电子邮件模块继续申请。

2. 模块初始化

本软件有以下模块需要初始化后才能正常使用。

(1) B2C 模块

商户入驻后,要先进行商品管理/添加商品,然后期初商品设置(期初只要做一次),则B2C 初始化完成。

(2) B2B、物流模块

①供应商要在产品目录中添加一定的商品。

②供应商要去物流网前台与物流商申请物流服务。

③物流商要去客户管理模块中审批供应商的请求。

④物流商准备仓库和车辆。

⑤供应商与物流商签约完成后,要进行发货处理,保障物流商仓库有一定的库存。

B2B、物流初始化完成。

附录 D 软件的功能结构图

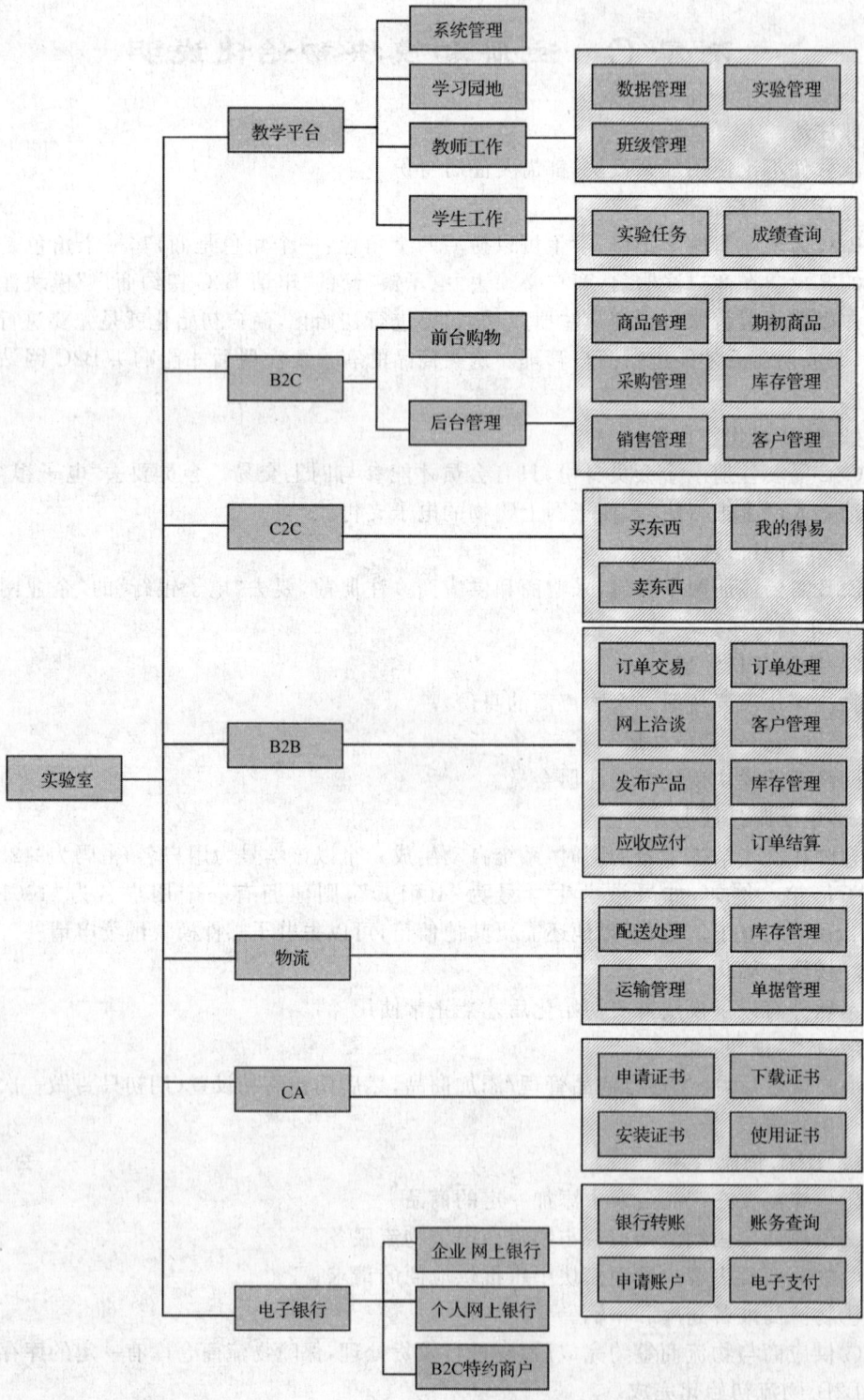

```
                              ┌─ 系统管理
                              │
                              ├─ 学习园地
                              │            ┌── 数据管理      实验管理
                   教学平台 ──┼─ 教师工作 ──┤
                              │            └── 班级管理
                              │
                              └─ 学生工作 ──── 实验任务      成绩查询

                                           ┌── 商品管理      期初商品
                   B2C ──┬─ 前台购物        │
                         │                  ├── 采购管理      库存管理
                         └─ 后台管理 ───────┤
                                           └── 销售管理      客户管理

                   C2C ──────────────────── 买东西      我的得易
                                            卖东西

                                            订单交易      订单处理
                                            网上洽谈      客户管理
   实验室 ──       B2B ──────────────────── 发布产品      库存管理
                                            应收应付      订单结算

                                            配送处理      库存管理
                   物流 ──────────────────── 运输管理      单据管理

                                            申请证书      下载证书
                   CA ───────────────────── 安装证书      使用证书

                                ┌─ 企业网上银行 ── 银行转账      账务查询
                                │                 申请账户      电子支付
                   电子银行 ────┼─ 个人网上银行
                                │
                                └─ B2C特约商户
```

参 考 文 献

1. 张铎. 电子商务物流管理实验教程. 北京:高等教育出版社,2006
2. 冯耕中,刘伟华. 物流与供应链管理. 北京:中国人民大学出版社,2010
3. 方美琪,李倩. 电子商务实验教程. 北京:中国人民大学出版社,2010
4. 黄中鼎. 现代物流管理. 上海:复旦大学出版社,2010
5. 兰宜生. 电子商务基础教程. 北京:清华大学出版社,2007
6. 杨坚争. 电子商务实验教程. 北京:中国人民大学出版社,2003